江西省哲学社会科学成果文库

JIANGXISHENG ZHEXUE SHEHUI KEXUE CHENGGUO WENKU

慈善传播：
历史、理论与实务

HISTORY, THEORY AND PRACTICE OF
PHILANTHROPICAL COMMUNICATION

王卫明　著

社会科学文献出版社
SOCIAL SCIENCES ACADEMIC PRESS (CHINA)

谨以此书，献给身处困境急需帮助的人们！

总　序

作为人类探索世界和改造世界的精神成果，社会科学承载着“认识世界、传承文明、创新理论、资政育人、服务社会”的特殊使命，在中国进入全面建成小康社会的关键时期，以创新的社会科学成果引领全民共同开创中国特色社会主义事业新局面，为经济、政治、社会、文化和生态的全面协调发展提供强有力的思想保证、精神动力、理论支撑和智力支持，这是时代发展对社会科学的基本要求，也是社会科学进一步繁荣发展的内在要求。

江西素有“物华天宝，人杰地灵”之美称。千百年来，勤劳、勇敢、智慧的江西人民，在这片富饶美丽的大地上，创造了灿烂的历史文化，在中华民族文明史上书写了辉煌的篇章。在这片自古就有“文章节义之邦”盛誉的赣鄱大地上，文化昌盛，人文荟萃，名人辈出，群星璀璨，他们创造的灿若星辰的文化经典，承载着中华文明成果，汇入了中华民族的不朽史册。作为当代江西人，作为当代江西社会科学工作者，我们有责任继往开来，不断推出新的成果。今天，我们已经站在了新的历史起点上，面临许多新情况、新问题，需要我们给出科学的答案。汲取历史文明的精华，适应新形势、新变化、新任务的要求，创造出今日江西的辉煌，是每一个社会科学工作者的愿望和孜孜以求的目标。

社会科学推动历史发展的主要价值在于推动社会进步、提升文明水平、提高人的素质。然而，社会科学的自身特性又决定了它只有得到民众的认同并为其所掌握，才会变成认识和改造自然与社会的巨大物质力量。因此，社会科学的繁荣发展和其作用的发挥，离不开其成果的运用、交流与广泛传播。

为充分发挥哲学社会科学研究优秀成果和优秀人才的示范带动作用，促进江西省哲学社会科学进一步繁荣发展，我们设立了江西省哲学社会科学成果出版资助项目，全力打造《江西省哲学社会科学成果文库》。

《江西省哲学社会科学成果文库》由江西省社会科学界联合会设立，资助江西省哲学社会科学工作者的优秀著作出版。该文库每年评审一次，通过作者申报和同行专家严格评审的程序，每年资助出版30部左右代表江西现阶段社会科学研究前沿水平、体现江西社会科学界学术创造力的优秀著作。

《江西省哲学社会科学成果文库》涵盖整个社会科学领域，收入文库的都是具有较高价值的学术著作和具有思想性、科学性、艺术性的社会科学普及和成果转化推广著作，并按照“统一标识、统一封面、统一版式、统一标准”的总体要求组织出版。希望通过持之以恒地组织出版，持续推出江西社会科学研究的最新优秀成果，不断提升江西社会科学的影响力，逐步形成学术品牌，展示江西社会科学工作者的群体气势，为增强江西的综合实力发挥积极作用。

祝黄河

2013年6月

序

王卫明博士的新著《慈善传播：历史、理论与实务》，是一部以“传播爱，激发爱”为研究主题的书稿。

慈善，就是施爱于人。慈善传播，就是为“施爱于人”而传播讯息，或为“受爱于人”而传播讯息。

爱，需要被传播，也需要被激发。到位的传播，可以帮助人，可以帮助许多人走出“无钱治病”等绝境，走出“无钱上学”等困境。

爱，要长久、永恒才好。不真实的、欺诈性的慈善传播，会伤害慈善事业，伤害传播机构的信誉，伤害爱心人士。但是，这样的慈善传播，屡见不鲜，层出不穷。

作为家境并不宽裕的农家子弟，王卫明目睹了很多被迫求助的贫困家庭和贫困人士。有时，他会发起募捐；有时，他会解囊相助；更多时候，他举办相关讲座传授募捐技巧，甚至帮人修改募捐倡议书。

促使王卫明下定决心研究慈善传播的，是大学校园的募捐传单。每年，大学校园都有为重病学生募捐的爱心活动，他发现募捐传单大多存在内容表达乏力、传播效果不佳等问题，他因此想到：应该对慈善传播开展专门研究，用自己的学术研究帮助那些需要帮助的人。

的确，如果有专门介绍分析慈善传播的书，放在各地图书馆，放在网上，供人查阅和参考，那么，会有更多人“施爱于人”，也会有更多人“受爱于人”，那些求助的人们也可以得到更多更好的帮助。

在我看来，王卫明的《慈善传播：历史、理论与实务》一书不仅有社会实践价值，而且有很高的学术价值。

本书分为八章，对慈善传播的概念界定、历史演进到慈善传播的功能、原则、类型、流程、技巧与效果等，都有较为全面深入的论述，是我国第一部系统研究慈善传播的著作；同时，本书亦高度重视应用性，其有关流程、技巧，以及伦理规范的考察和探讨，能够为慈善传播者提供较全面的业务指导，推动捐助者的传播行为更加人性化，使受捐者得到更多的援助，使慈善机构管理者更好地“取信于民”，使慈善活动的旁观者更加理智和包容。本书在有助于提升慈善活动的效率和效益的同时，也有助于探索建立慈善传播的学科系统和准则规范，为学术界的后续研究奠定较好的理论基础。

书中收集了大量的慈善传播案例。书中，既有古代案例，又有当代案例；既有中国案例，又有外国案例；既有机构案例，又有个人案例；既有新闻界案例，又有宗教界案例……这些案例，大多是王卫明搜集的第一手案例。其中的成功案例，就是慈善传播的范例，可供未来的慈善传播者学习、借鉴与参考。其中的失败案例，就是慈善传播的反面教材，值得未来的慈善传播者引以为戒。

迄今为止，王卫明在新闻界有 5 年的实践经验，在高校有 9 年的教学研究经验，主要研究传播实务。因此，他在研究慈善传播时，既注重“理论阐述”，又注重“技术分解”。既有理论色彩，又有可操作性，这正是本书不同于许多学术专著的地方。

阅读本书受益良多。作者的字里行间，深深蕴涵着一种经时济世的学术情怀。我们的传播学研究，就应该有这样的情怀。期待作者在后续研究中，能够进一步推出相关课题的实证研究成果。

不久前，《青年记者》杂志发起一个主题为“新闻传播理论创造力”的讨论，其征稿启事写道：“作为世界传媒大国，中国新闻传播业界和学界也应该有相应的理论建树……以保持理论输入和输出的平衡，提升自己的理论影响力，不能总是用别人的话语言说自己的事情。从某种程度上可以说，西方理论之所以能在我国风行，一个重要原因就是我们理论创造能力的孱弱。”

我要说的是，《慈善传播：历史、理论与实务》就是一部在理论上“有建树”的著作。在国外，慈善传播的研究成果很多，但缺乏系统论述的专著，从这个意义上讲，《慈善传播：历史、理论与实务》有“向国外输出”的价值。

是为序。

郭庆光

2014 年 7 月

写于中国人民大学宜园

前　言

研究慈善传播，有其特别的意义。

研究慈善传播的现实意义在于：

——中国正处在社会转型期，慈善活动逐渐增多，慈善传播日益频繁。但当今中国的慈善传播，技巧上常常缺乏直接指导，伦理上缺乏准则规范，仍然处于不够成熟的起步阶段，急需来自传播学、伦理学、心理学、社会学等专业的学理支持。

——在媒介融合背景下，当今中国的媒介融合型慈善传播还未普及，基于不同媒介平台的慈善传播未进行有效的整合，慈善传播在很多情况下处于行动盲目、行为失范的状态，暴露出“诈捐”、“逼捐”、“二次伤害”、忽视媒介融合、忽视传播效果等问题，导致不该有的损失、伤害或争议。

——构建和谐社会，需要慈善传播的科学开展。慈善传播研究，可以展示中国慈善传播的现状，总结已有经验和教训，为当代中国的慈善传播提供建设性意见，使其尽量避免陷入盲目、失范、无序状态。

研究慈善传播的理论意义在于：

——国内的慈善传播研究发轫不久，尚缺伦理视阈的系统性深入研究，且偏重于传统媒体的慈善传播。本课题的研究，可在一定程度上填补以往传播学研究在慈善领域的空白。

——研究慈善传播，可以了解目前中国慈善传播的现状，探明中国慈善传播的媒介环境、特点，以及可能出现的突出问题，归纳慈善传播的合理范式，建构慈善传播的伦理准则。

——慈善传播，应当遵循哪些原则、道德准则、理念？有何禁忌？可能有哪些异化与失范表现，存在哪些认识误区？当事人、受众[①]等分别有何反应和期待？这些都是慈善传播必须解决的重大问题，但至今尚缺较为完整的明确答案，亟待深入研究。

显然，慈善传播研究，是传播学研究的分支，隶属公益传播研究领域。

虽然慈善传播已经蔚然成风，但慈善传播研究在国内和国外都处于起步阶段。

国内对“慈善传播”的研究，主要集中在五个方面。

第一，媒体与慈善活动的关系。戴超（1999）主张，宣传慈善活动是新闻媒体的应尽职责。魏涛（2006）认为，“媒体慈善”是新闻竞争的新利器。查本恩（2012）在论文《对慈善报道发展趋势的观察与思考》中指出，2009 年前后，中国内地的慈善新闻报道有了很大变化，报道内容由“正面报道为主”变为“批评质疑类新闻明显增多”，媒体在慈善新闻报道中的角色从“单纯的报道者”向“报道者兼组织者”转变。

第二，慈善新闻报道的理念。张英（2008）指出，媒体救助报道应着重突出人文关怀。龙卫国（2008）提出，要巧妙地以新闻宣传视角来做慈善报道。卢小波（2008）提出，要无条件地保证给予受助者充分的人文关怀，尊重受助人的完整人格，让受助方和资助方平等互动。王振耀（2012）归纳了“宽容而不苛责”、“杜绝揭人隐私”、“捐赠权高于社会知情权”等慈善报道理念。

第三，慈善新闻报道的历史、现状。方霞（2006）分析了国内报纸的慈善新闻现状。在分析《南方周末》、《楚天都市报》慈善新闻报道的基础上，强月新等（2009）总结了媒体慈善报道存在的问题并提出改良对策。傅静之（2010）探讨了慈善报道在内容、形式上的创新问题。

第四，慈善组织的慈善传播。徐富海（2011）通过对“郭美美”事件的分析，指出慈善组织在信息披露、组织运作和监督等方面存在不足，“只有公开慈善信息，透明化运作，接受制度监督，才能获得公众的信任

---

① 受传者，是接受传播的人。受众，即接受传播的诸多人。

和支持”。辛悦（2012）主张改进慈善机构信息公开机制。周尚思（2012）认为，中国慈善机构只有改其体制、立其法律、公开其信息、提升其服务效率，才能真正解决信任危机。杨道波等（2011）翻译出版了涉及慈善传播的11部外国慈善法。关于“慈善组织应该如何公开慈善信息”，国内尚缺细节层面的个案研究和改进对策研究。中国民政部（2011）发布的《公益慈善捐助信息公开指引》，仅仅是缺乏约束力的原则性指导意见，其内容不够细致。褚蓥（2013）的专著《募捐成功宝典：用好的技巧做成功中的募捐》，对公益组织募捐的方式、策略、技巧，作了较为全面而细致的论述。

第五，慈善传播史。《慈善的真相》（赵华文等，2012）等论述中外慈善事业发展史的专著以小篇幅提及慈善传播，或间接论述慈善传播。

国外对“慈善传播”的研究，主要集中在三个方面。

第一，媒体对慈善组织的报道情况。加拿大学者 Josh Greenberg 和 David Walters（2004）研究了本国主流媒体对慈善组织进行报道的情况。美国学者 Pablo Eisenberg（2009）提出，大部分主流媒体都不愿意让慈善机构的资深业内人士发表有经验的见解和观点。美国学者 Leslie Lenkowsky（2009）将视线投向电视、电影、百老汇话剧等，研究了这些媒介形式对慈善人士的形象塑造。

第二，慈善组织对新媒体的利用。学者 Heather Mansfield（2011）研究了包括慈善机构在内的非营利组织对社交媒体的使用方法。*Philanthropy Action* 杂志（2009）调查了慈善机构运用新媒体宣传自己、树立形象、吸引志愿者和捐助的情况。

第三，慈善传播商业化的危害。学者 Angela M. Eikenberry（2009）提出，“慈善市场化”从某种程度上危害了慈善事业本身。

总之，当今学术界和慈善业界对慈善传播领域的研究，已经取得一批成果，但这些成果还不足以生成“慈善传播的理论体系”。在“非新闻报道类的慈善传播”、“媒介融合型的慈善传播”、“慈善传播的伦理准则”、“慈善传播的基本功能与基本原则”等领域，仍留存较多的学术空白。本书的目标，就是在这些领域展开力所能及的探索。

目　　录

第一章　慈善和慈善传播

放眼宇宙，地球是目前最适合人类居住的星球。但是，在这个星球上，依然有疾病，有贫穷，有战争，有天灾，有人祸，依然有许多人处于困境之中。

人们若要摆脱困境，一可以靠自己，二可以靠政府，三可以靠慈善。在很多时候，光靠自己和政府，人们尚不足以走出困境，这就必须依赖慈善了。

在依赖慈善或参与慈善的过程中，人们难免要做些传播活动，这种传播就是慈善传播。

慈善传播，因慈善而起。如果要了解“慈善传播”的概念内涵，首先要了解“慈善”的概念内涵。

第一节　慈善

将“慈”字拆开来，是“兹”（意为“这”）字加“心”字，所以“慈”可以理解为“有颗爱心在这里”。“善”，据《说文解字》的解释，“从羊”，是“吉祥、美好”的意思。慈善事业，就是奉献爱心的事业。

“慈”的本意是爱心，“善”的本意是美好。慈善是爱心行为，是美好的事情，是仁德与善行的统一。[①] 近代人对“慈善”的定义是：怀有仁爱之心，谓之“慈”；广行济困之举，谓之“善”。

---

① 2010年10月28日，“华懋慈善爱心行动”启动仪式暨“中国慈善　社会和谐”专题研讨会在人民大会堂举行。据香港《文汇报》报道，华懋慈善基金与中国宋庆龄基金会此次在人民大会堂签署捐助意向书，共同设立“中国宋庆龄基金会华懋慈善基金”。全国政协副主席李金华在致辞时指出，慈善的核心思想是“爱”，每个人均可以参与慈善事业。

慈善，重点在“善”。善，其实是一个很高的道德境界，但也是一个容易达到的道德境界，所以，孟子说“人性之善也，犹水之就下也”。王阳明也说过：“天地虽大，但有一念向善，心存良知，虽凡夫俗子，皆可为圣贤。”一个善良的人，是一个值得信任的人。一个不善良的、没有爱心的人，比善良的人，更加有可能走向犯罪之路。

顾名思义，“慈善”与“公益”是有差异的。

从范畴上看，“公益”的范围大于“慈善”的范围，包括环保、科普、慈善等方面。

“慈善”的受助对象，仅限于处于贫困状态或其他困难境地需要帮助的人们，施助者也限于私人（包括以私人身份出现的政府公务员）或非政府性组织。

而“公益”的受益对象是公众——有时是部分公众，有时是全体公众，不一定是处于贫困状态或其他困难境地需要帮助的人。倘若受捐者并没有处于贫困状态或其他困难境地，则有关捐助称不上是“慈善捐助”。

2012 年 3 月 1 日，江苏黄埔再生资源利用有限公司董事长陈光标在北京月坛体育场向北京市民免费发放两千辆自行车和一万个环保袋。《京华时报》记者询问发现，部分领车者来自检察院、公安分局、月坛街道办事处等政府部门，部分是社工，部分是月坛体育场工作人员的家属，部分是到场的媒体记者。记者发现，一些人开车到场将自行车放入汽车后备厢中拉走。[①] 陈光标的这次捐赠，目的是倡导低碳出行、节约能源、保护环境，并非只针对困难人群（宣称“没有捐赠对象，随到随拿”），所以是公益捐赠，而不是慈善捐赠。

2012 年 12 月 21 日下午，陈光标通过微博发布一组图片和一段视频，图中陈光标站在由百元钞票堆积成的钱山旁，陈光标在微博图片（见图 1 - 1）中说身边的现金超过一亿元，自己将拿出 2.3 亿元奖励海内外青少年发明创新。陈光标的这种捐赠，倘若最终兑现的话（事实是无人达到领奖要求），也是公益捐赠，而非慈善捐赠。

---

① 怀若谷、周琦：《陈光标捐自行车市民扑空　随到随拿变定向捐赠　相关部门称怕引发踩踏》，《京华时报》2012 年 3 月 2 日 A14 版。

标哥速度马上开始

2.3亿元现金寻找中国青少年发明创新获得者，包括港、澳、台，海外华人　、华侨青少年朋友们。（百元一张，十万元一捆，人民币墙均约高1.6米，长度16.8米，总重量1.3吨。）共计答题5条，考试时间为自发布起的一个半小时结束。请各位网友立即做好准备工作，稍后发答题、文字、视频、照片。欢迎广大青少年朋友们积极参与。

weibo.com/u/1813482925

标哥速度开始

考试时间：自发布起　1个半小时，答题共5条

2.3亿现金寻找中国青少年发明创新获得者（包括港、澳、台、海外华人、华侨青少年朋友们）。注：北京两套别墅就是当时送莫言老师他不要的那两套，一套870平米(现市场价为7500万元)，一套630平米（现市场价为5500万元），如不需要可到指定的光大银行折换现金。

要求和提问如下：

一、20岁以下，拿到国家专利局发明专利证书的有效。

二、20至26岁，有国家专利局发明专利证书且发明项目转化为产品投入市场进行销售的有效。

三、陈光标已经几年春节期间到云、贵、川，甘肃、西藏、新疆贫困地区送温暖了？陈光标的环保企业成立十周年共向社会捐赠款物累计金额多少？

四、陈光标参加旁听全国两会有几届？有多少条建议被国务院法制办采纳了？

五、标哥的“好人”暖茶上印了哪些公益、环保等宣传标语，它的配方和功效分别是什么？中国好人暖茶发明人是谁？影响中国正能量的第一人是谁？

注：请将发明证书彩色扫描版、以上三、四、五条闭目背诵，一字不能漏、不能错，同时必须将所录视频录像上传到优酷网站，将上传的视频录像网址一起发到发明创新邮箱：famingchuangxin@sina.cn（密码：fmcx951753，以便于广大网友公开监督）。

以上所有问题的答案网上多次报到过，时间结束后，标哥会公布标准答案，获奖者第二天即可到北京领奖，报销交通差旅费，当晚提包带着家人入住获奖别墅（两套别墅标哥是以好友名义购买，但不影响过户）。获奖者选出前三名，一等奖为1亿元现金、二等奖为870平方米别墅、三等奖为630平方米别墅。答题结束后标哥公布以上三、四、五问题标准答案及获奖名单。

全国道德模范、大好人、中国诚信企业家标哥，说到做到。

图 1-1　陈光标微博晒钱山寻找中国青少年发明创新获得者

需要特别指出的是，慈善的实施者，不包括原本负有扶贫济困职责的政府机构，也不包括原本负有给付保险金、赔偿金法定义务的商业机构及其工作人员。政府机构发放慰问金、低等收入保障金、救灾物品等行为，均不在“慈善”范围之内。

当然，如果政界、商界人士将自己的个人收入用于扶贫济困，同样是慈善行为。

例如，2010 年 3 月当选乌拉圭总统的穆希卡，虽然称不上富翁（2011 年申报的财产仅包括：首都郊区一栋旧农舍和两块农地、两辆 1987 年的大众甲壳虫车、2 辆拖拉机，不到 20 万美元的银行存款），但他上任后宣布，把月薪的九成捐给游民救助基金。他说："剩下的够我用了，如果有这么多同胞连这数目都赚不到，我怎能说不够呢?"他将来还要把部分退休金捐出。①

再如，中国第八、九届全国政协主席李瑞环多次将稿费、奖金和子女孝敬老人的费用捐出资助学生。他在 2004 年创办桑梓助学基金会②，旨在对品学兼优的特困大学生实施助学。2009 年他将自己珍藏 30 年的吴冠中画作《北国风光》的拍卖款 2700 万元全部捐出。据《天津日报》2010 年 10 月 25 日头版报道："近日，李瑞环同志将他今年出版的重要论著《务实求理》一书所得稿费 100 万元再度捐给桑梓助学基金会，用于资助贫困学生。至此，李瑞环同志个人已累计助学捐赠 3183.3 万元。"

"慈善"的出发点，不是出于法定义务（如保险理赔、政府扶贫），不是出于道德义务（如亲友之间的扶助、赡养就不是"慈善"），而是出于道德自愿。而且，"慈善"不是双方在经济利益上的等价交换，而是施助者单方面在经济上的无偿付出。

所以，"慈善"一定是公益，但"公益"（例如见义勇为、投身环保）不一定是"慈善"。

例如，在某高校或其他学校设立奖学金，如果颁发对象不分家境如何只看成绩、品德如何，就只是"公益"行为，而非"慈善"行为，但若奖学金或助学金只颁发给贫困学子（往往也要考察其成绩、品德），则是"慈善"行为。

再如，李嘉诚基金会对汕头大学及长江商学院承诺捐资 54 亿港元（截至 2012 年已捐赠约 42 亿港元），就是"公益"，而非"慈善"。

大连万达集团股份有限公司董事长王健林，2010 年在南京以个人名义向中国慈善总会捐赠 10 亿元人民币，专门用于南京市金陵大报恩寺重

---

① 李娜：《乌拉圭总统九成月薪做慈善被称"全球最穷总统"》，详见 http://world.huanqiu.com/roll/2012-07/2900302.html。

② 天津宝坻桑梓助学基金会网，http://www.sangzizhuxue.cn。

建项目，这是中国慈善总会获得的最大数额单笔个人捐款。但是，如果大报恩寺没有将这 10 亿元善款用于做慈善，捐助穷苦人，也算不得慈善。

无论如何，慈善活动是人类社会文明与进步的标志之一。

慈善活动将民间财力、物力等资源聚集起来，重新组合分送到最需要的地方，其实质，是一个社会财富再分配的过程，它是增强社会财富自我调节功能的强心剂。同时，公民在慈善事业中增强了凝聚力和向心力，社会环境也随之变得更加文明进步。

所以，慈善，是国民收入的第三次分配①，是社会福利的实现方式之一。

由于人人都有可能需要别人的帮助，所以，慈善是人类生存、生活、发展的必需品。

为什么呢？有很多例子。比如说，很多贫困家庭是一定要生存的，没有慈善的帮助，他们会生活得非常艰难。所以说它是生存的必需品。

至于为什么它是生活的必需品，在一些比较发达的地区和国家，那里的富人，包括比尔·盖茨，他们已经把慈善作为日常生活的导向，有人甚至每年都要计划花费多少钱做慈善。

这就很好理解“为什么它是发展的必需品”了。为什么说把财物募捐起来去帮助那些贫困山区的小孩子？一是为了减轻他们的生活负担，让他们活得更幸福；二是这些小孩中，也许就会出现一个爱迪生，一个马克思，因为有时候我们真的不知道天才到底在哪里。但是如果他们的成长出现了这样那样的问题，没有成长的空间，他们的天才就会被扼杀。所以说慈善有时候也是人类发展的必需品。

在 21 世纪的中国，慈善是一种新兴的时尚，是有为之士创业立德的最高境界。

南昌大学校报 2011 年 10 月 10 日登出一张慈善助学活动照片，照片中的女性叫邝美云，她是一个“过气”的明星，但是她非常有爱心，每

---

① 国民收入的初次分配，是在物质生产领域进行的分配，主要表现为工资奖金的发放，带有契约性。国民收入的第二次分配，是在初次分配的基础上各收入主体之间通过各种渠道实现现金或实物转移的一种收入再次分配过程，带有强制性，主要表现为各种税收与各种财政支出（如政府救济、财政收入转移支付等）。国民收入的第三次分配，则是通过捐助活动将一些人的财产直接或间接地转移到了另一些人手中，带有慈善性质，以“自觉自愿”为原则。由于扶贫济困是政府的分内职责，所以政府的相关行为并非慈善行为。

年都拿出几十万元的金额来支持南昌大学的学子。作为收入有千万上亿的明星拿出几十万来不算什么，但邝美云作为“过气”明星，仍这样拿出钱来做慈善，是难能可贵的。所以说，慈善确实是一种很有爱心的事情。

在传统观念中，慈善活动似乎是大企业、大富豪的专利。随着人们生活水平的提高，越来越多的普通人以自己的绵薄之力参与到慈善活动中。

就个人或者一个企业而言，参与慈善，是一种社会责任，更是对社会的一种奉献。帮助他人或企业走出困境是一件很幸福的事，它使我们灵魂得到升华，是成功者的智慧人生，是创业立德的最高境界。

一方面，帮助那些需要帮助的人，也是我们身为同胞、同学、同类的责任所在。

《读者》杂志刊登的下述故事，说的就是这个道理：

> 一位母亲因贫穷在超市偷了食物给她的孩子们吃，结果被超市保安抓到起诉到法院。
>
> 经审理，法官是这样宣判的：“这个女人因盗窃有罪，判罚10美元，而我们社会里还有这样一个母亲需要靠偷窃来养活儿女，在场的每一个人都因为我们的冷漠而有罪，每人判罚1美元。”
>
> 法官说完，第一个站了起来，掏出1美元放在桌上。在场的每一个人都震惊了，人们排起长队，缴出了每人终生难忘的一笔罚金。

另一方面，从很多人的经历和体验来看，能够帮到别人，真的是一种非常特别的快乐。在帮助别人的过程中，我们也许可以看到受助方的喜悦、感激，看到对方摆脱困境，甚至命运向好的方向发生改变，由此，我们会获得一种不同于大富大贵的成就感，发现自己作为一个人的价值所在，看到自己短暂生命的意义所在。

《江西晨报》2011年9月19日的一篇报道说，江西省工业贸易职业技术学院的一位教师叫张泽良，他创建了一个叫爱心卡片社的慈善组织，他就有这样的体会：做慈善公益活动能够减压，减轻自己心理上的压力。所以我们说，行善也好，积德也好，它不但帮助别人，也帮助了自己。所以我们要多参与慈善活动。

慈善是中国传统文化的重要内容，也是一种先进文化。

慈善事业，是展现人类爱心、美丽心灵的光荣而崇高的事业。

慈善事业，是功在当代、泽被后世的事业，也是播种希望和幸福的事业。就个人而言，投身慈善事业，因其可以带来特别的快乐，是可以添福增寿的。

慈善给人欢喜，给人希望，给人信心，给人力量。

资产近百亿美元的超级富豪查克·费尼，租住在一居室的房子里，没有轿车，戴着廉价的塑料手表，用塑料袋做公文包……他为美国教育捐出了近20亿美金，还希望死前把仅有的40亿美金全部捐献给社会。媒体追问查克·费尼：为何非要捐得一干二净？他的回答是："裹尸布上没有口袋。"

人活在世上，需要许许多多的东西，需要阳光、空气和水，需要亲情、友情和爱情，此外，还需要爱心。点滴爱心，或许就会改变受助者的命运。人活一世，活着有什么意义？如果您投身于慈善活动，您也许就不会提出这样的疑问。

慈善，是一种帮助他人、奉献爱心的行为。每个人都有需要别人帮助的时候，即使你很富裕；每个人都可以给别人提供帮助，即使你不富裕。生活中不能没有阳光，生活中也不能没有慈善。

手心向上是求人，手心向下是助人；求人痛苦，助人快乐。帮助人这个行为的过程本身，就是一种大快乐，这就是"助人为乐"的本意。

西方有谚语说："赠人玫瑰，手留余香。"慈善在给受助者心中洒满阳光，播下爱的种子的同时，也会给自己的生活增添阳光。

在香港，投身慈善和公益活动，已经成为一种时尚。香港现任律政司长黄仁龙在剑桥上学时，依靠奖学金生活，但每到冬天，就拿出积蓄买许多毛毯送给街头流浪者。他曾经说过："我的良知跟我说，我要走出安逸，做我应该做的事情。"

在美国，投身慈善和公益活动，是生活内容的一部分。美国人每年捐的钱，几乎相当于丹麦、挪威等国一年的国内生产总值。很多美国人有一种回馈社会的意识。美国富人当中不乏比尔·盖茨式的慷慨解囊之人，但普通人依旧是美国民间捐款的绝对主力。美国每年数千亿美元的捐款，有70%来自普通人。

人类因爱而伟大，生活因慈善而阳光，愿越来越多的人参与到慈善事业中来……

第二节　慈善传播

所谓传播，就是讯息的流动、传递、播报。传播是一种行为，是一种过程。讯息，是传播的内容。

慈善传播（Philanthropy Communication）与慈善活动相伴相生，是与慈善相关的一切传播活动，涉及“叙说困境、慈善募捐劝捐、宣传慈善项目、报道慈善人物、监督慈善行为、培育慈善文化、引导慈善舆论、推广慈善经验”等方面，是扶危济困、实现社会福利、发展慈善事业的重要手段。显而易见，慈善离不开慈善传播。

1. 适当的慈善传播，可以救人于水火之中，救人于绝境之中

如果，卖火柴的小女孩懂得募捐，或者有人为她募捐，那么，她就不会在寒冷的冬夜里悲惨地死去……

古人云：“须知世上苦人多。”不要说某些欠发达国家有饥荒、战争，就是我们中国也有不少“苦人”，学校里有不少贫困生，医院里有许多贫困的患者。

还有一种情况是，也许你现在不是苦人，但是也许有一天你就是其中之一了。为什么呢？因为“天有不测风云，人有旦夕祸福”。什么叫“旦夕祸福”？就是白天还好好的，到了晚上就遭殃了。我们有句话叫作“因病致贫”，就是说一场灾祸就可以把辛辛苦苦多年的积蓄一洗而空，甚至还要让你在房子倒塌后还要交月供，因为房子的债权关系还存在着。所以说你不要因为你现在不缺钱、不需要别人帮助，就以为可以永远这样下去，也许有一天你会突然变得非常贫穷，非常需要别人的帮助。

世上苦人多，而那些苦人是需要我们去帮助的；人有旦夕祸福，所以，也许有一天我们也需要别人的帮助。那么怎么样去帮助别人，怎么样来帮助自己呢？这就涉及慈善传播的开展，尤其是慈善募捐的实施。

我们知道，有些人一旦陷入困境，由于求助无门，会用跳楼跳河这样的极端方式来摆脱这种困扰。读中学时，笔者看到一个贫苦农民，因为卖

猪得来的钱被小偷窃走，而哭着跳河（幸好被众人阻止）。读大学时（1998 年），笔者听到这么一件事情：由于国企改革，一大批职工下岗失业，有一个家庭三口人在大年三十的饭里食毒自杀。这是多么可悲的事！

为什么会出现这样的事呢？这是因为这个家庭已经山穷水尽了，但是他们又不知道该怎么办，不知道向谁去求助，也没有人发现他们的贫困并伸出援助之手，所以他们才会用这么极端的方式来解决问题。如果他们知道去募捐，或者是有人发动了募捐，就不会出现这种悲剧事件。

2. 适当的慈善传播，可使人产生并保持参与慈善的热情，保持对慈善活动的信心、信任

使人信任，或者给人信任，都是慈善的题中应有之意。前者有赖于适当的慈善传播。

例如，南昌大学每年一次的“慈善一日捐”，组织者都会在该校办公网贴出捐款情况统计表（单位名称、捐款人姓名、捐款金额）、提交捐款的有关票据。该校的其他重大募捐（如为汶川地震灾民募捐）中，也有类似传播。

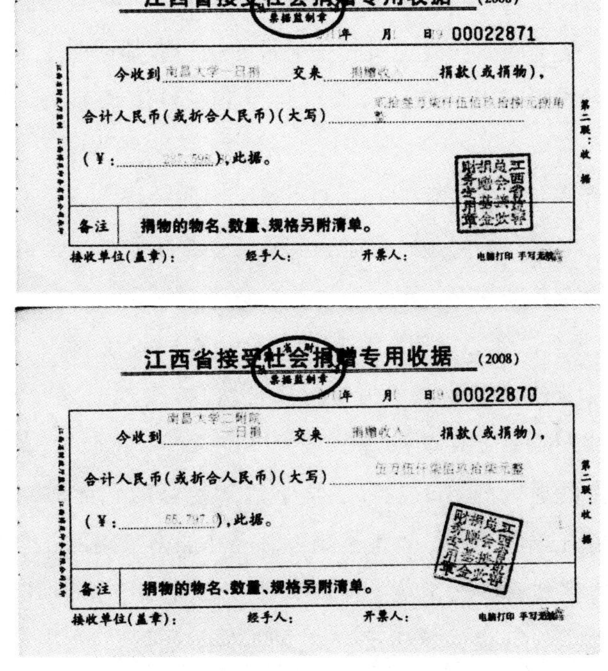

江西省接受社会捐赠专用收据 (2008)

年　月　日　00022871

今收到 南昌大学一日捐 交来 捐赠收入 捐款(或捐物)，

合计人民币(或折合人民币)(大写)

(¥：　　　　)，此据。

备注　捐物的物名、数量、规格另附清单。

接收单位(盖章)：　经手人：　开票人：　电脑打印 手写无效

第二联：收据

江西省接受社会捐赠专用收据 (2008)

年　月　日　00022870

今收到 南昌大学二附院一日捐 交来 捐赠收入 捐款(或捐物)，

合计人民币(或折合人民币)(大写)

(¥：　　　　)，此据。

备注　捐物的物名、数量、规格另附清单。

接收单位(盖章)：　经手人：　开票人：　电脑打印 手写无效

第二联：收据

图 1－2　南昌大学在办公网贴出捐款收据

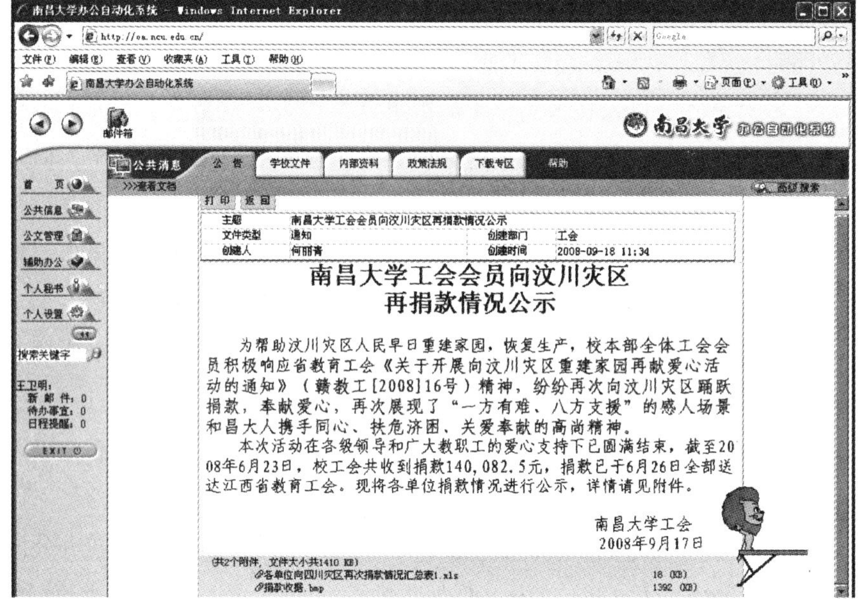

主题	南昌大学工会会员向汶川灾区再捐款情况公示		
文件类型	通知	创建部门	工会
创建人	何丽青	创建时间	2008-09-18 11:34

南昌大学工会会员向汶川灾区
再捐款情况公示

为帮助汶川灾区人民早日重建家园，恢复生产，校本部全体工会会员积极响应省教育工会《关于开展向汶川灾区重建家园再献爱心活动的通知》（赣教工[2008]16号）精神，纷纷再次向汶川灾区踊跃捐款，奉献爱心，再次展现了“一方有难、八方支援”的感人场景和昌大人携手同心、扶危济困、关爱奉献的高尚精神。

本次活动在各级领导和广大教职工的爱心支持下已圆满结束，截至2008年6月23日，校工会共收到捐款140,082.5元，捐款已于6月26日全部送达江西省教育工会。现将各单位捐款情况进行公示，详情请见附件。

南昌大学工会
2008年9月17日

(共2个附件，文件大小共1410 KB)
各单位向四川灾区再次捐款情况汇总表1.xls 16 (KB)
捐款收据.bmp 1392 (KB)

图1-3　南昌大学在办公网公示捐款情况

再如，慈善项目、慈善机构的信息传播越充分，就越能获得公众的信任和支持。壹基金的成功，免费午餐项目的成功，都证明了这一点。

3. 恰当的慈善传播，可以对企业、商家起到促销产品、提升形象的积极作用

慈善营销是商家发展壮大的一种手段。因此，许多商家会对媒体组织的慈善活动产生参与的兴趣，愿意为慈善活动提供物质方面的帮助，借以提升本单位的知名度、美誉度。

《南昌晚报》“爱心守望”版每年都会组织一些慈善活动，以此带动商家或企业参与慈善事业（不另支付广告费），实现商家、媒体、社会、政府、被救助人的多方共赢。

例如，南昌地区的“王老吉·学子情”爱心助学活动，就是由《南昌晚报》（“爱心守望”版）、南昌慈善总会和加多宝集团联合开展的，内容包括：为每名优秀的贫困学子提供5000元助学金；招募10名贫困生参加王老吉公益岗位（提供500元/人的勤工俭学金）。

再如，“牵手希望”爱心助学活动，则吸引了湖北白云边销售有限公

司驻南昌办事处的参与（把3万元资助款打入南昌慈善总会）。

中国“5·12”汶川地震发生后，加多宝集团捐款1亿元人民币支援灾区（当时国内民营企业单笔捐款的最高纪录）。网贴《让王老吉从中国的货架上消失！封杀他!》由此在网络热传，在许多网站的各类论坛和QQ群都能看见。这个明贬暗褒的帖子说道：

> 王老吉　你够狠！
> 捐一个亿，胆敢是王石的200倍！
> 为了整治这个嚣张的企业，买光超市的王老吉！
> 上一罐买一罐！
> 不买的就不要顶这个帖子啦！
> 这个网贴的另一个版本是：
> 让王老吉从中国的货架上消失！封杀它！
> 王老吉
> 你够狠！
> 捐一个亿
> 胆敢是王石的200倍！
> 为了整治这个嚣张的企业
> 买光超市的王老吉
> 上一罐买一罐
> 让他从货架上消失！封杀它
> 不买的就不要顶这个帖子啦！

此后，加多宝集团捐款1.1亿元支援青海玉树地震灾区（2010年），捐款1亿元支援四川雅安灾区（2013年）。此外，加多宝集团连续多年针对高考生开展慈善助学项目“加多宝·学子情”（详见第五章第二节）。加多宝集团的慈善捐助，都被媒体报道，有关信息被用于产品促销现场的宣传，为广大消费者了解。加多宝集团2002年销售额只有1亿多元，2012年销售额超过200亿元，这其中就有慈善营销、慈善传播的功劳。

第三节 慈善传播诸要素

根据传播学者拉斯维尔提出的5W传播模式，“慈善传播”有5个要素：传播者（who）、传播媒介（in which channel）、受传者（to whom）、传播内容（says what）和传播效果（with what effect）。

传播者（who），就是传播讯息的人。

传播媒介（in which channel），就是“插入传播过程之中，用以扩大并延伸信息传送的工具”（施拉姆语）。传播媒介是传播渠道，是一种物质实体、工具或技术手段，如广播、电视、书籍、报纸、杂志、传单、电影、互联网等。传单、互联网、报纸是慈善传播最为常见、常用的传播媒介，以电影为传播媒介的慈善传播极其罕见。

受传者，就是接受讯息传播的人。

传播内容，就是传播过程中传递的讯息。慈善传播的基本内容是：发布慈善信息，宣传慈善理念，传播慈善文化，鼓励慈善行为，监督慈善行为等。

传播效果，就是受传者在行为、思想上发生的变化。

在笔者看来，慈善传播的时间（when）、地点（where），也是十分重要的影响因素。

先来了解一个真实的故事①。

1998年1月，加拿大，安大略省，肯普特维尔（一座离渥太华50公里的城市），圣十字教会学校，教师南茜·普雷斯特在给一年级的孩子们上课。这所学校正开展一项帮助发展中国家的捐款活动。她那一天讲的是非洲的生活状况，以及怎样做可以帮助他们。

“在非洲，孩子们没有玩具，没有足够的食物和药品，很多人甚至喝不上洁净的水。”南茜说：“成千上万的孩子因为喝了受污染的

① 瑞恩的故事，文字引自《中国青年报》2003年4月9日“冰点”版刊登的报道《梦想的力量》（作者江菲），图片截取自“瑞恩的井”基金会官方网站（www.ryanswell.ca）。

水而死去了。”

“每一分钱都能够帮助他们。”南茜告诉孩子们：一分钱可以买一支铅笔，25 分可以买 175 粒维他命药片，60 分就够一个孩子两个月的医药开销，一块钱够一顿丰盛的午餐，两块钱就能买一张毯子。“如果我们有 70 块钱，就可以帮他们挖一口井。”

6 岁的瑞恩瞪大了眼睛。后来，他回忆当时的感受：“我难过死了。没有人应该那样生活。”

一整天，瑞恩的脑子里被“70 块钱一口井”的念头充斥着。“我一定要为他们挖一口井。”他想，“我明天就要带 70 块钱来。”

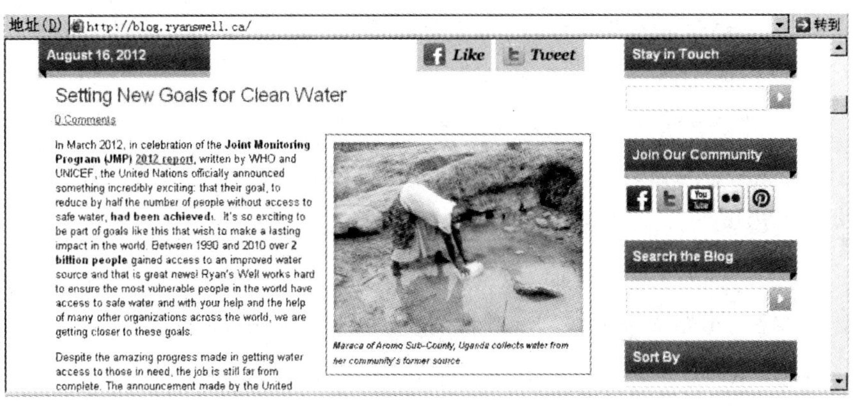

图 1－4　“瑞恩的井”官方网站介绍募捐目标

上面的故事中，教师南希是在以组织成员的身份进行组织传播，此时南希是传播者，听课的学生是受传者，传播媒介是嘴巴（也许还有黑板、纸板等），传播内容是“非洲民众的生活状况以及怎样做可以帮助他们”（这是一种慈善信息），传播效果是“使小瑞恩感到震惊和难过并使他决心捐助一口井”，时间是“1998 年 1 月的某一天”，地点是“圣十字教会学校”。

这个慈善传播激起了新的慈善传播行为——原来的受传者瑞恩成为特别关键的传播者。

6 岁的瑞恩·希里杰克刚一放学，就迫不及待地冲进家，可怜巴巴地向妈妈伸出手，说：“妈妈，给我 70 美元。我要给非洲的孩子修一口井，好让他们有水喝。”

面对瑞恩的请求，妈妈苏珊只是笑着说：“很好呀，瑞恩。”

苏珊是安大略省公民权利、文化和娱乐委员会的顾问。瑞恩的爸爸马克是一名警察。这是个普通的五口之家，除了瑞恩，还有哥哥乔丹和弟弟基根。

晚饭时，瑞恩又提起了这件事。

“不，瑞恩，70 块钱太多了。”苏珊不得不直接告诉他：“我们负担不起。”

第二天，瑞恩闷闷不乐地放学回来，再一次向爸爸妈妈提起这件事。

“你们根本就不明白！”他带着哭腔嚷起来：“人们没有干净的水喝，孩子们正在死去，他们需要这笔钱！”

“哦，天哪，那些天他快把我们折磨疯了！”苏珊痛苦地用手扶着额头，夸张地对我说：“一有时间，他就向我们请求，好像不给他这 70 块钱，他就没办法生活下去一样。”

显然，南希老师的那次慈善传播，传播效果并不仅限于当时：后来的 4 个月里，瑞恩做了很多事情，攒够了 70 元，并且捐了款。

面对瑞恩的请求，苏珊和马克宣布：“如果你真的想要，你可以自己赚。”

苏珊在冰箱上放了一个旧饼干盒，并为瑞恩画了一个积分表，上面有 35 条线。饼干盒里每增加两块钱，瑞恩就可以涂掉一格。苏珊说：“瑞恩，记住，你只能靠做额外的家务活儿来赚这些钱，你现在每天做的这些可不算。”

“行啊！”瑞恩破泣为笑。

瑞恩得到的第一个任务是吸地毯。乔丹和基根都出去玩了，瑞恩干了两个多小时，苏珊“验收”后，往饼干盒里放了两块钱。

“等干完了，我的背都直不起来了，疼了好几天！”瑞恩说：“我平常只做些铺床遛狗的活儿，从来不知道这活儿这么累人。”

几天后，全家人去看电影时，瑞恩一个人留在家里擦了两个小时窗子，赚到第二个两块钱。

渐渐地，大家都知道了瑞恩的这个梦想。爷爷雇了三个兄弟去捡松果；暴风雪过后，邻居们请他去帮忙捡落下的树枝；瑞恩考试得了个好成绩，爸爸给了他奖励；瑞恩从那时起不再买玩具……所有这些，都被瑞恩放进了那个旧饼干盒里。

“说实话，我以为瑞恩很快就会厌烦了！”苏珊说：“可他一直坚持下来，干了4个月。”

4月的一天，苏珊上班前，突然发现积分表已经差不多快满了。“攒够了钱，把它交给谁去非洲挖井呢？”她开始发愁。

学校没有提供相关信息。苏珊向朋友布兰达求助，后者在一个国际发展组织工作。布兰达说：渥太华的一个小规模的非营利组织好像正在做这件事情，他们不仅募捐，还负责去非洲挖井的工作。这个组织的名字就叫“水罐”。

布兰达给“水罐”打了电话：“70块钱可能并不多，但这个孩子很辛苦地工作才赚了这些，我想，应该让他当面把钱交给你们。”

4月下旬一天的早上，瑞恩郑重地穿上西服，打好领带，胸前抱着装满了一块两块零钱的旧饼干盒，将他交给了“水罐”当时的负责人尼科尔。

“这还有5块钱”，瑞恩小声说，“也给你们，也许可以给挖井的人买一顿热乎饭。”

“太谢谢你了，瑞恩！”尼科尔微笑地说：“你真是帮了大忙。”接着，她向瑞恩解释了他们在非洲进行的“洁净的水”项目。最后，她不好意思地说，70块钱其实只够买一个水泵，挖一口井要花更多的钱，差不多得要2000块。

“哦，好啊！”瑞恩根本不明白2000块钱意味着什么，他只是兴奋地说：“那我再多干些活儿赚钱吧！”

这天晚上，苏珊和马克陷入了沉默。“他已经走了这么远了”，马克说：“我们不能跟他说：孩子，你已经尽力了，但你真的不能改变什么。”

他们不知道以后该怎么办。他们期待瑞恩会随着时间的延续，慢慢淡忘这件事。“我们很想帮他。”苏珊叹了口气说：“可一个6岁的孩子怎么靠干家务赚那么多钱呢！”“瑞恩每天睡觉前都祈祷：让非洲的每一个人都喝上洁净的水。我无法告诉他，那是不可能实现的。”

不久以后，书信、报纸、电视台等大众传播媒介，其他的传播者，也加入到瑞恩的慈善故事中来。

布兰达（瑞恩妈妈苏珊的朋友）被瑞恩的执着感动了。接下来的一个星期里，她给自己的家人和朋友发了电子邮件，告诉他们，有一个孩子，为了帮助非洲的孩子有水喝，正在进行着一项伟大的工作。

很快，一个当会计的表弟回信了：“我很感动。我想捐一些钱帮助瑞恩。”

其他人也纷纷回信告诉布兰达：这是个激动人心的故事，应该登报发表。

布兰达这样做了。不久，瑞恩的故事出现在肯普特维尔《前进报》上，题目就叫《瑞恩的井》。1999年9月，《渥太华公民报》又刊登了同样的报道。瑞恩的故事开始迅速传遍加拿大，不断有电视台要求采访。

一周后，在希里杰克家的邮筒里出现了一封陌生的来信，信封上写着：安大略，肯普特维尔，瑞恩的井。信封里有一张25元的支票，附有一张便条：“但愿我可以做得更多。”

没过多久，另外一张支票寄到了。这次的收信人是：肯普特维尔，圣十字学校，瑞恩的井。面额是20元。

安大略省东部的一群钻井工看了电视台播出的瑞恩的节目，为“瑞恩的井”捐来2700元钱。

一些高中生靠卖瓶装水，筹集了228加元，以“瑞恩的井”的名义寄给“水罐”。

捐款从加拿大各地以“瑞恩的井”的名义寄往“水罐”。

同时，加拿大国际发展组织（CIDA）表示：如果“瑞恩的井”获得1分钱捐款，他们会另外捐两分钱来支持他。

捐款迅速筹齐了。

9月底，加拿大援助救济会（CPAR）的乌干达办事处工程师吉兹专程飞来加拿大，和瑞恩一起讨论如何修建和维护水井。

吉兹一见到瑞恩，就紧紧地抱住了他：“我知道你捐了一口井给我们，谢谢你！”

吉兹带来了一张单子，列着需要水井的地方。在乌干达，只有46%的人能够喝到洁净的水。这是个很长的名单，把瑞恩吓住了。他问吉兹：能不能把井修在一个靠近学校的地方？吉兹仔细研究一番，告诉瑞恩，有一个合适的地方，在乌干达北部奥沃特附近，那里有一所安格鲁小学。

安格鲁地区遭受过13年的叛乱，常年干旱，艾滋病肆虐。最近的水源是5公里外的一处池塘。村庄里，到处可以看到腆着充斥了肠道寄生虫的大肚子的儿童，这里常年有四分之一的学生患有霍乱、伤寒和其他严重的水生寄生虫疾病。3.1万多居民，却没有一名医生，五分之一的孩子在5岁前就死掉了。

瑞恩认真地听吉兹讲述，一声不吭。

吉兹向瑞恩解释如何挖井：“人工凿井是一个艰巨的工作，大概要20个人工作10天才能够完成。我们很想有一台钻井机，那样可以很快挖好很多口井。”

瑞恩突然说：“我来攒钱买钻井机吧。”他的声音很小，但很坚定：“我想让非洲的每一个人都能喝上洁净的水。”

这一天回到家里，苏珊对马克说：“这下好了，我们现在的目标是要攒两万五千加元，去买个钻井机了。”夫妇俩谁都没有再说话。

苏珊说：“瑞恩每天睡觉前都祈祷：让非洲的每一个人都喝上洁净的水。我无法告诉他，那是不可能实现的。”

这时，瑞恩已经二年级了。他的同学们都为他的梦想感到骄傲。

班主任老师林恩请求“水罐”和CPAR帮他们班开展一个与安格鲁小学联谊的通信活动。

第一批通信于1999年1月从加拿大寄出，两个月后，瑞恩和同学们收到了回信。瑞恩收到的那封信是这样写的：“亲爱的瑞恩，我的名字叫吉米·安卡那。我今年8岁。我喜欢足球。我们的房子是草做的。美洲怎么样？你的朋友，吉米·安卡那。”

CPAR的工作人员还为吉米拍了一张照片随信寄过来：一个瘦瘦的黑孩子，咧着嘴笑。

瑞恩太兴奋了：他现在有了一个非洲笔友！好多天，他都在想着这位新朋友。“妈妈，有一天能够见到他吗？”他问。苏珊摸摸他的头：“也许吧，也许等你12岁时，我们能攒够钱，让你去一趟非洲。”

瑞恩开心极了，回信写道：

亲爱的吉米，住在草房子里一定很酷吧！我现在8岁。你每天喝的是我的井里的水吗？在学校，你最喜欢的科目是什么？等到12岁，我就会去乌干达。我住的房子是砖砌的。请快回信。你的朋友，瑞恩。

瑞恩12岁要到乌干达的消息被吉米传开了。安格鲁小学的每个角落都在讨论这件事。所有的孩子都写信给自己的笔友：你知道瑞恩12岁要来乌干达吗？你会和他一起来吗？

那一年的新年，瑞恩的邻居佩恩特夫妇送给瑞恩一件特殊的礼物——3人单程前往乌干达的飞机票。“让瑞恩去看看他的朋友吉米和他的井”，佩恩特先生说。

“我们当时无法相信这件事”，苏珊说，“他们真是太好了。他们爱瑞恩，希望他快乐。”

随即，《渥太华公民报》刊发了一则为瑞恩征集返回飞机里程（可获免费机票）的消息，全国都行动起来了。

就在瑞恩的第一口井修好后不久，2000年7月27日。瑞恩和爸爸妈妈坐着卡车，一路颠簸来到了安格鲁，来到那口井旁。

“我们都愣住了”，苏珊说。

井被鲜花包围起来，水泥基座上刻着——瑞恩的井：由瑞恩·希里杰克为安格鲁小学社区建造。

村里的一位老人站出来，高声说：“看看我们周围的孩子：他们全都是健康的。这要归功于瑞恩和我们的加拿大朋友。对于我们来说，水，就是生命。”

人群欢呼起来。安格鲁小学校长牵着一头小羊挤出人群，把这头惊恐的小动物放在瑞恩身边。校长向瑞恩深深地鞠了一躬，说：“这是安格鲁社区送给你的礼物，以表示我们的感谢。”

瑞恩牵着小羊，羞涩地说：“我感到自己很幸运。我生活在一个可以随时喝到干净的水的国家里。乌干达没有那么多水。但我很激动，现在你们有水喝了！……我要告诉所有的加拿大人来帮助你们。我梦想着有一天，非洲的人都能喝上洁净的水。这是个很大的梦想。但我知道，只要真心向往，并且努力奋斗，每个人就可以达成自己的梦想。”

鼓声响起来，人群聚成圈，孩子们跳起了传统的庆祝舞蹈。笔友吉米拉着瑞恩的手加入了队伍，每个人都在欢呼着，笑着，跳着。

“那是我最难忘的一天。”瑞恩说。

故事还在继续，互联网这种大众传播媒介，作为新的慈善传播媒介也加入进来。

图1－5　“瑞恩的井”官方网站首页

2001 年 3 月，“瑞恩的井”基金会正式成立。

瑞恩到学校去做宣传，散发电子邮件，告诉人们去帮助别人；他出席各种国际会议，向更多的人讲述他的梦想；全家都加入到这个活动中来：哥哥负责演讲时的音响，弟弟刚刚学会摄影，负责为瑞恩拍照片，爸爸负责召集基金会的董事会议，妈妈负责基金会的具体运作。

“瑞恩的井”在安格鲁社区投入使用两年多，附近的家庭陆续迁移进来，这个地区的人口和入学率有了惊人的增长。孩子们不用再每天花几个小时到很远的地方去背水，他们都开始上学读书；妇女们也不用整天为全家的吃水奔波，她们开始有时间种地，或者做些小买卖。到 2002 年春季，安格鲁小学里已经有了 1250 名学生，还有了 300 名中学生。

清洁的水源对地区经济产生了很大影响。粮食和肉类市场扩大了，当地农民的收入提高了，居民大量迁入，为企业生产提供了更多的工人。

到 2002 年为止，在 CPAR 和“水罐”的帮助下，“瑞恩的井”基金会为非洲 8 个国家建造了 30 口井。

瑞恩被人称为“加拿大的灵魂”。2002 年 9 月 30 日，他接受了加拿大总督克拉克森颁发的国家荣誉勋章，10 月，他作为唯一的加拿大人，被评选为“北美洲十大少年英雄”。

美国得克萨斯的一个小女孩儿听了瑞恩的故事后，给他们写了一封信，寄来了 17 美元：“我为瑞恩感动。我也想去帮助别人。我把自己的头发卖掉了。但愿这些有用。”

一个叫珍妮丝的 18 岁女孩儿放弃了去听后街男孩的演唱会。而她已为此攒了 7 年钱。“但我突然发现，那多么无聊啊！我准备把这些钱捐给那些缺水的人们。今天晚上洗碗的时候，我突然觉得，我们太幸运了，以为所有的事都是想当然的。你使我从一个全新的角度看待生活。”

从事护理工作的斯蒂文说：“你重新为人们树立了希望。它就像从山上扔下的小雪球，正在变得越来越大……虽然我已经捐助了 3 个非洲儿童，并且每月从工资里拿出 10% 送给慈善机构，但你让我觉得自己做得还远远不够。谢谢你，瑞恩，你提醒了我们为什么要生活在这个星球上，不是为了消费和购买那些我们并不需要的东西，而是要去爱和帮助他人。”

“我是一个机车工程师。6年后我就要退休了，但我的身体还很好。”美国的理查德写道：“我有技术证书，我的双手还可以工作，我还会修钻头。如果有一天，你需要志愿钻井工人，或者搬运工，别忘了告诉我。”

一封署名为“普通美国人”的信写道：“你向我证明了不应该对下一代人失去信心。享受和贪欲并不像人们想象的那样猖獗。我每个月都会省下些钱和时间去帮助不幸的人。你的基金会是我这个月的捐助对象。并且，我会把你列入每年的捐助名单。只要你一直坚持下去，我就会一直支持你。”

瑞恩在一旁说：“一个美国小女孩儿只寄给我们5分钱；台北的一对姐妹寄给我2001美元。可我觉得，对那个小女孩儿来说，5分钱可能是她的全部，所以她们都帮了很大忙。”

最初，瑞恩执意要给每个捐助者回一封感谢信，哪怕对只捐5分钱的人。信写好，由弟弟基根负责装进信封，贴上邮票。“我的手都写酸了”，瑞恩抖着自己的双手。捐款越来越多，苏珊才决定把感谢信打印出来，由瑞恩填上捐助者的名字。

不久前，瑞恩接到了一位中国大学生的信：听说你的故事后，我非常感动，希望能为你做些什么。

苏珊回信道：我们网站有英文、法文和日文版本，如果你愿意，可以帮我们把首页翻译成中文。过了一段时间，苏珊收到了回信。

“我激动极了。”她说：“本来我们只是想让他帮忙翻译首页，可是他的邮件一页又一页，有几十页那么长”，苏珊瞪着眼睛比划：“你相信吗？他把所有网站内容都翻译了！”

“瑞恩原来只是个普通的学生”，苏珊后来说。“后来他的成绩反而上升了。我们从来不要求他在学习上有过多压力，但他从这件事上感觉到，只要集中精力，每个人都可以把事情做得出色。”

在希里杰克家，孩子们小时候的儿童房，放置了一张大大的办公桌，墙上贴满了瑞恩参加各种活动的照片。墙的一侧，是一张世界地图，每当有一份支持瑞恩的邮件或捐款到达时，他们就在地图上做个记号，超过65个国家被圈了起来；墙的另一侧，是一张非洲地图，上面标注了哪里是缺水的地区，哪里是已经修建了水井的地区。每天晚上，全家人聚到这个房间里，处理来自世界各地的电子邮件。苏珊和马克通常只选出一封信来让瑞恩自己回复，更多的工作由大人来承担。

……

截至2012年8月18日（瑞恩已经成为一名大学生），“瑞恩的井”基金会（www. ryanswell. ca）已为乌干达、布基纳法索、肯尼亚、海地等国打了724口水井和916座公共厕所，改善了超过760900人的生活卫生状况。

图1－6 “瑞恩的井”博客网页

图1－7 “瑞恩的井”公布募捐进度（已募集目标额度的48%）

瑞恩的上述故事，就是一个关于慈善传播的故事，这个故事告诉我们以下道理：

（1）在慈善活动中，往往需要多次的慈善传播；

（2）慈善传播对于慈善目标的达成，是极其关键的，这是一种非常有意义的社会行为；

（3）即便不是腰缠万贯的富翁富婆，即便是小孩子，也可以作为传播者，开展成功的慈善传播；

（4）在慈善传播的过程中，传播者的决心、意志是十分重要的；

（5）慈善传播，不但要借助人际传播的手段和媒介，而且有必要借助包括新媒体在内的大众传播媒介的力量；

（6）在适当的传播时间、适当的传播地点传播适当的内容，其传播效果可能是惊人的，不但可以引起受传者在思想上、行为上的明显变化，而且可以引起连锁反应，使世界发生意想不到的积极变化。

第二章　慈善传播的演进史迹

慈善不是自古就有，也不是任何时期都有。慈善是人类发展到一定阶段的产物。慈善传播也是如此。

一般而言，慈善活动的发起与后续展开，慈善机构的诞生及日常运作，都伴随着慈善传播。有慈善活动，便会有慈善传播。在很大程度上，慈善发展史其实就是慈善传播发展史。

第一节　外国慈善传播简史[①]

公元前2000年，古希伯来文书中有“Hesed”一词（意为“施惠的义务”），犹太教圣经《旧约》把它称为mercy（慈悲），而《新约》称之为charity（慈善）。根据犹太教教义，“上帝愿所有的人，行公义，好怜悯，因为上帝按照他的形象造人，所以人都应该有尊严且受到尊敬的对待。”基督教发源于犹太教，同样主张“博爱”。

公元1世纪，耶稣创立基督教，其经典著作《圣经》提倡善行，其中写道：“周济贫穷的，不致缺乏；佯为不见的，必多受咒诅。”[②]

公元610年，穆罕默德建立伊斯兰教，“敬主爱人”是伊斯兰教的最高宗旨，也是伊斯兰教慈善理念的凝练表达。伊斯兰教经典著作《古兰经》说：“我们只为爱戴安拉而赈济你们，我们不望你们的报酬和感谢。”“如果你们公开地施舍，这是很好的；如果你们秘密地施济贫民，这对于

① 本节文字部分摘引自《慈善的真相》（赵华文、李雨著，安徽人民出版社2012年版）。

② 《圣经》，旧约，箴言28：27。

你们是更好的。这能消除你们的一部分罪恶。”

公元 12 世纪，日本奈良东大寺住持重源和尚，在全国修建了 7 处名为“别所”的综合福利设施，专门免费为贫穷的技术工人提供诊疗服务及免费住宿设施。

1560～1640 年，英国许多富人创建了慈善机构收容穷人。

1569 年，葡萄牙人在澳门设立仁慈堂，这是澳门最早的、历史最悠久的慈善机构。

1601 年，英国女王伊丽莎白一世颁布世界上最早的慈善法——《慈善用途法》。该法案规定了慈善的定义、慈善组织的基本规范和制度框架，首次确立了政府对慈善基金会的管辖权。

1729 年，英格兰有超过 1400 个慈善学校，收容了超过 22000 名学生。

1753 年，在荷兰阿姆斯特丹出版的一本匿名书籍中，详尽记载了当时欧洲慈善组织的内部规定、活动内容、捐赠礼仪等细节。

1787 年，日本出现了名为“报德社”的慈善组织，倡导以捐赠的形式振兴农村社会。

1808 年，贫民状况改善协会成立，这是加拿大有资料记载的第一个慈善组织。

1835 年，阿历克西·托克维尔在《论美国的民主》一书中认为，慈善精神是美国的国家力量之一。

1860 年，英国政府根据 1853 年《慈善信托法》成立了慈善委员会，负责对全英慈善组织进行登记和监督。

1864 年 8 月 8 日，英、美、法、荷、德等 16 国代表在日内瓦签署《国际红十字会公约》，瑞士人亨利·杜南创办的国际红十字会正式成立。

1865 年，著名的慈善组织“救世军”（The Salvation Army）成立，这是以军队形式作为其架构和行政方针、以基督教作为信仰基础的国际性宗教及慈善公益组织，以街头布道和慈善活动、社会服务著称。

1869 年，在牧师索里的建议下，组织慈善救济及抑制行乞协会在伦敦成立，这是英国第一个慈善组织理事会，后更名为慈善组织会社。

1889 年，美国钢铁集团公司的创始人安德鲁·卡内基在《财富福音》一书中强调，富人在其有生之年有义务将他们的财富予以重新分配，促进社会发展，而不仅仅是让他们的家人去继承财产。年轻时，卡内基拼命挣钱，年老时他仗义疏财，临死前卡内基几乎捐出了全部家当，他说："我只是上帝财产的管理人，在巨富中死去是一种耻辱。""一个人生前可以拥有几十亿财产，任他支配，然而，死后就算全部将这些无法带走的身外之物留给后人，供他们使用，也不足以让世人为他落下哀悼的泪水，他既不会带着荣耀离去，更不会被人们久久称颂。那么，自然而然，人们很快就会将他忘记。世人对这些人的评判往往是：'死得不光彩的有钱人'。"

1894 年，加拿大的多伦多已有 43 家慈善组织。

1897 年，在美国波士顿及周边地区，一个基督教团体发起向 15 万穷人提供一顿免费圣诞晚餐的活动。这年 4 月 5 日，《申报》刊登《劝赈说》，呼吁善人"慨然解囊……汇解灾区"。

19 世纪后期，日本天皇常巡礼全国各地，号召各地商人、贵族关注慈善公益，且常常共同捐赠兴办各种济生会、基金会等。

1905 年，法国通过的《政教分离法》规定，公民可注册成立救助性质的宗教慈善组织。

1906 年，美国旧金山发生大地震，吕海寰、盛宣怀倡议上海各慈善机构募捐急赈旧金山灾区华侨。

1913 年，美国国会通过税收法案免除慈善机构所需缴纳的联邦所得税，约翰·D. 洛克菲勒建立了洛克菲勒基金会。

1917 年，美国国会当年税收法案规定，纳税人所捐赠的善款可以从他们应缴付的联邦所得税中扣除。

1918 年，美国慈善信息局成立，专司慈善评估。

1921 年，美国国会当年的税收法案扩展了慈善机构的免税范围，把规定用于慈善事业的遗产捐赠予以免除遗产税。

1935 年，美国国会当年税收法案规定，企业的公益性、救济性捐赠准予在税前扣除。

1942 年，乐施会在英国牛津市成立。

1950 年，世界宣明会成立，该组织旨在帮助世界各地的穷人，特别是贫困家庭的儿童。

1953 年，美国国税局的报告显示，该国已有近 5 万家慈善机构。

1954 年，美国通用电气公司成为第一家提供慈善配比计划的公司：雇员向慈善机构捐赠多少善款，企业就相应捐赠一定数额的善款（通常是 1∶1 的比例）。

1962 年，美国民众捐赠的 98.9 亿美元，远远超过慈善基金会的捐款（7 亿美元）、遗赠（7 亿美元）及企业捐款（5.4 亿美元）。

1969 年，美国税收法案改革，在美国历史上第一次区分公共慈善机构和私人基金会，允许政府限制私人基金会的派息率[①]，要求他们支付相应的消费税。该法案增加了对捐赠其 50% 可支配收入的纳税人的减免所得税限制，并详细制定了实物捐赠的规章制度。

1974 年，英国成立慈善援助基金会，其中一项工作便是帮助慈善组织向政府索要退税的资金，每年经手的退税金额高达 10 亿英镑。

1987 年，美国当年的税收法案规定：没有会计账目的慈善机构不得申请所得税减免。

1992 年，美国媒体披露美国联合劝募会主席阿尔莫尼侵占捐款案，引发全美舆论强烈反响。

1999 年，美国立法要求：任何人对慈善机构提出申请，慈善机构都有义务向其提供已经填好的一式三份的 990 表格[②]。这一年，美国红十字会通过互联网募集到 270 万美元，网络捐款开始兴起。

2001 年 9 月 11 日，恐怖分子袭击美国，致使数千人伤亡。美国民众迅速向各种慈善机构捐赠 22 亿美元，慈善机构纷纷成立“9·11”基金。

2002 年，“慈善导航者”组织（Charity Navigator）开始为捐赠者提供免费咨询服务。

2003 年 5 月 5 日，美国最高法院对马迪根电话营销协会予以制裁，并允许各州制裁以慈善捐款为由的欺骗性行为。

---

① 所谓派息率，也就是当年派息总数/同年总盈利，这个指标一般为 40% ~60%。

② 这是美国非营利组织必须每年向国税局呈交关于其财务和活动状况的申报表，包括收入、支出、净资产或基金余额，还包括对组织的任务和重要活动的描述、对组织内部治理的简介等。

2004 年 12 月 26 日，印度洋海啸发生后，数百万美国人捐赠 15.4 亿美元用于救灾。

2004 年，英国慈善组织总收入为 263 亿英镑，其中：赚得收入 125 亿英镑，志愿性收入 118 亿英镑，投资收入 20 亿英镑，总收入的 38% 来自政府资助。这一年，印度洋发生大海啸，各国纷纷募捐和捐款。当时加拿大联邦政府与印尼政府关系不好，加拿大红十字会募集的大批善款、物资没能及时抵达灾区，而红十字会没有告知公众，直到有人披露、媒体质询以后，他们才以“国际红十字会惯例”为由加以敷衍。

2005 年 8 月 29 日，卡特里娜飓风在美国墨西哥湾沿岸登陆，导致洪灾泛滥。美国慈善人士为此捐赠 65 亿美元。

2006 年，美国慈善机构接到捐款 2950 亿美元，约占 GDP 的 2.2%，其中 75.6% 来自个人捐赠，12.4% 来自基金会，7.8% 来自遗赠，4.2% 来自企业捐赠。“股神”沃伦·巴菲特宣布：将自己财产的 85% 捐赠给世界上最大的慈善基金会——比尔与梅琳达·盖茨基金会（成立于 2000 年 1 月）。

2009 年 5 月 5 日，沃伦·巴菲特和比尔·盖茨邀请 14 位全美经济的掌权者，在纽约洛克菲勒大学校长室商谈“怎样让美国富豪们捐出更多财富”，这是慈善资本主义兴起的标志性事件。

2011 年 3 月 11 日，东日本发生大地震。日本红十字会在厚生劳动省的协助下，成立了“捐款分配决定委员会”。截至 2011 年 6 月 7 日，日本红十字会共收到捐款 2514 亿日元。

2011 年 3 月，俄罗斯红十字会爆出丑闻——有人贪污救助艾滋病患者的捐款。这笔捐款约合 66 万元人民币，嫌疑人用它来装修自家房子，案发后，嫌疑人被判处 5 年半监禁。

第二节　中国慈善传播简史①

道教，萌芽于轩辕黄帝（前 2717 ~ 前 2599 年）祭祀天帝，理论集成

① 本节文字部分摘引自《中国慈善简史》（周秋光、曾桂林著，人民出版社 2006 年版）。

于圣人老子（约前570～前400年）创作《道德经》，正式形成于天师张陵（34～156年）建立天师道之时。道教既奉行“尊道贵德”，又提倡“忠孝仁义”、“无量度人”。

公元前1世纪，佛教传入中国，其教义中的“劝善”思想（如“慈悲为怀”、“善有善报”、“积德行善”、“救人一命，胜造七级浮屠”[①]）随之开始影响中国民众。经典佛经《无量寿经》有云：“尊圣敬善，仁慈博爱。”

春秋时期，孔子（前551～前479年）提出“仁”的思想。“己所不欲，勿施于人”，“仁者不忧”，“君子喻于义，小人喻于利”等都是他的思想语录。

战国时期，孟子（前372～前289年）继续发展“仁”的思想。他认为人性本善：“人性之善也，犹水之就下也。人无有不善，水无有不下。今夫水，搏而跃之，可使过颡；激而行之，可使在山。是岂水之性哉？其势则然也！人之可使为不善，其性亦犹是也。”他主张：“老吾老，以及人之老；幼吾幼，以及人之幼。”他说过：“仁则荣，不仁则辱”，“仁者无敌。”

战国时期的墨子则提出“兼爱”思想：“当兼相爱、交相利”，“视人之国，若视其国；视人之家，若视其家；视人之身，若视其身。”“若使天下兼相爱，国与国不相攻，家与家不相乱，盗贼亡有，君臣父子皆能孝慈，若此则天下治。故圣人以治天下为事者，恶得不禁恶而劝爱！故天下兼相爱则治，交相恶则乱。”“夫爱人者，人必从而爱之；利人者，人必从而利之。”

战国时期，齐国的公叔子在卫国正遇上空前饥荒，遂出私财买米煮粥施给灾民，受惠者甚众。[②]

魏晋南北朝时期，开始有佛寺慈善活动。公元363～366年，疾疫流行，僧人竺法旷以慈悲为怀，游行乡里，为百姓普施药方，祛病禳灾。

悲田坊又称“悲田养病坊”，专门收容孤老贫病人。在唐代，长安年

---

① 救人一命的功德，比建造七层的佛塔还要大。

② 周秋光、曾桂林：《中国慈善简史》，人民出版社，2006，第69页。

间（701～704年）即已设置。其后，在开元五年（717年），唐朝政府即自僧侣中选任悲田养病使，在长安等地设立悲田养病坊，实际权责由僧侣掌理。经营悲田坊属于慈善事业，须耗资金，但因其经费皆来自善男信女的捐献，对寺院而言往往仍有盈余，寺院也乐于设立。

北宋时期，范仲淹（989～1052年）以“先天下之忧而忧，后天下之乐而乐”的胸怀，在晚年捐献毕生大部分的积蓄（宋代达官俸禄丰厚），在家乡苏州购置良田千余亩，设立义庄，用于慈善救助。义庄是古代的一项慈善举措，指捐赠者购买相当数量的田地，所收取的田租用于慈善事业。义庄往往在家族内部创设，在家族范围内进行慈善救助。[①] 范仲淹在皇祐二年（1050年）十月订立的义庄规矩中写道：“乡里、外姻亲戚，如贫窘中非次急难。或遇年饥不能度日。诸房同共相度诣实，即于义田米内量行济助。”

范仲淹

1209～1210年（南宋嘉定年间），金坛（今属江苏常州）发生饥馑，邑绅刘宰首设私人粥局，办赈五月有余，这是中国慈善史上一次大规模的私人赈饥。1224年，刘宰在金坛第二次设粥局赈饥，并得到友人赵若珪等乡绅的支持（捐资捐粟），规模更加宏大。1228年（南宋绍定年间），邻县涝灾，流民乞食于金坛，刘宰再开粥局，受惠饥民数以万计。[②]

1233年，道教劝善书《太上感应篇》刊行，成为中国民间流行最广、影响最深的一部善书。该书由宋理宗钦定，御书“诸恶勿作、众善奉行”。

1609年，李之藻在北京创建圣母会，劝人广行善事，这是中国第一个基督教性质的善会。

① 诸葛忆兵：《范仲淹与义庄》，《文史知识》2010年第8期。

② 宋史记载：“宰刚大正直，明敏仁恕，施惠乡邦，其烈实多。置义仓，创义役，三为粥以与饿者，自冬徂夏，日食凡万余人，薪粟、衣纩、药饵、棺衾之类，靡谒不获。某无田可耕，某无庐可居，某之子女长矣而未昏嫁，皆汲汲经理，如己实任其责。”

1694 年，《福惠全书》初次刊印，此书为黄六鸿所著，书中有许多关于慈善机构创办及管理运作的内容。

1740 年，《钦定康济录》出版，倪国琏编纂，其中汇录历代慈善救济活动。

1829 年，杨景仁编辑的《筹济篇》刊刻出版，这是清朝重要的慈善思想资料汇编。

1869 年，余治编撰的《得一录》刊印出版，这是清朝众多善书中最著名、最重要的一种，也是古代中国慈善史资料总集。

1872 年，香港东华医院建成，这家华人医疗机构，兼办为贫困同胞赠医施药等慈善活动。

1876 年，中国北方发生严重的旱灾和蝗灾（长达四年），数百万百姓生活无着，纷纷南下。无锡富商李金镛前往“抚视”，后向胡雪岩、徐润、唐廷枢等江浙闽粤绅商劝捐，筹得资金十余万，救济了大量灾民。原在山东青州一带传教的英国传教士李提摩太，先是向驻烟台的外国侨民募捐，后又通过上海的《申报》、《万国公报》、《北华捷报》等媒体刊载劝捐书，吁请侨居各通商口岸的外国官商捐资救济。

1877 年，李金镛等人与扬州绅商严作霖率领的助赈人员汇合，在《申报》刊发《劝捐山东赈荒启》，呼吁“踊跃输资”。很快，江浙绅商在灾区放赈五六十万两白银。截至当年 11 月，由传教士、洋商、外交官员在上海成立的山东赈灾委员会，从世界各地募得赈款 3 万余两（其中经李提摩太放赈的就有 19119 两）。

1878 年，上海绅商义赈活动的实际领袖经元善，在《申报》刊登《急筹晋赈》等启事。

1897 年 4 月 5 日，《申报》刊登《劝赈说》，呼吁善人“慨然解囊……汇解灾区”。

1905 年，张謇①等发起建设新的南通育婴堂（1906 年秋建成），专门

---

① 1894 年，张謇考中光绪甲午科状元。此年甲午战争，中国大败。次年，清政府被迫签订《马关条约》。张謇为国家命运而徘徊辗转，英国传教士李提摩太的一番话使他恍然大悟：“中国非真能普及教育、公共卫生、大兴实业、推广慈善，必不能共和，必不能发达。”为实现“匡济天下”的抱负，他抛弃官职，下海经商，踏上实业救国、慈善济民之路。

收容弃婴和赤贫无力抚养者的婴儿。

1906 年，湖南发生罕见水灾，《申报》详尽报道长沙、湘潭等地灾况及省城商绅“筹款发米施粥，雇备划船以资救济”等情形，并刊登《湘绅乞赈书》、《华洋义赈善会办事董事为灾黎请命文》等募捐文告筹赈灾民，呼吁“筹措捐款汇寄”。

1907 年，江南水灾，《大公报》发起募捐，得银 11469 两，此笔巨款全部用于灾区。

1909 年，甘肃大旱，于右任创办的《民呼日报》发表《论升督漠视灾荒之罪》，揭露官员渎职；发表《如是我闻》，记述甘肃饥民惨状，邀集旅沪陕甘同乡领袖刘定荣、李岳瑞等人组成甘肃赈灾公所（以民呼日报报馆为办公地点）。《民呼日报》还辟出专栏，发起募捐救济灾民活动，开创了中国报纸参与社会赈济工作的先例。

1911 年 10 月 10 日，武昌起义爆发。中国红十字会为救护此次战事伤员，在 10 月 23 日、29 日《申报》先后刊登《劝募红十字会捐启》、《劝募红十字会捐款》。

1912 年 8 月，上海慈善团成立，这是中国慈善事业向近代转型的标志性事件。

1913 年，张謇以他在 60 岁寿辰所得贺礼在南通城南建造养老院，以收容无依无靠的孤寡老人。

1916 年，张謇在南通城西门外将清时的养济院改建成“南通栖流所”，收养哀怜无依之乞丐。栖流所常年经费在 1000 元大洋左右，除靠募捐所得外，不足之数由张謇捐助。当年 2 月，张謇创办占地 6 亩的残废院，残废者不论年龄地域皆可入院，入院后之衣食全部由院中供给。张謇发布《为残废院盲哑学校鬻字启》、《继续鬻字启》，以书法作品筹集善款。

1917 年，北京和河北发生大水灾，殃及 103 个县 600 多万百姓，《大公报》创办人英敛之在《大公报》主办的游艺大会上天天登台募捐。

1918 年，中国陕西大旱，于右任为赈灾募捐四处奔走。于右任把长子于望德结婚的婚筵办成了募捐现场，把所有的贺礼都当作赈灾善款送到了陕西。随后，于右任购买 100 担小米，抱病回到陕西开设粥厂，救济灾民。

1920年，熊希龄[1]创办北京香山慈幼院，专门收养京畿地区的无辜灾童。

1923年9月1日，日本关东地区发生7.9级大地震，伤亡约25万人。中国政府以大总统令的方式号召全国人民“广募捐款，尽数拨汇，藉资拯济，以申救灾恤邻之至意”。京剧大师梅兰芳发起成立了“全国艺界国际捐赈大会”，余叔岩、杨小楼等明星都参加了义演，为日本赈灾筹集了5万元大洋。上海《晨报》在9月3日发表题为《日本大震灾》的社论：“我国国民宜速组急赈会，募集巨款，特派大规模之救护团，驰往赈济，并切实调查灾况，如有缺乏粮食衣服之事，尽量输赠，万一灾后发生时疫，亦当派遣十字队前往医护。”

1929年，陕西大旱，《大公报》为灾区发起募捐。

1942年，河南发生大旱，引发大饥荒，重庆《新华日报》发表《豫省灾情志略》等灾情报道和《傅作义捐款万元救济豫灾》、《卫立煌等发起扩大募捐》等赈灾报道；《大公报》发表《豫省灾荒目睹记》披露河南灾荒的严重情形，并配发社论《天寒岁末念灾黎》。

1947年，广西、广东、四川发生水灾，中国红十字总会在京沪两地筹募118万元分送三地灾民。

1949年，为了解决救助贫困儿童的经费来源，宋庆龄请张乐平一起举办“三毛原作展览会”：凡能每月捐赠3银元（一个孩子每月基本生活费）救助一名贫困儿童，可成为“三毛乐园会”会员；每月能出资救助5名贫困儿童，可成为荣誉会员，所有愿意出钱捐物的都是“三毛”之友。4月4日，“三毛原作展览会”在南京路大新公司正式展出。展览会为期6天，有40余人捐款加入“三毛乐园会”。展览会共筹得3206银元（其中义卖画稿收入1291银元），收到一批书籍、文具、衣服、药物，成果丰硕。

1963年3月5日，毛泽东亲笔题词：“向雷锋同志学习”。此后，“雷

① 1913年，熊希龄当选中华民国第一任民选总理。毛泽东曾评价熊希龄“是做过许多好事的”。周恩来曾说：“熊希龄是袁世凯时代第一流人才。”

锋精神”激励了一代又一代人像雷锋那样帮助人、做好事。

1966年3月24日，慈济功德会由证严法师创办于台湾花莲县，这是台湾成立最早、影响最大的带有宗教性质的慈善组织。

1980年，李嘉诚基金会在香港成立。

1981年7月28日，中国儿童少年基金会成立。

1982年5月，宋庆龄基金会成立。

1984年，中国残疾人福利基金会在北京成立。

1988年，中国国务院颁布《基金会管理办法》。

1989年，中国共青团中央、中国青少年发展基金会发起并开始实施“希望工程”。援建希望小学、资助贫困学生，是“希望工程”实施的两大项目。

1990年5月，邓小平为“希望工程”题名。此后，邓小平分别两次以“一名老共产党员”的身份向“希望工程”捐款。

1994年2月12日，《人民日报》发表评论《为慈善正名》。两个月后的4月12日，中华慈善总会在北京成立。这一年，嵩山少林寺依法登记成立少林慈善福利基金会。

1998年5月，中国第一份公开发行的慈善杂志《慈善》在天津创刊。

1998年8月16日，中华慈善总会、中国红十字会、中央电视台联合举办“我们万众一心”大型抗洪救灾义演晚会，募集款物6亿多元人民币，在全国掀起赈灾捐款高潮。

1999年6月28日，中国全国人大通过《公益事业捐赠法》。

2001年6月1日，中国第一份全国性公益类报纸《公益时报》正式创刊，慈善新闻是这家报纸的重点内容，创刊号即刊登《阎明复谈慈善》等慈善新闻报道。

2003年，中国发生非典型性肺炎疫情，社会各界为此捐赠款物40.74亿元人民币。

2004年4月17日，少林寺和河南省慈善总会联合发起并组织实施的“少林千名孤儿救助计划”正式启动，当年12月设立少林慈幼院。

2004年5月，《公益时报》与胡润百富榜联合推出首届中国慈善排行榜。当年9月，“慈善事业”首次写入中共中央文件（十六届四中全会决议）。

2005年4月，《新闻晨报》推出慈善新闻版面（名为“晨报慈善”），每周一期（星期一出刊），由记者丁志平主持[1]，专门关注弱势群体，搭建爱心之桥。上海市慈善基金会破例成立专项基金——“上海市慈善基金会新闻晨报老丁关注爱心款”，指定用于“晨报慈善”报道过的上海特困人员的救助工作。

2005年6月14日，由香江集团总裁翟美卿出资5000万元，香江社会救助基金会在民政部登记注册，这是中国内地第一家注册资金在5000万元以上的全国性非公募基金会。

2005年11月20日，首届中华慈善大会在北京召开，民政部颁布《中国慈善事业发展指导纲要（2006～2010）》。

2006年1月，上海文广新闻传媒集团开播国内首个持续性的明星慈善节目《闪电星感动》。

2006年4月6日，《南昌晚报》联合南昌慈善总会“携手打造爱与被爱、关怀和被关怀的温情园地”，创办慈善新闻版面（名为“爱心守望”）[2]，“讲述在艰难中坚强生活的故事；讲述与悲惨命运抗争的经历；讲述传递爱和希望的感悟”。

2007年6月18日，甘肃卫视推出国内首档慈善资讯类电视新闻节目《中华慈善报道》，该栏目每天均播出节目。

2007年7月，大连电视台公共频道推出慈善公益栏目《情动心动》，该栏目每周五天播出节目。

2007年12月27日，《南昌晚报》启动“千愿牵手”帮扶新闻行动，面向全市农民工子女、留守儿童和特困户、低保户家庭的少年儿童征集1000个新年心愿，向社会征集爱心人士帮孩子们达成心愿。

2008年1月，慈善类高端杂志《环球慈善》在北京创刊，该杂志由中国宋庆龄基金会主管、主办，以促进社会和谐为主线，立足国内，展望

① 联系电话021－28509678，021－63604493。

② 联系电话0791－86865037。

国际，服务社会，弘扬慈善公益精神，歌颂慈善公益行为，传播慈善公益文化，挖掘慈善公益思想，塑造慈善公益形象。

2008 年 5 月 12 日，中国汶川发生 8 级地震，社会各界为灾区捐款捐物 751.97 亿元人民币，其中 CCTV 汶川地震募捐晚会募得 15.14 亿元。

2010 年 4 月 14 日，青海省玉树县发生 7.1 级地震。4 月 20 日晚，CCTV“情系玉树，大爱无疆——抗震救灾大型募捐活动特别节目”在 1 号演播大厅举行，募得善款 21.75 亿元人民币。

2010 年 12 月 3 日，李连杰创立的深圳壹基金公益基金会获深圳市民政局批准，成为中国内地第一家具有独立公募资格的民间基金会。

2011 年 6 月 9 日，湖南卫视推出民生公益慈善“微帮助”节目《帮助微力量》，以“微力量 5 元认捐计划”帮助急需帮助的人们。首期节目有两位受助人：一位是身患尿毒症的乡村女代课教师，一位是双腿截肢却坚持在太行山植树 10 载的退伍老兵。

2011 年 6 月，新浪微博发生网民“郭美美 Baby”（认证身份是“中国红十字会商业总经理”）炫富事件，引发很多网友对中国红十字会公信力的质疑，公众通过慈善组织进行的捐赠大幅减少①。

2013 年 4 月 20 日，四川省雅安市芦山县发生 7.0 级地震。社会各界纷纷为灾区募捐，捐款捐物超过 10 亿元人民币。截至 2013 年 5 月 6 日，深圳壹基金公益基金会收到定向雅安的捐款 2.45 亿元。

2013 年 9 月 27 日，“中华慈善新闻网”（ccn.people.com.cn）正式上线。

2014 年 8 月 3 日，云南省鲁甸县发生 6.5 级地震。8 月 8 日，由新华网股份有限公司和阿里巴巴集团承办的鲁甸地震网络捐款平台（www.news.cn/video/ldjk.hetn）开通，该平台由国家互联网信息办公室、中国红十字会、中国互联网协会发起，面向海内外国民募集善款。

---

① 中国民政部数据显示，整个 2012 年度，中国慈善捐赠总额在 700 亿元人民币左右，较 2011 年的 845 亿元有所下降，而与 2008 年的 1070 亿元、2010 年的 1032 亿元相比有明显的下滑。

第三章　慈善传播的基本功能

慈善传播的核心功能是：唤起爱心，建立信任，激起需要，普及理念。

通过有效的慈善传播，可以建立公众对慈善活动的信任与支持，有利于慈善活动的成功开展。

第一节　组织慈善募捐

发起慈善活动，最常见的是慈善募捐。

慈善募捐，有些是为自己募捐，有些是为他人募捐。

下面的慈善募捐倡议书是为自己的家人募捐，以长微博的形式，发布在微博上（被网友多次转发、转帖）。

救救我的母亲①

我叫陈春林，1989 年 3 月 24 日出生，今年 23 岁，是江西师范大学城市建设学院 08 城市规划系的学生。我母亲叫王三娇。我父亲叫陈锦赣，1958 年生于江西省赣州市信丰县大塘镇和丰村老屋里小组，现年 54 岁，职业务农！

母亲王三娇生于 1972 年 3 月，现年 40 岁。母亲心地善良、任劳任怨，遇到要饭的可怜人，母亲总是要带他到家里，做饭给他吃，给他的袋子里装满米，自己却一生灾难连连，命运坎坷！

---

① 对本书全文照录引文中的错字病句，为保留原貌起见，不予改动。

1979 年，那时候母亲才 7 岁，刚刚入学读书，遭遇一场车祸，经过一星期治疗出院。因家庭贫困就此辍学！

1988 年，母亲嫁给大她 14 岁的父亲，父亲四兄弟都很迟才结婚，就是因为家庭贫困。1990 年，那时候我才一岁，母亲得了阑尾炎，在信丰县人民医院做了切割手术。不久又医院又说得了肺结核，因为母亲体质虚弱，还下结论没办法医治！后面在一位老中医那里看后，说不是结核，吃了他给的中药后就好了，二十二年来没有再犯过！

1994～1995 年，父亲得了胃出血，因为没钱去医院医治，多少次疼痛的昏迷，最后在一位赤脚医生的帮助下，母亲去采草药给父亲吃，后面慢慢的才好了！这些年来也一直没有再犯过！

1995 年 9 月 22 日，那是我们全家最难过的一天之一，我那时候刚刚入学读书 21 天，学校劳动大家都带农具到学校做点事，结果我在放学回家，离校不足两百米处被一位五年级的女生划伤眼睛，经过在信丰县人民医院、赣南医学院附属医院、广州中山大学眼科医院求医救治无效，左眼因此失明致残，家里更加因此负债累累。那段时间里，父亲背着我到处求医的汗流浃背，母亲抱着我的泪流满面，借债时的苦苦哀求，都给我留下了永生不忘的深刻印象！

我的眼睛在后面几年里，也时常会发炎，医生建议要在我满了 18 岁后做一个摘除手术，但是因为家里没钱，至今也一直没做！

2002 年 1 月，那时候农历 2001 年底，母亲步行去阿姨家探亲的路上，在山脚下看到一个纸箱，里面竟然有一位还没剪肚脐带的女婴，里面还有一袋奶粉，好心的母亲喂她吃了点奶粉然后放回原处，她可怜这个孩子，但是自己家里实在贫困，不想让孩子跟着受苦！希望能有家庭条件好点的好心人能遇到并收养！但是，在傍晚她回家的时候再次看到孩子在那里，并且在那样的大冬天里，孩子已经冻得快不行了，母亲实在不忍心看到活生生的生命就此断送，就毅然把孩子带回家，决定无论多困难一定不能让孩子受这样的苦！

2008 年，在母亲的抚养下，妹妹渐渐长大，到了上学的年纪，还没有正式给妹妹取一个名字，更加没有户口。我给妹妹取名字叫陈就，希望她能好好儿活，成就自己的人生！父亲到政府说明缘由，在政府的帮助下，也给妹妹上了户口，这才送妹妹去上学！现在在和丰小学读三年级了！

这些年来，父亲在外做点工，挣点钱供我们上学，母亲要照顾妹妹，在家种地，所以家里一般就我母亲和妹妹两个人。母亲身体不好，家里种地也没多少收入！我读书的学费主要是靠助学贷款和叔叔的资助，生活费主要是父亲得微薄收入支撑！

2011 年 11 月，我突然接到电话，母亲高血压中风，我立即赶回家里照顾母亲。叫伯父打 120 把母亲送往信丰县人民医院。医院经过检查得出母亲得了脑血栓、高血压三级、心脏病、陈旧性肺结核等多项疾病，坚持要母亲住院，母亲不肯，我知道，母亲是不愿意花钱，不愿意我去借钱。在我的劝导下母亲才同意住院！经过 13 天住院血压暂时稳定就出院了！共花费 8000 多元！自己家里只有三千多，问亲戚借了 5000 元！医生一再叮嘱要按时吃药，要注意饮食、注意休息，不能干重活！

出院后，农村人勤劳是本性，母亲她闲不住，虽然我和父亲一再叮嘱母亲不要去干重活，尽量注意休息，但是我和父亲都不常在家，没有办法照顾好她！母亲还是会去干很多农活！

2012 年 8 月 3 日晚 8 点多，母亲干活回家，洗完澡，吃完饭，刚刚躺下准备休息，突然呕吐一阵，然后昏迷不醒！妹妹哭着给我打电话，告诉我。我赶紧给伯父打电话，叫他立刻打 120 送母亲去医院。送到医院经过检查是脑出血，当晚就做了脑部穿刺手术，然后就送进了 ICU 重症监护室！我的高中同学胡艳霞在县城上班，听到消息后立刻问别人借了 10000 元送去医院给母亲交了手术费！还有高中同学赖珍珍、赖冬冬、邹经纬以及邹经纬的母亲（县人民医院中医科主任医师）一直守护母亲到凌晨 1 点多手术完毕。当晚花费 11000 元！我则立刻向刘老师请假，坐火车回家，忧心如焚！父亲也整夜无眠，第二天一早赶最早的班车回家！

自己家里所有的钱才 6000 元，根本没有办法医治！大叔叔向别人借了 20000 元，小叔叔也拿出了全部积蓄 10000 元，姑父也向别人借了 5000 元送到医院，伯父年近 60 家庭困难却一直跑上跑下地为母亲的病奔波，一大家子人能想的办法都已经想了，能筹集到得也已经尽力了。

高中同学大都也是刚刚毕业不久，但是得知情况后，纷纷打电话来问病情、安慰我，积极帮我筹集资金，现已经帮我筹资22000元，大学同学都在暑假，得知消息后，同学们也是非常关心，积极想办法解决问题，大家也从自己的生活费里抽出给我母亲治病，现在已经捐助善款3000元！学院副院长刘老师在得知消息后，立即个人拿出10000元帮助我应急。幸得同学们、老师们的关心一直鼓舞着我，感动着我，要不是有这些同学、老师的帮助，我母亲根本就没有办法有钱医治，我真的无法用言语表达我内心的感激！

时至今日，已经花费64000元了，但是经过治疗，8月10日复查，各项情况已经有所好转！但是，我们能筹集的资金已经所剩无几了，接下来的治疗费用我们已经基本没有什么办法了。但是又不能眼睁睁看着母亲就此放弃治疗，我实忧心、揪心、伤心，祈求能有好心人能帮忙，帮我救救母亲，我还未尽点滴之孝，救救我母亲吧！

母亲常常教育我，人家借你一碗水，你得还人家一碗油！母亲没有读书，常常教育我的道理却具体而深刻！我一直并永远记得这个道理：知恩图报。

祈求好心人能救救我的母亲！

电话：陈春林：15070××××52　陈丽（堂妹）：18770××××73①

建设银行账号：62270020220××××0700　陈春林

下面的慈善募捐倡议书，是为他人募捐（这样的倡议书非常多，往往张贴于高校校园多处地点，或者发布在校园网、QQ空间、QQ群、微博等媒介平台）。

让我们共同牵动爱的风筝

亲爱的朋友们：大家好！

一处落红的纷飞尚且容易泛滥你眼中泪水的光波，一声秋鸟的凄啼抑或容易惊颤你心灵的枝杈，这些细节或许宛若流星，转瞬即逝，却诠

① 本书提及的手机号码、账号、QQ号码，笔者用“××××”作了处理。

释着你永恒的善良，相信这次的募捐活动中一定也会留下你们的身影！

谢冲是南昌大学历史系 091 班的学生，本应如同飞鹰翔击理想的长空，宛似鱼儿畅游青春的岁月，然而他却陷入了不虞的阴霾：医院诊断出他患有胃癌。

对于正值意气风发的他而言，这无疑是个沉重的打击，对于这个艰难的家庭而言更是雪上添霜。谢冲家中上有患病多年的爷爷、患有老年痴呆的奶奶、长年饱受肺癌折磨的外公和失业的母亲，下有 19 岁的失业弟弟，父亲装修散工的微薄工资是家里唯一的经济来源。

上大学已欠下巨债累累，医院的诊断就如同玻璃的碎片撒落在一家人的心窝，使整个家庭宛若在风雨中飘摇。现在，谢冲已切掉了 2/3 的胃，由于淋巴扩散，还要进行 8～12 次的化疗，每次费用高达 8000～20000 元，对于这么一个家庭而言，这显然是个天文数字，原住院所花的 4 万块钱都是借的，家里已无多余积蓄，各方面亲戚大多以种田为生，爱莫能助。

在这千钧一发的时刻，您一分一毫的帮助都好比一点一滴的清水，是涸辙之鲋的生命之源，您丝丝缕缕的恩赐都犹如线线的清风可以共同鼓起谢冲搏击病魔的风帆，这不是举手之劳，是在成就一份无量的功德，传承中华的美德，我们是在共同见证爱的永无界限，其实只要你少吃一次零食、少看一次电影，就又为这次爱之行动注入希望和力量，让我们共同努力吧，行路难，行路难，在乎山水人情间，命运无情人有情，就让我们共同为谢冲托起希望的太阳，让暗淡的生命再次重现光芒！

联系人：孙清琨　QQ：995××××77　电话：1507××××637

而新闻媒体对困难民众的报道，可以激起人们的同情，引发捐款热潮。这方面的例子，可谓不胜枚举。

家住山东德州夏津县的杜传旺，在县里一家汽修店打工学手艺。2012 年 6 月 30 日上午 9 时许，汽修店两名工人把高压充气泵塞入小传旺的肛门。夏津县人民医院贺医生介绍说，小传旺被送进医院时，肚子、胳膊、腿都是鼓的，下肢青紫，阴囊鼓得像小西瓜。医生在腹腔上切开一个小口排气时，“孩子身体发出嘶嘶的响声，就像是轮胎放气”。经诊断，气压造成小传旺大肠、小肠共出现近30个窟窿，多个内脏器官严重受伤，出现胃出血、肝功能减弱等症状。6小时手术后，传旺昏迷了8天。[①]

此事引发众多网友关注和媒体报道。据《新京报》2012年7月13日报道[②]，7月11日下午，中华少年儿童慈善救助基金会的天使妈妈基金，联系到杜传旺的父亲，并联系北京120急救中心帮助传旺进京治疗。一路上，120急救中心和122取得联系，在各重点路段、路口进行疏导。北京交管局出动85名交警，开辟绿色救助通道，沿途护送载着小传旺的急救车。同时，120急救中心通过微博全程直播，及时告知网友们小传旺的状态。事发后，天使妈妈基金发起对小传旺的募捐。据其救助杜传旺爱心行动的负责人徐蔓介绍，2012年7月12日下午5时，已收到捐款39万余元。齐鲁电视台主持人王羲介绍，此前，山东观众捐款十万元，已经交给传旺的爸爸。据《新京报》2012年7月15日报道[③]，2012年7月14日，小传旺的父亲已收到26万元的捐款，天使妈妈基金收到的捐款也突破了60万元。

再来看另外一个例子。

2009年12月，有一位网友在大渝网发了一组关于刘兴敏穿着凉鞋上学的图片，图片反映了高海拔地区儿童上学的艰辛。

《重庆商报》记者根据这条线索，联系上了刘兴敏父亲刘永红，随即赶往云阳县农坝镇云峰村小学采访，来到学校后发现这是一个雪山深处的贫困小学，孩子们平时都提着小漆桶上学，小漆桶里面装的是取暖用的炭花，缺衣少食，条件极端恶劣和艰苦。

---

① 本段引自范春旭、李禹潼、郭超的《男孩被充气泵击穿绿色通道护送进京》（《新京报》2012年7月13日A40版）。

② 范春旭、李禹潼、郭超：《男孩被充气泵击穿绿色通道护送进京》，《新京报》2012年7月13日A40版。

③ 范春旭、李宁：《被气泵击穿男孩获捐86万》，《新京报》2012年7月15日A23版。

图 3－1　11 月 18 日，云阳县农坝镇云峰村，穿着红色凉鞋的刘兴敏（左）提着火炉和同学一起走在回家的路上（CFP 图）

2009 年 12 月 9 日，《重庆商报》以《雪中穿凉鞋上学"火炉女孩"让人心疼》[①] 为题率先报道"火炉女孩"刘兴敏雪地穿凉鞋上学的新闻，引起社会各方面的强烈关注，爱心人士纷纷捐款捐物。

2009 年 12 月 13 日，《重庆商报》以题为《村民放烟花迎接主城爱心车队　城里娃给"火炉女孩"穿上新衣》[②] 跟踪报道："一支由 4 辆车组成的爱心车队带着主城两个爱心家庭，经过 7 小时长途奔波，抵达云阳县海拔 1800 米的云峰村。专门从主城赶到这里的小学生唐雨蝶和余雅婷当即亲手给'火炉女孩'小兴敏穿上了崭新的羽绒服。……与爱心车队一同抵达的重庆中汽博荣汽车销售有限公司工作人员向云峰村村小捐赠了一台台式电脑、44 件防寒服、50 双手套及杯子、帽子、电水壶等物资；九龙坡区玉清寺小学的教师代表也将第一批物资 44 双鞋交到了教师陈波的手中；九龙坡区另一支支教队

① 汪再兴、廖娴雅、杨林：《雪中穿凉鞋上学"火炉女孩"让人心疼》，《重庆商报》2009 年 12 月 9 日第 9 版，详见 http：//cqsbepaper. cqnews. net/html/2009－12/09/node_ 10. htm。

② 李双全、汪再兴：《村民放烟花迎接主城爱心车队　城里娃给"火炉女孩"穿上新衣》，《重庆商报》2009 年 12 月 13 日第 4 版，详见 http：//cqsbepaper. cqnews. net/html/2009－12/13/content_ 44691. htm。

伍的老师带来了44个书包以及铅笔等文具和体育用品；唐雨蝶的妈妈胡永勤老师代表巴蜀小学蓝湖郡校区学生捐赠了不少直尺、水彩笔、铅笔等学习用具，《教育故事》等书籍，还有帽子、手套、袜子、布娃娃等物资；余雅婷则将中山小学同学们捐赠的笔记本、钢笔、铅笔等东西从车上搬了下来，送到小兴敏等人的手中。”

2009年12月16日，《重庆商报》以题为《邢元敏带头为“火炉女孩”捐款》[①]跟踪报道：“重庆市政协主席邢元敏在看了小兴敏的报道后深受感动。14日是重庆市政协主席会议日，邢元敏提议政协机关为‘火炉女孩’捐款，得到市政协其他领导、职工和离退休老同志的积极响应。重庆市政协老干处处长吕琳告诉记者，重庆市政协主席邢元敏走到捐款箱前，将钱轻轻放进箱里。随后，重庆市政协副主席吴家农、刘隆铸、夏培度、王孝询、陈万志、于学信、彭永辉、陈景秋、孙甚林等也走到捐款箱前捐献爱心。在听说‘火炉女孩’的事情后，82岁的离休干部金继栋当即从江北家中步行来到重庆市政协老干处，为‘火炉女孩’送温暖尽一份心；民主党派人士刘玉华和杜慧敏虽然人在海南，但听说了‘火炉女孩’的情况后，也立即给老干处打电话要求老干处帮其垫付，回来后再归还。据统计，市政协老干处29名老干部和民主党派人士共捐款5550元。……重庆市政协机关员工共捐助30775元……重庆市政协已与云阳县相关部门取得联系，希望用捐款尽快给孩子们购买御寒物品，及时送给高寒山区的孩子们。”

2010年1月22日，《重庆商报》刊发题为《流泪看完商报“火炉女孩”报道委员建议资助868名贫困学生》[②]的跟踪报道。

2010年2月21日《重庆商报》刊发题为《25网友赴云阳“火炉女孩”过热闹年》[③]的跟踪报道。春节前夕，25名网友驱车前往

---

① 谭柯、邓娟：《邢元敏带头为“火炉女孩”捐款》，《重庆商报》2009年12月16日第11版，详见 http：//cqsbepaper. cqnews. net/html/2009 - 12/16/content_ 45395. htm。

② 谭柯、梁鹏、何恒、敖于婷：《流泪看完商报“火炉女孩”报道委员建议资助868名贫困学生》，《重庆商报》2010年1月22日第18版，详见 http：//cqsbepaper. cqnews. net/html/2010 - 01/22/node_ 19. htm。

③ 汪再兴、杨林：《25网友赴云阳“火炉女孩”过热闹年》，《重庆商报》2010年2月21日第5版。

云阳县云峰村陪刘兴敏过节，并送去了压岁钱。

新闻媒体对爱心人士的感人报道，有时会达到令人惊喜的募捐效果。

2012年5月8日晚8点40分左右，黑龙江省佳木斯市第十九中学老师张丽莉像往常一样下班，一辆校车突然启动，撞向毫不知情的学生。刹那间，张丽莉纵身推开两名学生，自己却被校车碾在了车轮下。经过全力抢救，张丽莉保住了生命，却失去双腿，网友称她是“最美女教师”。张丽莉的事迹经媒体披露后，社会各界的爱心捐款立即涌来，上至90多岁的老人，下至几岁的孩童，纷纷解囊相助。截至2012年8月11日，“张丽莉见义勇为爱心基金”已获得善款1572万元。[①]

《江西晨报》采用了一种很特别的募捐方式——爱心格子（见图3－2）。先是征集慈善诉求，然后在“爱心榜”版面上画出1个大格子（说明受

江西名流志·爱心榜

“一对一”帮扶
鄱阳县玉溪小学困难学子

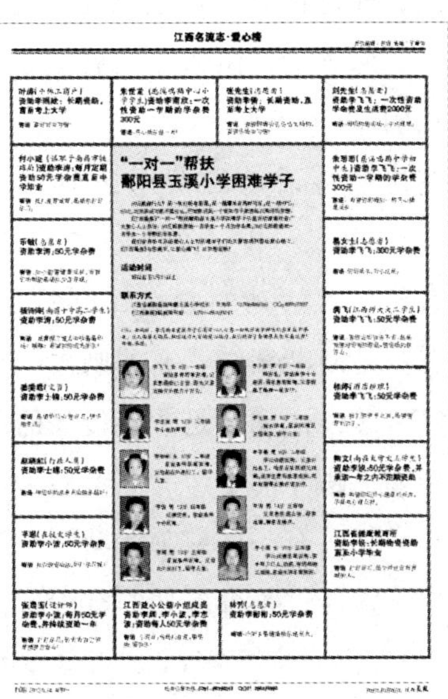

江西名流志·爱心榜

“一对一”帮扶
鄱阳县玉溪小学困难学子

图3－2　《江西晨报》的爱心格子（逐渐充满）

① 冯志刚：《社会各界为“最美女教师”捐了1572万元　这笔钱，民政部门决定让她自己管》，《都市快报》2012年8月21日B03版，详见http：//hzdaily. hangzhou. com. cn/dskb/html/2012－08/21/content_ 1328648. htm。

助人情况及其所需的捐助）和20个小格子，一旦有人或有机构捐助，便填满1个小格子，直到填满所有小格子。

第二节　宣传慈善活动

每年，每月，甚至每一天，都有慈善活动在进行，或是慈善机构在做，或是慈善人士在做，或是商业企业在做。要想做好这些慈善活动，就需要宣传一下，以便扩大影响，或提高效率，或争取支持。

宣传慈善活动的目的，或是为了纯公益目标，或是夹杂一点商业企图。

宣传慈善活动的平台，或是新闻媒体，或是企业报，或是官方网站（官方微薄），或是个人微博，不一而足。

宣传慈善活动的形式，或是口头形式，或是书面形式；或是软文、广告形式，或是新闻报道形式，或是私人日志形式；或是文字形式，或是图片形式，或是视频、音频形式，或是全媒体形式。

宣传慈善活动的风格，有些是隐性的、植入式的，有些则是显性的、赤裸裸的。

宣传慈善活动的费用，有些是免费的，有些则是有偿的（广告形式）。

宣传慈善活动的频率，有些是偶一为之（一次性），有些是频繁开展，有些是断断续续，有些则需持续一段时间。

宣传慈善活动，是慈善传播的重要内容之一，也是非常有价值的。

例如，每年的中考、高考后，都会有一批升学的学生为学费和生活费发愁。幸好，有一些慈善活动是专门针对这类学生的。如果不对这类慈善活动加以宣传，符合条件的贫困生就很可能不知道可以获得慈善资助。

2008年11月28日，《江南都市报》刊发预告性报道《筹330万元办“慈善阳光班”高中三年每生可获6000元资助》，正文如下：

本报讯　熊志亮、记者邱佩君报道：27日，记者从省慈善总会第二次会员代表大会上获悉，省慈善总会自2002年成立以来募集社会各类捐赠款物共计7.8亿元，今后我省将开发两个新的慈善项目，即让“慈善阳光班”学子享受资助，并在全省建立200个“慈善超市”。

据省民政厅负责人介绍，资助贫困优秀高中生就学的“慈善阳光班”、资助为城乡贫困家庭服务的“慈善超市”将是未来我省慈善事业的两个新开发项目。

“慈善阳光班”将在每个设区市选择一所重点中学，资助40~50名家境贫寒、考取重点中学的高中生，每人每年资助2000元，高中三年每生可获6000元资助。此项目共需要330万元资金，可解决500多名高中生的就读学费及食宿费用。

另外，我省将在全省建立200个“慈善超市”，原则上每个县（市、区）建立1~2个，按规定要求开办“慈善超市”将给予资助。

2009年9月29日，新华网刊发报道《江西首开“慈善阳光班”200名贫困高中生获资助》，正文如下：

新华网南昌9月29日电（记者胡锦武）江西省慈善总会近日筹资在全省开设“慈善阳光班”，资助贫困高中生求学，首期200名贫困生将每人每年获资助2000元。

“慈善阳光班”首期将在南昌市师大附中、九江市九江一中、宜春市宜春中学和石城县石城中学等4所重点中学开班，200名家境贫寒、成绩优秀的初中应届毕业生进入当地重点中学求学后，3年将共获资助6000元，以解决他们高中期间的就读学费及食宿费用。

“慈善阳光班”将依据“从高分到低分录取”的原则，每个班招收50名孤儿、城乡低保特困家庭子女、优抚对象特困家庭子女。资助对象要求品德优良、中考成绩达到当地重点中学指令性计划录取分数线以上。

2010年7月22日，《江西日报》B03版刊发报道《南昌抚州增设11个慈善阳光班550名贫困学子获资助》，正文如下：

本报讯（记者邱玥）近日，记者从省慈善总会获悉，今年我省将在去年设立4个慈善阳光班、资助200名贫困学子的基础上，在南昌、抚州又增设11个慈善阳光班，其中，南昌增设6个、抚州增设5个。目前，已筹集资金300万元，将资助贫困学子550名。

慈善阳光班是我省2009年实施的一个慈善项目，主要资助家庭困难的优秀初中应届毕业生完成高中学业。资助对象为孤儿、城乡低保特困家庭子女、优抚对象特困家庭子女，单亲家庭子女，且中考成绩达到所在中学指令性计划录取分数线以上，按照从高分到低分录取的原则进行资助。慈善阳光班每个班招收学生50名，每人每年可获2000元资助。助学金不直接发放给受助学生，而是通过学校按年度直接充抵学生学费及食宿费用。慈善阳光班实行集中办班、集中管理，学生在学籍、高考等方面与其他在校学生享受同等待遇。另外，南昌市慈善总会还承诺，受助学生将来考取大学，也给予一定奖励：考取大专的奖励2000元，考取本科的奖励3000元，考取当年全国排名前10位的重点大学奖励5000元。

2011年8月19日，《宜春日报》第一版刊发报道《我市百名学子今秋入读慈善阳光班》，正文如下：

本报讯　杨妍　记者方晓报道：8月18日上午，记者从宜春中学召开的2011年宜春中学衣恋慈善阳光班座谈会上获悉，9月1日，我市将开办由衣恋圣秀慈善基金资助的“衣恋慈善阳光班”和由江西广汇助学扶贫慈善基金资助的“广汇慈善阳光班”，届时将资助100名品学兼优的家庭贫困学生，帮助他们顺利完成三年高中学业。

据悉，慈善阳光班是为在完成九年义务教育阶段后，无力承担升入高中阶段费用的学子提供资助的助学项目。慈善阳光班资助对象为中考成绩达到所在中学指令性计划录取分线以上的孤儿、城乡低保特困家庭子女、优抚对象、特困家庭子女，按照“从高分到低分”的原则进行录取。每个慈善阳光班给予每名学生每年2000元的资助，每人资助的限期为3年，助学金不直接发给受助学生，而是通过学校按年度直接充抵他们的学费及食宿费用。

据了解，2009年我市在省出版集团和省慈善总会的资助下，首次在宜春中学开办慈善阳光班，2010年又在万载中学开办了慈善阳光班。目前，全市共有113名品学兼优的贫困家庭孩子得到了资助。

2012年7月24日，《江西日报》A02版刊发报道《“慈善阳光班”高考学子获资助》，正文如下：

本报讯（记者邱玥）7月23日记者获悉，省慈善总会从2011年省直单位“慈善一日捐”中拿出专项资金，开展首届“慈善阳光班”高考学子专项助学活动，资助“慈善阳光班”考取一本院校以上（以国家“985工程”院校为主）的高考学子，每名学子一次性资助5000元。

“慈善阳光班”是省慈善总会2009年开始推出的具有较大影响力的慈善救助项目，资助对象为孤儿、城乡低保特困家庭子女、优抚对象特困家庭子女。“慈善阳光班”实行集中办班、集中管理，学生在学籍、高考等方面与其他在校学生享受同等待遇。如今，全省“慈善阳光班”已发展到26个。

再来看另一个慈善助学活动的宣传。

2012年7月18日，《南昌日报》第6版刊发颇具服务性的报道《市妇联将资助百名贫困大学新生完成学业符合条件学生可于8月10日前申请》，正文如下：

为帮助家庭贫困大学生完成学业，市妇联将开展“照亮求学路·驰助锦前程”资助贫困大学生活动，为100名贫困大学新生每人每年提供3000元的助学金，直至大学毕业，符合条件的学生可于8月10日前申请。

此次活动的资助对象为2012年考上普通本科及以上的贫困大学生。其中，贫困女大学生占比不低于70%。贫困大学生即日起可到所在地县（区）妇联或登录南昌市妇联网站（http：//women.nc.gov.cn/）咨询了解申请条件，符合条件的贫困大学生可领取或下载《南昌市妇联2012年贫困大学生资助申请表》，填写该表一式三份，并连同包括1寸近照1张，身份证复印件1份，高考录取通知书复印件1份，户口属地乡镇、街道及以上政府部门出具的贫困原因证明1份，含特困证、卡或低保证等贫困证明在内的相关材料，报至市妇联宣传部。申请截止日期为8月10日。（黄玲焦　蔡婷　记者　阮桑桑）

2012年8月25日，《南昌日报》第6版刊发后续报道《120万元资助100名贫困大学生》：

本报讯　黄玲蕉　蔡婷　记者　熊婷婷　王婧　文/图　昨日，南昌市妇联与深圳兆驰公司开展“照亮求学路·驰助锦前程”资助贫困大学生活动。此次活动将由深圳兆驰公司董事长捐资120万元，在2012~2016年的4年时间里，按每人每年3000元的标准资助这100名品学兼优的贫困大学生。

当然，新闻媒体对国外慈善活动的报道，客观上也起到了宣传这些慈善活动的作用。

2012年7月14日，《羊城晚报》A08版刊发报道《英国安德鲁王子将为慈善“跳楼”》，正文如下：

新华社今晨专电　英国安德鲁王子定于9月3日利用绳索“飞下”新近揭幕的伦敦“碎片大厦”，为两家慈善机构募集善款。

安德鲁王子（图右）是英国王位第四顺位继承人，他的冒险之旅预计将为“拓展训练信托”和“海军陆战队慈善信托基金”募集超过150万美元资金。

“拓展训练信托”着重关注教育领域，“海军陆战队慈善信托基金”则主要关心现役士兵和退伍老兵的福利。

安德鲁王子本月5日与卡塔尔首相谢赫哈马德·本·贾西姆·本·贾比尔·阿勒萨尼（图左）一同为“碎片大厦”揭幕。这座建筑高310米，耗资7亿美元修建，卡塔尔方面承担其中95%的费用。

安德鲁王子将从第87层出发，绕绳下降250米至20层。大约40人会参与这一活动，其中一半下降至20层，一半下降至78层。

值得一提的是，英国外交大臣威廉·黑格的妻子菲恩·黑格同样在活动参与者之列。

“率先从‘碎片大厦’下降让我高兴”，安德鲁王子说，“我同样感到自豪。”

2012年7月2日，《信息时报》A23版刊发报道《夫家无厕所　印度新娘落跑》，其中提及印度的一个慈善活动，正文如下：

据新华社电　印度新娘普里扬卡·巴蒂不堪忍受在户外如厕，婚后第四天逃离夫家，坚决要求有一个独立厕所。一家慈善机构获悉她的决心后，帮她建起厕所。令新郎高兴的是，厕所启用之日，妻子回家之时。

慈善机构帮其建新厕所

巴蒂嫁入北方邦维什努珀库尔德村，问丈夫厕所在哪儿，丈夫告诉她，“去外面”。巴蒂难以忍受户外如厕，婚后第四天趁娘家人来访，逃离夫家。这件事在当地引起轰动，夫家和娘家人都劝巴蒂回到丈夫身边，可她坚持，没有厕所就不进婚房。

法新社7月1日援引她的话报道：“我固执地认为，别人可能看着我在户外如厕，这样的家无法待。我的父母亲又气又急，但我告诉他们，我必须这么做。父母家有一个基本的室内厕所，因此我实在难以在户外如厕。”

印度卫生慈善机构“苏拉布”获悉巴蒂的故事后，决定为巴蒂和她的新家建一个厕所。

新郎：我们将用好厕所

巴蒂的厕所坐落在一片杂乱的房屋间，墙面刷成明亮的黄色。厕所内有两个粪坑，还有一个储藏室和一个洗手间，造价超过1000美元。

“苏拉布”上周为巴蒂的厕所举行启用仪式，数百村民出席。“苏拉布”还向这对夫妇颁发3600美元奖金。“苏拉布”成立于1973年，是印度最大的社会组织之一，致力于提高印度公共卫生水平，为印度农村贫困人群建造了120万个厕所。

对巴蒂的丈夫阿马尔吉特而言，最重要的是妻子回到家中。“当告诉她必须去外面如厕时，我感到尴尬”，他说，“如今厕所建成，我们将维护好、用好厕所。”

第三节　报道慈善人物

《江西晨报》有一个版面，名为“名人善举”，专门报道一些名人参与慈善的事迹，每期都用一个版面报道慈善人物。

报道慈善人物，既是对慈善人物的肯定（可谓精神层面的支持和回

江西名流志·名人善举

江西恒信刘恒军资助一千多名贫困学生

江西名流志·名人善举

新余画家陈伯程义卖画作助慈善

图 3－3 《江西晨报》的“名人善举”版面

报），也可以起到宣传慈善文化（包括慈善人物的慈善理念①）的作用，通过树立榜样激起别人的参与热情，吸引更多人参与慈善。

阿里木江·哈力克，新疆人，靠卖羊肉串谋生。2001 年，他到贵州毕节以卖烤羊肉串谋生，此后，他以微薄的收入资助了数百名贫困学生。2011 年 9 月 20 日，在第三届全国道德模范评选中，他荣获“全国助人为乐模范”称号。2012 年 2 月 3 日晚，当选为“感动中国人物”，并出席了中央电视台举办的感动中国 2011 年度颁奖盛典。

在被评为“2011 年度感动中国十大人物”之前，阿里木就被多家媒体报道。2011 年 10 月 9 日，中国中央电视台《看见》栏目播出节目《世间有情人》②，以下为节目脚本。

① 热衷于捐资助学的草根慈善家阿里木江说，小时候家里穷，父母没什么文化，自己也只上到高中。出来卖羊肉串时，经常被人说抢了生意，把他打走，甚至还曾被坏人绑住打伤了腿。但阿里木江却悟出一个道理：那些人是没有文化才那样做的。他恨自己文化少，没文化自己过不好生活；而有的人没文化也会让别人过不好！因此，阿里木江觉的，不能让想读书的孩子上不起学，要尽力帮他们！无疑，阿里木江的慈善理念，值得广而告之。

② 视频详见 http：//honst. banzhu. net/article/honst－57－3076378. html。

图 3－4 柴静采访阿里木

开场：

卖羊肉串的新疆小贩，一串挣不了三毛钱，每天站十个小时，只吃馒头，住在煤棚里，这样的人，拿带着羊肉味儿的钱成立一个基金，在贵州帮助穷困的学生。在这个片子里，我们记录阿里木的辛酸和诙谐，还有什么也剥夺不了的欢乐。

1. 悬念：一个穷苦的小贩要做慈善

磨刀霍霍（声音），隐黑，音乐。

太好吃了，太好吃了。羊肉的串串。我从来没吃过这么好吃的东西，过来看一看，瞧一瞧。你们不吃要后悔一辈子，过来看一看，瞧一瞧。

切肉。

“不吃一个串串吗？美女，吃一个串串吗！”

她为什么不甩我。

串肉串。

吹口哨，美女，吃一点点。

阿里木，从26岁起，离开新疆，走了大半个中国，以烤肉串为生，就这么站了十几年，腰总是很难受，脚也总是疼。

隐黑

我一看它，我的这个脚就弯了，现在有点错位了。就这块错位了。

记者：我能摸一下吗？这是怎么造成的？是他绑着的时候？

阿里木：他是风扇转的时候把脚给卷上的。

解说：这个生性快乐的人受了很多苦，但他说不干让自己的心难受的事，脚受伤是因为有人想强迫他帮助小孩子偷、骗行人的东西，阿里木没同意。他说，古兰经上说，如果吃肉是犯罪，跟着喝汤也是犯罪。他被这些人绑在了屋顶的吊扇上。

采访：

阿里木：他们说要不要跟我们走，我说不走。然后他们按了一下，电风扇就开始转了起来。

那个时候就是说，人的这个内脏还有眼睛、嘴都像那种蹦出来的感觉，当时我什么都不知道了，我起来的时候我在床上，这个脚踩在地上，就像钉子钉进去了。

记者：你在内心里头恨这些伤害你的人吗？

阿里木：不恨。

记者：怎么不恨呢？

阿里木：因为他们没有养成一个良好的习惯，他们有可能小的时候没有受到良好的教育，所以会变成这样。其实我也想过，人都是一样，只是说他受的教育，他的习惯不一样。

画面：

摊位烤串纪实，摊前采访：一串多少钱？能挣多少钱？不到三毛。

解说：这个新疆的羊肉串小贩，想干点跟教育有关的事，在贵州偏僻的小城市毕节打工，用自己烤肉串挣的钱成立了一个基金会，资助贫困学生。

隐黑

解说：他一天站差不多十个小时，烟熏火燎，一顿饭吃的常是一份凉粉。

记者：你一个大男人，天天吃这个凉粉，能吃饱吗？

阿里木：吃馒头。

记者：也不吃点肉、菜。

阿里木：来的时候没有锅。

阿里木：没有锅，没有火。

记者：那你在外头不能吃点有肉的菜吗？是心疼钱呢？

阿里木：清真，我要吃清真的菜，但是那里的菜很贵的。

打招呼

记者：（他）肯在自己身上花钱吗？

阿姨：花鬼花钱，他不舍得吃，还花钱？那时候西瓜刚出，街上人家喊西瓜西瓜，有时候别人逛街想吃什么吃什么，别人请他吃都不吃，舍不得吃。

阿姨：水啊，洗衣粉，他用，从来不说给你开点水费，我在你这用点水，一个月给你38块钱他就是抠得要死，这么点都舍不得，真的，这么点都是舍不得。就是在我们这用啊用啊，小鬼。

阿里木：谢谢你。

解说：阿里木在这座不大的城市里搬过7次家，而搬家的目的只有一个，就是为了省钱。他曾经很长时间住过一个永不见阳光的小黑屋，连闹钟都没有，每天叮嘱邻居叫他起床。

阿里木：一个人生活的时候，就像我给你看，只有一个床，一个锅，还有一个煤气灶，我其他的东西我不要的。

解说：就是这个小贩，8年，卖了30万串羊肉串，赚来10万块钱，资助了一百六十名多贫困学生。

阿里木：这个在哪里睡都一样的，我在以前流浪的时候，外面也住过，一个晚上那个蚊子叮，蚊子叮，然后那天我就找一个有树的地方，鞋子脱掉以后，躺一会儿，一睡，鞋子被别人拿走了。这不见了，但是想个办法吃一点东西吧，那怎么办。然后看一看垃圾桶里，有没有什么吃的，看一看有猪肉的骨头，我们不吃猪肉，可以找一些鸡的骨头，然后找到了鸡的骨头，那个鸡的骨头把它装在口袋里，找啊找，然后拿个鸡的骨头啃。然后再找鸡骨头的时候找到一个鞋子，42 码的这么大的鞋子。

记者：所以一般吃过苦的人，比如说给自己点安全感。

阿里木：对

记者：所以你怎么能够把你辛辛苦苦挣的钱都拿出去？

阿里木：我什么苦都受过来了，我还怕什么，我什么都不怕。

解说：阿里木一直到 36 岁时都没有结上婚，他为自己的未来作出的安排是，如果娶不上媳妇，等年纪大了，烤不动羊肉串了，把钱都捐完，就这样离开人世。

阿里木：我的理想就是每一个人通过我的经历，人家要了解教育是什么东西。

2. 教育是什么东西？

解说：阿里木出生在新疆和静县的一个维吾尔族家庭，他是家里唯一念过高中的孩子。

阿里木：你吃，我也尝一个。

记者：好的。你自己常吃吗？

阿里木：我也很喜欢吃。小的时候我们家是农村的，我跟爸爸赶集的时候，要到县里面去，回来吃两串羊肉串，我爸爸每次只带一个孩子去，我要去，爸爸不带我去，我哭了。

解说：当了三年兵，阿里木复员回家，因为哥哥赌博欠债，家里生活不得安宁。为了给家里挣钱，他背着烤肉的炉子，外出打工。因为跟人竞争，总是被欺负，他辗转四方，想过点安宁的日子，来到贵州贫困山区毕节。他只有 10 块钱，一位叫刘老二的当地酒馆老板借给了他 100 元，帮他在酒馆的门前摆起烧烤摊。阿里木感到了温暖，就在这里待了下来，他也成了那里第一个烤肉串的新疆人。

阿里木：这个地方摆了整整差不多 10 年了。

记者：10 年。这地方生意好吗？我看这也没有行人。

阿里木：夏天的时候车路过这里，冬天不怎么好。

解说：那时候，阿里木和挑夫一起，住每天一块钱的旅馆，吃一块钱的馒头和一块钱的凉粉。他拼命攒钱寄往新疆。每次只给自己留十块钱。在新疆的家里，父母兄弟却因为争这点钱吵得不可开交，他把自己的哥哥一起叫来做生意。但同行竞争的矛盾没有因为亲情有一丝削减，阿里木感到现实的残酷。

记者：你曾经以为家庭当中这个问题是因为穷造成的？

阿里木：对，然后在这八个月当中，我每天回家来我想了很多事情，我以前去那些地方，我们同民族，我们一个民族的人对我不好。我到这里来了，别的没欺负我，自己的亲人这样欺负我，是不是我们的维吾尔族都是最坏的，我是这样说。是不是我们的维吾尔族人们最坏的，然后突然又想起了一个问题，别的民族是怎么生活？别的民族，我们国家这么多民族，别的是怎么生活，我也看看其他的民族，别的民族也是一样。

记者：你看到什么了？

阿里木：比如说当时我们摆摊的时候，看到有很多做小本生意的个别的人，一旦要是同行的话，必须要吵闹。

记者：你觉得原因是什么？

阿里木：教育的问题。他从小到大没有接受良好的教育，良好的环境。家庭教育也很重要。好，如果有一天我有了钱的话，我把所有的钱一定要用在教育上。

解说：2002 年的一天，阿里木从附近的镇远县经过，帮助扑灭了一场山火，当地林业局奖励他 300 块钱。

阿里木：我说我不要，我又不是为了钱救火，是我自愿来的，你不用给我这个钱，他们就把这个钱揣在我的口袋里。

解说：不久，阿里木的摊前来了一位在妇联工作的顾客，听说她是专门帮助弱势群体的，阿里木请她给介绍一位需要资助的学生。加上自己卖羊肉串的 200 块钱，捐了出去。这是阿里木的第一笔助学捐款。从此之后，他不断地资助贫困的孩子。

隐黑

周勇妈：他每天拿着馒头在那吃。

周勇妈：一个馒头一瓶水，当时我在想，他怎么能帮助我小周勇啊?

周勇妈：后来知道，他说他是烤羊肉串的。

解说：2003年冬天，阿里木到医院看望朋友，偶然见到11岁的周勇得了肾病，全身浮肿在病床上写作业。虽然他看不懂孩子在写什么，但还是被100分的成绩单打动。当时，周家因无钱治病，已经放弃了治疗，准备回家。阿里木联系了媒体，与周勇的学校一起发起募捐。孩子很快恢复了治疗，3个月后，基本痊愈出院。

画面：纪实

周勇进门："叔叔你做饭呢？……"

解说：8年过去，周勇正在准备高考，他喜欢语文，11岁时曾经写过一篇作文《长大要像阿里木叔叔一样，做世间有情人》。

记者：命题作文吗?

周：不是，自己写的。

记者：不像小孩写的。

周：应该是从小经过这么多帮助，受过磨难，应该比别人知道得要多。

除了亲戚外，周妈妈是阿里木这里唯一的帮工，她每天来帮阿里木穿肉串，一个月，阿里木付给他1500元工资。因为，阿里木一直在帮助周妈妈患病的儿子周勇，但他不愿意让周妈妈有被施舍的感觉。

采访周妈：为什么不要阿里木的钱?

周妈：他是个卖肉串的，也不容易。

解说：2006年，阿里木了解到毕节学院贫困生比例较大，于是提出每年出资5000元，资助成绩优秀而家庭贫困的孩子。他的行为感动了学院，校方决定追加5000元，设立院内金额最小的一项奖学金——阿里木奖学金。阿里木说，他做这些事，和一个人有关。

采访：

阿里木：我很喜欢拍马屁，就是把我们家里给我们这些好吃的东西，我第一时间给我们的班长，别的哪个都不给。但是我们的班长他有一点不高兴，他讲一个故事给我听。就是说以前有两个老人，有一个老人他挣了钱，他去朝拜，为了尊重阿拉，去了（沙特）。另外一个老人他赚的一生的钱全部捐献给周围的老弱群体，这两个老人时间长了都死了。去沙特的那个老人，他就进了地狱，反而没去沙特的老人，仍然在天堂，去沙特的这个老人他就见到阿拉问他，我花了很多的钱，我去了沙特，我为了你。那个他没去沙特，他怎么在天堂，我怎么在地狱，真主阿拉回答他说，我们喜欢的是为人类办实事的人，为人类带来快乐的，我更喜欢你跟大家好，你对我好没有用，我还是会一样不高兴。我很感动。然后我养成一个好的习惯，家里面什么好的东西，有什么我们大家共同分享，我慢慢地养成这种习惯。

采访：

记者：一般都觉的说，人应该是有钱了，富裕了之后，来帮助没钱的人，你自己那时候也还是个穷人。

阿里木：这个不是这样，他不是说没钱，他没这份心，他有多少钱多少钱以后，我要干这个事情，一件一件会做起，他从小到大他没有培养这种心。

记者：那会有人说，就这个地方来说，你要帮助人帮不过来，会有太多的人。

阿里木：对。我帮不过来，但是通过我的行为，会有一些人良心会发现，我相信这一点。

记者：可能有的人说，一个卖羊肉串的小贩，就是攒钱，又能攒多少钱，又能帮助多少人呢，反而把自己的生活都已经牺牲了，你怎么看这些事情？

阿里木：我不觉的我牺牲什么，我觉得很快乐。

3. 生活与未来如何？

解说：阿里木一直最发愁找老婆的事，2010 年 12 月，在“中国网事 · 感动 2010”年度网络人物评选活动中，他被列了进去，新疆维吾尔自治区党委书记张春贤也在网上为他拉票，最终，他以最高票数当选，成了新疆家喻户晓的“羊肉串慈善家”。一个女孩看到了他的故事。短暂认识一个月后，两人登记结婚。这是阿里木的新房，在毕节老城区，这是他租过的最好的房子。家里除了两张床，一个冷冻羊肉的冰柜、一台电脑外，再也找不到一件值钱的东西。

记者：过了这么多年单身汉的日子，娶了个老婆什么感觉？

阿里木：感觉很好。哈哈。要是跟她一样的老婆的话，再要一个都可以的。

妻子拿打火机烧他的胡子。

解说：阿里木有时候喜欢在老婆面前吹点牛，说自己当时找媳妇时多么威风。

记者：话说大发了吧。

解说：老婆比他小十二岁，生着气进了里屋，他又连哄带劝。

记者：古丽跟我们说的是，你们第一次见面就拉人家手，还被人家甩开了。

夫妻握起手，贴脸。

观众笑场。

新娘帕孜古丽是新疆鄯善县人，大学毕业后，在当地石油公司加油站做开票员。婚后，辞掉工作跟阿里木来到了毕节。虽然这里没有场所去做礼拜，但她保留着一个习惯，每天晚上感谢真主，赐给了她一个好男人。

记者：这是一个仪式呢，还是心里的话？

古丽：自己心里的话。

记者：好男人，他哪里好？

古丽：心里好。

解说：结婚的时候夫妻俩收了一万多礼金，其中还有张春贤送给阿里木让他娶媳妇的5000块钱，他们俩都捐了出去。

古丽：我们还是挣钱的话，还是两个人，用不了这么多的。

古丽：我们捐的那个钱，要是给别人的话，还是有效果。他们也是努力的。

阿里木：我们现在不需要太多钱。我们把这个钱给别人留一点效果。

解说：好事越做越多，荣誉也多起来了。2011年1月，阿里木得了“新疆青年五四奖章”荣誉称号。9月，阿里木又获得了全国助人为乐道德模范奖。领奖的时候，阿里木去了北京，他说开会吃得好睡得好，不过就是不太香。回到家每天早上八点起，晚上十一点才吃饭，那种饿坏了的时候吃东西，最香，人也最幸福。

采访：

记者：那个小摊跟前什么东西让你这么欢乐？

阿里木：我不知道，这也是一种职业病吧。我最开心的就是烤羊肉串。

记者：是这个烤的过程，还是这个音乐，还是人来人往？

阿里木：是烤的过程。

记者：是烤的过程？

阿里木：对的。

阿里木：反正说不清楚，反正很开心。

记者：对啊，我看你简直要跳起舞来了。

阿里木：对啊，反正很开心。我回来就没有那个感觉了。

解说：阿里木还有一个计划，他现在一年的收入大概能有十万元，他打算用十年的时间，盖一所农村留守儿童学校。

记者：你担心什么？他们长大以后会变成什么样子？

阿里木：肯定不会是正当的人，他们这些农村的留守儿童，为他们做个事情，也许会改变他们的一生。这个跟救一条人命一样，也是一个伟大的思考。

记者：你会自己当校长吗？

阿里木：我当不了校长，我可以把这个学校盖起来之后，或者是在哪个留守儿童的学校，可以给他们交给他们处理。

记者：你就离开了？

阿里木：我就离开。

解说：阿里木说，学校建好以后，他跟妻子会去云南一个偏僻的小村子，养羊，过世外桃源般的生活。

记者：古丽，奋斗个十年，你愿意再跟他去养牛吗？

古丽：愿意，去那个地方。

记者：我们明天出发去云南好不好？

古丽：好。

记者：明天去也可以啊？你不怕苦啊？

古丽：不怕。我要跟他在一起。

阿里木：在新疆很多女人缠着我，她不高兴。在这里，每个人都说，阿里木，你的老婆漂亮，我不高兴。

结尾：

采访的时候，我最喜欢的，是远远地站着，看阿里木烤羊肉串，他是那么欢乐，一边吹口哨，一边招呼着美女，几乎要跳起舞来，这是一个活生生的人，感情丰富，渴望幸福，知道爱别人，也希望被真正地爱着。所有受过的苦没有磨掉他的诙谐，他帮助别人不为别的，是因为这样他才快活。他的所有选择看来似乎难以被人理解，细想来，又恰恰出自于人最真挚的感受。也许没有谁比他帮助过的孩子更理解他，就像周勇说的，“长大了，我也要做一个世间有情人。”

无独有偶。2011 年 3 月，《南方人物周刊》第 246 期曾刊登报道《陈树菊：一个菜贩的慈善》（作者梁忠），其中介绍了台湾著名草根慈善家陈树菊的感人事迹。在此之前，许多读者未尝听闻此人，这篇报道让读者了解到陈树菊的传奇经历，也让包括笔者在内的读者心生敬意。

在台湾，说起台东，大多数人会告诉你，那里有着美丽的海岸线、烟雾袅袅的知本温泉，还有淳朴的台湾高山族。现在说起台东，人们更愿意提起，那边有个让他们骄傲的名字——陈树菊。

陈树菊——美国《时代》周刊 2010 年世界百大影响力人物排名第 8，《福布斯》杂志 2010 年 48 位亚洲慈善英雄之一，《读者文摘》称其为亚洲英雄。路透社则评论，在《福布斯》获奖 48 人中，陈树菊的故事最能打动人心。台湾前“海峡基金会”董事长、现任红十字会董事长陈长文形容，陈树菊是台湾最灿烂的第一道曙光。

这位最近受到国际媒体追捧、台湾社会引以为傲的陈树菊，在现实生活中，却只是个在三线城市菜肆中守着一摊市口的菜贩。

今年正值花甲之年的陈树菊从 13 岁即撑起家庭重担。47 年来，贫困拮据，至亲离世，她的前半生遭遇了常人难以忍受的坎坷，但她并不因此怨天尤人，凭借着朴素的人生观、近乎顽固的执着，持续而低调地捐赠了1000万元台币（约合227万人民币）给慈善机关。

如今广为人知的陈树菊，依然不疾不徐，准备累积另一个1000万台币，成立“陈树菊基金会”，帮助社会上需要帮助的人。陈树菊接受本刊采访，得知大陆也有“希望小学”的慈善项目时，显得兴致勃勃，表示以后有机会也会考虑参与。

到底什么样的人生历程，让这位台湾阿妈有着令人动容的慷慨？

记者来到陈树菊设摊的台东中央市场。建于1963年的菜市场，近年由台湾行政部门补助翻新，整体环境堪称清爽。

刚从入口走进，就能看到陈树菊的档口“员金蔬菜”。若非看过新闻报道，在总数250多个摊位中，陈树菊也和其他小贩一样，应付着家庭主妇、老爷老太的讨价还价，找钱打包，空档时理菜拣菜，打理铺位，并没有因自己成为媒体名人而有所不同。

一走近陈树菊的摊位，她见到又是记者来访，立刻面孔一收，挥挥手略显厌烦地说，“哎呦，你们又来了，我没有什么好访问的啦。我都重复很多遍了啦，不要妨碍我做生意啦。”

陈树菊（左）在菜场（梁忠/图）

说起这扬名国际、轰动台湾的“业主”，中央市场管理委员会主委张裕章说，“我们这位阿菊姨啊，我都怕她了。”原来，陈树菊和她的菜摊，营业的时间强度已经接近24小时营业的7～11便利店。从清晨六七点钟，一直到凌晨。“如果不是市场每月要翻水沟盖消毒一天，依照阿菊姨原先方式，一年365天，她只休息大年初一。”

走访市场上几个卖菜的摊位、与其来往的老主顾，还得知了媒体遗漏的有趣轶闻。

“阿菊姨的菜都比人家贵很多啦，不过说实话，她的菜都挑过，样子比较漂亮。”

“菊姨每次摊位都摆得很出来，都超过市场规定的位置了！”周围不愿透露姓名的摊商指了指陈树菊的摊位说道。的确，陈树菊的蔬菜摊，已经明显越过市场规定的界限，占用了些许走道。“和管理委员会说，他们也管不了。”听到其他摊位稍显抱怨的说法，张裕章只能苦笑。

朴素的人生与金钱哲学观

时过中午，菜场人潮开始消退，六七成的摊贩已经收摊，早上忙得不亦乐乎的陈树菊此时也疲倦了，趴在摊位上打起盹来。

她当然知道媒体不厌其烦地来访，是因为她捐钱的事情，被两家外国杂志选为“慈善英雄”和“百大影响人物”，但那是什么东西，她并不知道。自始至终，她从不认为自己是什么“英雄”、“人物”，她只是个平凡人，一个微不足道的菜贩。陈树菊强调，她所能做的，只是尽量做到能力范围之内的事情，并没有什么了不起的地方。很多人比她有名，捐的钱也多很多，自己真的没什么了不起。

1951年，陈树菊生于台湾西部一个贫困家庭。13岁时，准备生第七胎的母亲难产，需要动剖腹手术，将过大的胎儿取出。当时台湾医疗保障水平低下，医院要陈家先缴付5000元保证金才能开刀。5000元对当时一般台湾家庭来说，并不是个小数字。陈家付不出保证金，医院不肯开刀，母亲因此过世。

过了几年，陈树菊三弟莫名高烧，在她就读小学的募捐下，虽筹措了足够的医疗费，但因延误了时间，送到台北治疗时已经回天乏术。

在拮据的环境下，照看家中的菜摊、抚养弟妹的重担，落在了身为长女的陈树菊身上。

虽然只有13岁，但陈树菊必须开始学习赚钱，而且是拼命赚钱。

陈树菊说，经历过家人没钱看病的惨剧，从心里觉得，世界上有钱最好，有钱才能保命啊，一定要多赚钱、赚大钱，才能保护家人。

在很长的一段岁月里，钱是陈树菊心中最重要的东西。为了赚更多的钱，陈树菊养成极为坚韧的个性。

她延长摆摊的时间。本来下午五六点钟就收摊，一点点延长营业时间，8点、9点、10点，最后在市场里面做到凌晨一两点才收摊。一般市场的公休日，陈树菊也不休息，除了每年大年初一。陈树菊的菜摊一天几乎营业24小时，深夜里经常只有她的摊位亮着灯。

为了争取在凌晨批发市场开始营业时抢先买到最好的蔬菜，她强迫自己摸黑起床。她的方法是让自己睡不舒服，不睡床，只睡地板。陈树菊说，地底冒出的寒气，让自己不至于睡得太沉。长期睡在地上，身体常常酸痛，于是改为睡长条板凳。她还训练自己睡觉时两手牢牢抓住凳脚，以防摔倒。

还有许多近乎自虐的行事风格。一天只吃一餐，几乎是清一色的白饭配花生面筋。更可怕的是，她在菜场的时候很少去厕所。平均起来，一天不到一次。因为厕所远，一来一去浪费时间，担心错过生意。于是少喝水，最后造成两次结石。长时间高强度的劳动，还带来许多副作用——脊椎侧弯、静脉曲张、蜂窝性组织炎等。

所有现代人的生活，诸如化妆打扮、保养皮肤、服装，她完全不关心。不看电影，不听音乐，不阅读，不上网。陈树菊说，她生活中的惟一娱乐，便是收摊后躺在家中，听电视中的净空法师讲经说道。

"真的很好，我每天回家就听师父讲道，觉得心情很平静。"

小生意的大哲学

陈树菊故事最令人震撼之处，莫过于一介菜贩，竟能捐赠如此庞大的金额。

这些善款她是如何挣来的？

原来，卖菜也有很深的学问。

在世俗的眼光看来，卖菜很平凡，利润微薄。但对于陈树菊来说，这个菜摊几乎就是人生的全部。"卖菜是一个很细琐的生意，要注意并处理很多的小细节、小地方。"

菜批发来以后，要不断地整理、分类、包装，务必让它秀出最佳卖相，而不是将菜往摊子上一倒，就开始卖，这份工粗心大意的人是做不来的。陈树菊说，这和所有的生意一样，没有眼力和脑子的人也做不大。仔细对比陈树菊的菜摊和其他市场同行后，会发现她摊上菜的成色、新鲜度，都比别人的好。她细心地在菜的下面垫了宝特瓶，让每个种类的菜看起来更丰富。

在聊天受访的过程中，她手上动作从来没有停歇。将菜从包装袋中倒出，挑选，重新打包，调整卖相。只要有人经过菜摊，瞄了一眼，她立即搭腔，询问需要什么。如果客户挑选了某样蔬果，她还会顺带"专业建议"，还可以搭配另一种菜色。

"除了勤快，还有看人和看生意，才能抓住机会"，陈树菊说。

她描述了打开局面的一桩生意。

有一次，一个年轻人走到摊前，拿起一把韭菜花问她价格。陈树菊看着这个年轻人，打量他的神情、仪表和气质，应该是军人。军人来买菜，那大概就是部队的采买，量绝对不小。如果卖给部队，即使利薄，但量大也比一般赚得多很多。既然如此，报价绝对不能高。于是报了一个近乎本钱的价格。

不出所料，这个年轻人的确是部队采买，听到低价就下了一个大单。就因为这把韭菜花的判断，部队客户为陈树菊带来了一个月三四百万的营业额。口口相传，生意越做越多，台东附近离岛上的部队、台东知名的饭店也成为陈树菊的客户。

身边的牧师与心中的佛

陈树菊毫不讳言，她前半生的目标就是钱。她说，虽然人说“金钱并非万能”，但她那时认定，金钱是万能的。而且，有钱真好！但真正赚到钱时陈树菊却发现，自己并没有因此而开心，日子并没有像以前想象的，会跳起来。因为，她并不喜欢花钱，对于扩大事业也没有兴趣，一个菜摊已经够她忙了。她突然发现，钱在不需要的人手上，只不过是一个数字而已。

仔细探究陈树菊今日为人津津乐道的故事，可以发现，其实有许多小人物不经意间，影响了陈树菊。

陈树菊说，她第一次捐款，是以过世的父亲的名义，捐赠给台湾佛光山100万（约23万元人民币）。虽说她那时已基本脱离贫困状态，但以今日的标准看，这笔数目依然不小。“每个人喜欢的东西不同，每个人的用钱方法也不一样，有人喜欢买一辆宾士（奔驰的台湾译名）来开，觉得很拉风。但我会想，钱拿去玩了，就没有了，很可惜，还不如捐出来。”陈树菊说，自从开始帮助别人，自己收获很大，“那种快乐的感觉，到现在都还没有办法形容：很平静，又很快乐，从内心里发出的快乐”。

因缘际会，卖菜的陈树菊认识了傅约翰——台湾台东“阿尼色弗儿童之家”的创办人。一个信奉佛教的台湾本土菜贩，一个虔诚信奉耶稣的美国牧师，看似平行的两人，因善心善念相知相识。

1969年，美国“阿尼色弗总会”牧师傅约翰，举家来到资源缺乏的台东，创立了“阿尼色弗儿童之家”。先是帮助小儿麻痹的儿童走出阴影，随着台湾医疗条件的进步，开始收容遭受家庭变故、缺少照顾的有身心障碍的小朋友。

陈树菊在自传中回忆道，“约三十多年前，一个美国人常来跟我买菜，有一次，他注意到我的手怪怪的，于是要我把手给他看。他看过后，说可以帮我开刀、动手术”。

“最好的一点是，开刀不用钱，免费！”历经没钱看病丧失两位至亲的陈树菊，对此印象非常深刻。陈树菊觉的，只是因为买菜认识，就要帮她治病，这个人心肠太好了。因此，她决定帮助阿尼色弗的小朋友。

陈树菊说，傅约翰成了他的榜样。她要自己看看，是否能像傅约翰一样，慈悲无私地助人。打听后，知道捐钱认养一个小朋友，每个月需要1000元，3个则是3000元，换算起来一天捐献100元，就可以照顾3个小朋友。

自幼家贫的陈树菊养成了极为节省的习惯，一天所有开销也不到100元。刚开始也很心疼。后来强迫自己不去想，不去算，每天把钱放在铁罐里，久而久之，就成为一种习惯。这个习惯，一直持续到今天。除了认养院童，2006年，她还捐助过100万元给阿尼色弗。

值得一提的是，这笔钱是陈树菊借来的。

陈树菊说，她那时手上刚好有100万，觉得可以协助院方。院方以为只是几万元的额度，听到是100万元，吓了一大跳，他们从来没有接受过这么大额的捐款。但没想到这笔钱被人卷跑了，手边就没有足够的钱捐赠了。好强的陈树菊认为，钱被卷走是自己的事情，已经答应人家要捐的钱，一定要拿出来，不能因此而失信。于是便咬牙向朋友借了100万捐赠出去。

这件事，在《福布斯》杂志刊登前，一直都没有人知道。

又一次机缘，陈树菊遇到了任教于仁爱小学的李国荣，再次捐出100万元。

她回忆道，侄子的班主任李国荣，因侄子习惯性迟到与作业马虎找她谈话。在互动过程中，她感受到了李老师是真心关注孩子教育的老师，也让她回忆起童年家庭困难时，发动募捐帮助她家渡过难关的班主任黄忠顺。

笃信佛教的陈树菊觉得，这正是回报儿时所受恩惠的机会，便主动提起，“我有100万元，想捐给仁爱国小，设立一个急难救助基金，可以帮助那些和我一样，在紧急状况时需要帮助的儿童。我不想求助无门的情况，再次发生在任何一个小朋友的身上”。据仁爱国小校方表示，陈树菊设立的急难救助金很有用，帮助过很多人。而且本金至今还没动用，都是用利息在帮助人。

2001年，这次手笔更大，一下子就是450万元。

陈树菊发现仁爱小学图书馆似乎太小了，只有一间教室大，便问："盖一间图书馆要多少钱?"

"不知道，应该要很多钱。"学校也不敢讲。

"你讲讲看，只要不超出我的范围，钱，全由我来出。"陈树菊说，如果经费超出能力范围，就去向别人开口借。不超出范围，自己就能应付了。

学校见状，担心金额庞大陈树菊不一定能负担，于是提议可以向外面商家募款，多找几家就够了。

陈树菊说，她做事一向喜欢靠自己，不喜欢靠别人。张开手掌问道："这样够吗?"

学校以为是50万："50哦，不止啦!"

"什么50，这样啦!"陈树菊再用力把手掌张开。

"500哦，不用这么多啦，可能用不了那么多啦!"学校被陈树菊的慷慨吓了一大跳。校长考虑半天，这么大一笔钱，到底要不要接受。

过了4年多，图书馆落成。这是台东地区小学唯一的一栋三层楼图书馆。落成当天，她看见这栋以陈树菊命名的图书馆，嘴巴在笑，但眼泪差点掉下来。

更多的陈树菊

国际媒体的曝光，引发台湾政界、媒体的热烈关注。而随后陈树菊应邀前往纽约领奖、台湾领导人马英九接见、台湾"教育部"颁发奖项，这些新闻事件使得她的故事与感染力升至最高点。陈树菊传奇成为全台湾的热议话题。媒体零碎的小人物慈善新闻，也串成一气。为自己生活的社会多做一点好事，成为台湾社会每个人重新反省自己的重要功课。

自陈树菊赴美领奖开始，不管是网路捐款，还是小额捐款，在数量与捐款人数上，都比平常激增好几倍，甚至几十倍。其中最特别的地方，就是有人寄了几十元的硬币。小额捐款的显著增加，反映台湾社会从原先"久久捐一次，一次捐多点"的习惯，逐渐转换为"少少也要捐"的观念。

还有许多人，将原本要举办的活动或庆典取消，或是换成另一种方式，将省下的钱捐出来，甚至有人把喜事的红包都捐出来。还有人自己蒸发糕义卖，捐钱帮助别人。

陈树菊说，其实她真的没做什么，把自己用不到的钱捐给需要的人，这些钱自己用不到，她又没有子女，难道还带到地底下去吗?

她对于下一个目标——成立陈树菊基金会更有信心。她说，要成立一个基金会，帮助那些穷得没法看病、吃饭、读书、活下去的人。这一次，她要针对社会而做，范围更广。

在捐赠学校急难救助金和图书馆后，她的身体经常出问题频繁跑医院，在那里，她看到很多底层人的痛苦、无助，儿时母亲因没钱看病过世的情景又浮现在眼前。

她决定要靠自己的努力，花 3 年时间筹措 1000 万元，甚至不惜卖掉自己的房子成立基金会。由于她的故事的感染力，台湾社会热烈回应，许多人纷纷表示愿意捐款，协助她成立基金会，她原本好胜的个性也因此动摇了。

陈树菊说，她终于想通了，发挥更大的影响力，是她的下一个任务。带动社会不因善小而不为的风气，让更多人愿意拿出 50、100 的小额捐款，帮助有需要的人，让台湾成为一个人情味浓厚、乐善好施的社会，这将是她的人生新目标。

而她日常工作生活的核心，还是菜市场的那方小摊。

“生活最好的方式，就是完成我想要完成的事情，然后在工作中倒下来。活一天，做一天，做到最后一天，这样我才活得最自在!”

第四节　监督慈善事业

监督慈善活动，避免慈善失当失范，是慈善传播的重要功能。

为什么要监督慈善活动呢？一是慈善事业尚不完善，慈善文化尚未普及，容易出现各种各样的问题（贪污善款、挪用善款等）。

既要监督慈善活动，也要监督慈善机构，既要监督慈善行为，也要监督善款流向，既要监督捐助者，也要监督受助者。这种监督，有助于减少慈善活动中的腐败丑闻，也可促使慈善事业走向更加健康的发展轨道。

需要指出的是：一切监督，都要坚持“以事实为依据”。没有确凿证据时，可以发出质疑的声音，但不能轻率地妄下定论。而被监督者，也要以平和心态面对质疑（有些质疑被证明是误解，或缺乏证据）。

笔者在《江西晨报》2013 年 7 月 17 日第 11 版看到整版报道《美国黑心慈善》[①]，其中写道：

> 在全美国最差劲的 50 家慈善机构，管理费所占比例均超过了 70%。在过去 10 年中，这 50 家慈善机构只将他们所筹善款中的 4% 用在了救助对象身上。
>
> ……
>
> CNN 与《坦帕湾时报》[②] 在经过一年的联合调查后发现，“儿童愿望网络”在过去 10 年中募集了超过 1.27 亿美元的善款，但其中将近 1.1 亿都用在了筹资活动上，只有 1800 万到达慈善机构手里，在刨去其他的管理费用后，最后只有不到 325 万用在了需要帮助的儿童身上。
>
> ……
>
> 在美国，没有法律对开支比例作硬性规定。而且，管理费用所占比例只是衡量一家慈善机构表现的相对标准，它也并不那么绝对，比如说从事专业救援工作的慈善组织和从事简单物资发放的慈善组织在管理成本上肯定是不一样的。但专家告诉调查组，一般来说，普通慈善机构的管理费（包括筹款开支和行政开支）所占比例不应该超过 35%。比如说，儿童基金会行政开支占 8.4%、筹款开支 7.4%；而

---

① 《南都周刊》2013 年第 25 期转载（详见 http：//www. nbweekly. com/news/world/201307/33642. aspx），该稿件原载于 CNN 网站，作者是 Kris Hundley 和 Kendall Taggart，原标题是“Above the Law：America's Worst Charities”，网址是 http：//edition. cnn. com/2013/06/13/us/worst - charities/index. html? hpt = hp_ t5。

② 即 *The Tampa Bay Times*。

难民署筹款和行政开支分别达到18%和10.5%，项目费用为70.5%，这些都是正常的。

然而，在全美最差劲的50家慈善机构，管理费所占比例均超过了70%。事实上，在过去10年中，这50家慈善机构的项目只将他们所筹善款中的4%用在了救助对象身上。有一家糖尿病慈善机构总共筹集了1400万美元，但只给了病人大概1万美元；最夸张的是，还有6家慈善机构甚至压根就没在项目开支上花过任何钱。

……

CNN和《坦帕湾时报》反复提到的一个词是其中的关键：营利性招商机构。这些招商机构为基金会承担了募资的责任，于是当然，他们也要从基金会这里收取报酬。然而问题就出在这里，这些黑心的慈善基金会所找到的募资机构，可能就是基金会主席的朋友、亲人甚至就是他本人所开办的营利性公司。比如说，在过去8年里，美国乳腺癌基金会都花钱让约瑟夫·沃尔夫的电话营销团队来负责募集资金，而这个约瑟夫·沃尔夫，正是这家基金会创始人菲利斯·沃尔夫的儿子。在那8年之中，约瑟夫的公司从美国乳腺癌基金会这里一共获得了1800万美元的推广费用，直到2010年，媒体曝光了这一特殊关系，菲利斯被迫从基金会辞职，他们之间的这种关系才被迫中止。在菲利斯辞职之后，该基金会就再也没用过电话营销团队。

有些非营利机构除了募款之外也干不成其他什么事情了：他们每年筹到的钱，连付给募款公司都不够。佛罗里达有家名为“治愈工程”的慈善基金会，他们自1998年起，共筹集到6500万美元，但每年他们给募款公司的钱都比募集到的善款还多。他们最近一份财务报告显示，他们目前负债300万美元。

除此之外，黑心慈善基金会还会给自己开很高的工资，并以咨询费等名义秘密地给自己付钱。在账面上做手脚也是基础条件，他们会故意夸大送给受助者的蛋糕跟空气清新剂的价钱等等。甚至于，有些基金会的“救助对象”本身也跟基金会主管有着各种各样的关系，比如说有一家医药研究基金会，他们最大的研究资助对象，是该基金会主席名下的一家营利性制药公司。

黑心的慈善机构往往辩称，他们需要雇佣一个电话推销团队，“否则就募不到足够的钱”；他们说，在当今这个经济不景气的时代里，筹资是一件非常昂贵且重要的事情。然而美国著名慈善募资伦理学家、哥伦比亚大学募资管理专业教授道格·怀特认为这种说法是站不住脚的：“慈善机构的价值应该体现在其项目的完成情况、过程中的透明度等等，如果需要花那么大比例的价钱来募集款项，那么这个慈善机构的问题就大了。”

……

美国也有好的慈善基金会，比如说“慈善之家”跟“男孩女孩俱乐部”等等，他们的规模或大或小，但都对病弱或其他需要帮助的人送去了温暖。对于这些好的慈善基金会来说，他们往往都靠自己的员工来通过各种方式募款。他们的资金花费也都很透明，无论他们的目的是办粥铺、支持癌症研究、提高人们对醉驾危险的认识，还是为退伍军人建房子。

但令人无奈的是，这些优质慈善基金会的好名声，往往会引来一批不怀好意的“山寨货”。在 CNN 与《坦帕湾时报》列出的全美最糟 50 家慈善机构榜单上，有这么几家看起来很相似的基金会：“儿童心愿网络”（Kids Wish Network）、“儿童心愿国际基金会”（Children's Wish Foundation International）和“祝愿美好基金会”（Wishing Well Foundation）。其实，他们都是知名慈善基金会“许愿基金会”（Make-A-Wish）的山寨版。

“许愿基金会”作为一家老牌国际慈善基金会，致力于满足垂危儿童的心愿，他们会按照孩子自身的心愿，让他跟 NBA 巨星共同玩耍，获得好莱坞明星的签名，或是去硅谷参观等等。需要说明的是，正版的“许愿基金会”都是靠自己的工作人员来进行筹资，而不会通过雇佣专业电话营销团队来进行筹资推广。

然而，那些山寨版在偷取了他们的概念之后，会通过电话营销给潜在的捐款者发动心理攻势。他们语言水平很高，遣词用句也很到位，他们擅长用新闻中的热点事件来激发起你的同情心。比如说，“儿童心愿网络”的电话营销开头会引用一个潜在捐赠者可能听过的名字，然后让他们“想象一下，当他的父母发现这个孩子患上了绝症，那该是有多心碎”，他们说，“儿童心愿网络”就是希望能让孩子在还算健康的时候实现他们的愿望。然而“儿童心愿网络”的电话营销者绝不会告诉你，他们的“善行”基本上只包括发放购物券、彩色书和积木，实际上他们所募集得到的大部分款项，都进了工作人员和电话营销团队的腰包。

一个简单快速的对比：“许愿基金会”设在佛罗里达中北部的分部组织去年募集到310万美元，他们把其中的180万美元花在了满足孩子们的心愿上，这个比例相当于60%；而在同一年，“儿童心愿网络”募集得到了1860万美元，他们只用了24万美元来满足心愿——仅为所募善款的1%。

更糟糕的是，由于“许愿基金会”名声在外，所以当人们发现自己被山寨货蒙骗了，或者被电话营销骚扰得很烦躁的时候，就会来“许愿基金会”投诉。“这些年来，这些名字听上去很像我们的机构四处横行，可是到头来，我们却要给被他们破坏的形象和公共关系来买单”，许愿基金会的发言人保罗·阿尔文说。

……

联合调查组访问了超过20个州的监察机构，并对全美范围内超过8000起违规行为的文档记录进行了重新归档分析，他们发现，在这8000起违规行为中，有大约1000起相当恶劣。其中，有39家及其雇佣的招商公司多次被发现违规，但依然还能继续敛财，最严重的一个慈善机构被抓了7次，而招商公司中最恶劣的则被发现违规31次，但它们至今仍在运营。如果违规太严重，被某一个州驱逐出去，那也没关系。在过去10年中，至少有12家公司和慈善机构被某个州勒令停牌，但他们只需要换个地方再重来就好——反正重来的成本也不高，因为州检察官们所惩罚的对象都不是个人，而是慈善机构或募资公司本身，于是他们的主管人员可以自由离开，然后再开一家新的机构就好了。

在中国，慈善事业还很不完善，所以非常需要监督性慈善传播。

北京市统计局下属的社情民意调查中心对全市18区县、1325位居民的调查显示，在影响捐款积极性的选择中，58.4%的人选择了“担心慈善机构挪用善款”、55.3%的人选择了“担心慈善机构存在贪污腐败”。[①]

进入21世纪后，新闻媒体和公众（主要通过互联网平台）对慈善事业的监督力度明显加强，相关报道或质疑明显增多。

章子怡、余秋雨、陈发树、王石、汪小菲、李连杰、陈光标等名人的慈善言行，也曾遭到媒体和公众的质疑（这些质疑未必成立）。

公众对慈善机构和有关人士的质疑，媒体应该多加核实，未加核实就报道可能造成冤案和失实，从而伤害慈善事业。

面对质疑，被质疑的慈善机构和有关人士有权保持沉默，但“面对质疑保持沉默”可能伤及自身声誉，“及时回应”更为明智。

2007年4月21日，《沈阳今报》刊出报道《李连杰：我没有贪污善款》[②]，其中写道：

> 一方面，李连杰亲力亲为地为“壹基金”募集善款；另一方面，李连杰又以天价两亿人民币在上海打造超级豪宅。
>
> 面对媒体的质疑，李连杰略有些紧张，解释房子在海啸前就已经开始建设了，并强调这块地皮是太太利智退出演艺圈后，响应邓小平改革开放的号召，在1992年的时候买的，当时的地价与现在完全不能同日而语。
>
> 李连杰……说：“记者这个问题问得很好，至少可以打消别人的怀疑，我并没有贪污基金的钱来盖房子。”

2009年7月22日，《中国青年报》刊出报道《被“策划”的慈善——宁波抗癌健康基金会筹款风波》[③]。

2009年9月1日，《南方都市报》B08版刊出报道《5000万变1600

① 左林：《近5成人希望公开抗震善款用途》，《新京报》2008年6月11日A18版。

② 详见 http：//ent. sina. com. cn/x/2007－04－21/02171528077. html。

③ 详见 http：//zqb. cyol. com/content/2009－07/22/content_ 2767926. htm。

图 3－5 批评某些慈善机构的漫画

万，无线赈灾晚会“报大数”?》[①]，其中写道：

本报讯（记者 蔡丽怡 实习生 蔡韵姬）由香港演艺人协会为赈济台湾水灾牵头筹办的《8·8 水灾关爱行动》晚会，日前被港台媒体爆出“账目不清”疑云，报道指：晚会公布筹得 5000 万港元是“报大数”，实际善款只得三成，约 1600 万港元，而演艺人协会则向无线发出律师信，要求澄清邵逸夫在晚会上捐出的 1 亿新台币（约 2357 万港元）的去向。报道一出，令城中哗然！

本报记者获悉，无线昨日在电视城召开新闻发布会，无线制作部总监何丽全和演艺人协会的代表曾志伟一同出席，对事件作出澄清。原来这件涉及“善款不翼而飞”事件，只是一场误会。

事件缘起

邵逸夫 1 亿新台币并非捐给晚会

8 月 17 日晚举行的《8·8 水灾关爱行动》晚会由香港演艺人协会筹办，无线负责制作，筹得的善款将转交红十字会，用于台湾救灾。大会当晚公布共筹得 5000 万元，其中包括邵逸夫捐出的 1 亿元

① 香港电视广播有限公司的英语名称为 Television Broadcasts Limited，英文简称为“TVB”，中文简称为“无线”。

新台币，当晚由方逸华及陈志云代表将支票交到演艺人协会代表曾志伟手上；马会宣布捐1000万元，同样举行了递交支票仪式。有消息指，演艺人协会事后发现，原来邵逸夫及马会的捐款，其实并非捐给晚会，由于协会需交代筹款账目，税局及社署等政府部门亦可能需追查善款的去向，所以协会向无线发出律师信，希望无线澄清捐款去向。社会福利署表示，社署在收到《8·8水灾关爱行动》的会计账目后，会追查并审核有关账目。

双方澄清

演艺协会前会长曾志伟：向无线发出的只是E-mail不是律师信

昨日有工作在身的演艺协会前会长曾志伟，亲赴电视城对事件作出解释。他在会上证实："晚会本身实际筹得的善款只有约1600万港币。邵逸夫先生响应大会呼吁，捐助一亿新台币，是拨交旗下在台湾的TVBS水灾基金的，支票移交前TVB总经理陈志云也清楚明确地在节目说明；而香港赛马会捐出的1000万港币是直接拨交香港红十字会，亦在节目中公开报道。香港演艺人协会事前早获知会，完全明白事件经过。"他指，当晚宣布筹得5000万元只是想带出劝捐的讯息。

他又澄清说："演艺人协会向TVB发出的只是一封电邮，绝非报道所指的律师信，电邮也纯粹是希望TVB确认当晚两笔善款的去向。"（南方都市报 www. nddaily. com SouthernMetropolisDailyMark 南都网）

TVB高层何丽全：

TVB从不沾手善款处理过程

TVB制作部总监何丽全也替TVB作出澄清。他神情颇为严肃地说："对于有传媒误导性报道标题，TVB深表遗憾，特别召开这个发布会郑重澄清有关《8·8水灾关爱行动》筹款晚会的事宜。"

他接着说："TVB是在8月14日接到演艺人协会负责人曾志伟的电话，希望TVB可以负责统筹制作整个《8·8水灾关爱行动》晚会，藉以唤起港人爱心，帮助台湾水灾灾民。TVB本着'救灾如救火，刻不容缓'精神，仅以3天短速时间调动台前幕后同事悉力配合制作需要。"他特别强调说："所有制作费用，TVB分文不收，全数报效。TVB过去41年来制作的所有慈善筹款节目，所有善款一概由主办单位统筹，直接拨交受惠机构，TVB 完全不沾手善款处理过程。”

据悉，无线总经理陈志云早前也被媒体追访，他一再为事件解释说：“现在并不是演艺人协会要告无线，大家出发点都是为善事，只是双方沟通不足够而已。”

2009 年 9 月 1 日，《南方都市报》B11 版刊出报道《都江堰市秋雨图书馆开馆　余秋雨终于贴收据了!》，其中写道：

本报讯（记者　田志凌）一度被各界围追陷入“捐款门”的余秋雨，终于感到可以扬眉吐气了。29 日，都江堰市三所学校的“秋雨图书馆”举行了开馆仪式。由余秋雨捐赠的 3 万册图书正式向学生开放阅览。余秋雨也及时更新了博客讲述开馆一事，并在上面贴出当天的活动图片。余秋雨称，除了图书，他还捐赠了电脑、传真机等用品，为此他花出了 50 万。因为此前一直被质疑无法出示捐赠收据，余秋雨还特别在昨天在博客上出示了自己收到的三所学校的“接收清单”，上面列出了捐赠的设备和书的册数。

图书加电脑花了 50 万

据都江堰市教育局相关人士介绍，三所“秋雨图书馆”分别位于都江堰市蒲阳小学、李冰中学、都江堰外国语实验学校，共藏新书 3 万册，每所学校一万册。3 万册图书全由余秋雨出资购买，以经典文学作品为主如《红楼梦》等四大古典名著、唐诗宋词、《鲁迅全集》、《家》、《春》、《秋》、《围城》，郭沫若、曹禺、老舍等作家的作品，《战争与和平》、《堂·吉诃德》、《童年》等。因为高中、初中、小学三个阶段有不同的阅读特点和需要，三所图书馆的图书品种也有所区别。

余秋雨表示，这些书是由“九久读书网”帮忙，设法以五折的书价购得的，花了 30 多万。另外他还捐赠了手提电脑、电脑、打印机、传真机、复印机、摄像机、音响等设备，加起来他个人捐资总花费超过 50 万元。

除了赠书，余秋雨还动用自己的社会关系，邀约了王蒙、白先勇、余光中、张贤亮、贾平凹、冯骥才等著名作家为秋雨图书馆题词。王蒙题词勉励同学们“与书为伴，以书为师”。余光中的题词是“琅嬛福地在人间”。这些名家题词用镜框装裱，都挂在图书馆的墙壁上。余秋雨表示这是海内外别的图书馆都没有做到过的事，“朋友们决定把我的名字放在图书馆前面，其实，里边包含着更多更重要的名字。”

余秋雨称，除了这次的投入，他还将发动文化界人士，保证每年向每个图书馆捐赠不少于15万元的中外新书。

不提“捐款门”但贴收据

开馆当天余秋雨没有到现场，但发来了一篇文章《我的感谢》，对各方的帮忙表示感谢，但闭口不谈“捐款门”。

此前陷入“捐款门”的余秋雨备受质疑的，就是无法提供受捐方的收据或证书。为此，昨天余秋雨在博客上贴出了自己收到的三所学校的“捐赠清单”，上面注明收到捐赠的设备名字和图书的总册数。

九久读书人公司的董事长黄育海表示，所有的图书名单都是由余秋雨列的，他根据中学和小学生的不同阅读需求选择了不同的名著和经典读物。“从头到尾，捐赠都是他一个人的事情，我们只是作为朋友，帮忙他通过五折购书。”

今年6月初，在《余秋雨20万假捐款“真相调查”》的博文中，作者萧夏林认为余秋雨在2008年对汶川大地震捐款不属实，他为地震灾区捐款不会超过6万元，而不是20万元。6月14日，易中天写了一篇博文《余秋雨的权利和义务》，敦促余秋雨尽快拿出“捐款早已如期到位”的确凿证据。余秋雨通过其担任名誉董事长的某文化公司发表书面声明，称20万元捐款已用于捐助都江堰3所新建学校的图书，并称一切等“秋雨图书馆”揭幕时自会见分晓。

2009年10月，《厦门商报》（后改名为《海西晨报》）刊出报道《新华都云南白药否认捐股　陈发树身陷“悔捐门”》[①]。

① 详见 http://finance.sina.com.cn/stock/s/20091029/13436899761.shtml。

值得注意的是，为确保公正，避免失实，舆论监督性的报道，不应偏听偏信，不应只报道一方的陈述、观点，而应做到“平衡报道”，即：卷入争议的各方意见，即使存在矛盾、分歧、对立，都有同样的机会以类似的篇幅发表自己的看法，发出自己的声音；媒体兼顾矛盾各方的表达需要，从不同的消息源获取信息，并将对立面的事实和观点同时摆出来。

2010 年 1 月 28 日，《南方都市报》B09 版刊出报道《章子怡卷入“捐款门”》，其中写道：

本报讯（见习记者朱燕霞）泼墨门事件尚未平息，日前在天涯社区却又爆出了另一则《章子怡，地震善款你用在了哪里》的帖子并迅速为各大论坛转载，发帖者除指出章子怡于 08 年 5 月宣布个人给四川地震灾区捐献 100 万的数额仅有 84 万外，并表示其当时在戛纳国际电影节及艺人朋友中所募捐到的共 100 万美金款项的去向也无迹可寻。本报记者昨日特向章子怡经纪人求证，但截至发稿前对方仍未接听电话；而中国红十字基金会则证实收到章子怡款项为 84 万，84 万款项全用于投建成都一所明星博爱学校。

质疑一：百万善款为何变 84 万？

08 年地震发生后，娱乐圈众多明星纷纷积极行动为灾区奉献爱心，章子怡除了在博客中宣布向中国红基会捐献 100 万赈灾外，也在戛纳国际电影节上发起了国际募捐行动，一度让人动容。在质疑声不断的帖子中，网友却指出，在红基会的捐款查询中却只有章子怡于 08 年 5 月捐献的两笔款项共 84 万元，与 100 万元相差了 16 万元。

红基会方面向本报证实了章子怡当时所捐献的个人款项确实为 84 万元，并且全部用于成都邛崃市一所聋哑学校的投建。而为何章子怡在个人博文中却清楚写道“我捐助一百万，我希望通过我的努力可以为灾区筹到更多的钱”？就此问题，记者昨日也期望向其经纪人求证，截至发稿前对方仍未接听电话。红基会方面则表示从未报道过捐 100 万的消息，可能需要追溯回最初爆出的媒体。

质疑二：100 万美元去了哪里？

在 08 年 5 月 21 日有报道指称在整个募捐活动中，章子怡在当天的募捐现场共筹得50万美元，加上之前从艺人朋友那里筹到的50万美元，凭一己之力共为灾区筹得100万美元。这笔钱章子怡曾表示会直接与民政部门联系，以保证专款专用，但有网友致电国家民政部、四川慈善总会等有可能接受捐款的部门查询，对方均肯定地表示从未收到过章子怡的捐款。

网友认为这100万美金的去向与章子怡于08年爆出的章子怡基金会已有近千万元相关。但也有网友提出在美国注册成立的章子怡基金会是私人性质，不能接受募捐，100万美元去向疑点重重。

记者尝试联系章子怡经纪人未果后，也就当时在戛纳的国际募捐情况向红基会方面了解，对方表示当时活动属于劝募，并非是现场捐献活动："通过她的影响力来发动身边的朋友捐献，但是这些也是以外国友人个人的名义捐献给红基会这边，如以章子怡名字查询自然是不可能查到。"

"郭美美"事件，是媒体和公众对慈善机构的一次影响深远的舆论监督。CCTV新闻频道《东方时空》栏目2011年6月30日播出节目《真相调查：郭美美事件》①，以下为节目实录：

2011年6月20日，微博上一个名叫"郭美美baby"的女孩引起了众人瞩目。她在微博上经常展示自己的生活照，从中能看到，她开玛莎拉蒂跑车、在别墅开生日会，皮包、手机、手表都是昂贵的奢侈品。而她微博认证的身份是"红十字会商业总经理"，正是这一点，引发了公众的强烈质疑：一个年仅二十岁的女孩就当上了总经理，并拥有名包豪车，财产来源是否和"红十字会"有关？一时之间，网友们展开了"人肉搜索"，各种与郭美美、红十字会有关的说法在网络上流传，真假难辨，真相不明。

记者：从事件发生到现在，中国红十字总会已经两次在网上发表声明，说从来没有"红十字商会"这个机构，也没有设立过"商业

① 引自网址 http：//news. cntv. cn/society/20110630/111994. shtml。

总经理”这个职务，更没有“郭美美”这个人。但是，三个“没有”，两次声明，似乎并不足以消除人们的疑问。而同时，事件的另一方——郭美美本人也几次在微博上发表回应，她的回应当中一些前后矛盾的说法，也是人们疑问难以消除的一个原因。

解说：事件发生后，郭美美最初发表的一条回应微博，对整个事件的发展产生了重要影响。这条微博解释说：“我所在的公司是与红十字会有合作关系，简称红十字商会，我们负责与人身保险或医疗器械等签广告合约，将广告放在红十字会免费为老百姓服务的医疗车上。”

正是郭美美说的这种合作模式，让公众的疑问进一步升级。他们质疑：是否有人在利用慈善牟利，为个人获取巨额的财富。

此后，郭美美迅速删除了这条微博。随后，她接受了一家网络媒体的采访，采访中她的解释发生了变化。她说，自己最初的身份认证是“演员”，“红十字商会总经理”是表妹修改的，自己并不知情。

录音片段：

郭美美：可能是我妹吧，应该是表妹吧。她好玩，她自己的微博也是写的自己是 CEO 之类的。

记者：您是从什么时候发现自己的认证被改了？

郭美美：改了有几个月吧，可能三四月份、四五月份。

记者：那想过改回来吗？改成演员？

郭美美：所以我不是就取消掉了，那个 V 就取消掉了。其实就是因为红十字会这几个字太敏感了，大家就死咬着，死咬着认定我就是红十字会的人。然后我的所有的一切都是从红十字里面捞的钱，怎么怎么样的，他们不就是这么认为的吗？

解说：6 月 26 日，郭美美再次发微博向红十字会和公众表示道歉，她说：“本人出于无知在微博上自称为中国红十字会商业总经理”、“本人从未在中国红十字会工作，这个身份完全是本人杜撰出来的。”但是，几天之内她的说法一变再变，这不能不让人们感到疑惑。

很多网友认为，还是她最初发表的解释可信度更高。经过搜索，人们发现，虽然没有红十字商会这一机构，但中国红十字总会的下级单位中，有一家中国商业系统红十字会，人们猜测它会不会就是郭美美说的“红十字商会”呢？继而，网上出现了一条来历不明的“爆料”更加剧了人们的这种猜测。“爆料”说：郭美美，曾用名郭美玲，南下深圳在演艺界发展时认识了天略集团董事长丘振良，两人关系不明，而丘振良认识红十字会副会长郭长江，郭美美因此结识了郭长江，和红十字会产生关联。

随后，网友们搜索出的资料表明，天略集团的确和商业系统红十字会有过合作，合作项目里，又正好有涉及保险、广告的内容。这使得他们成为被质疑的焦点。

天略集团董事长丘振良是否与郭美美有关，它与商业系统红十字会又是以怎样的模式合作？我们来到设在北京的天略集团总部，董事长丘振良本人接受了采访。

记者：您认识郭美美吗？

丘振良：郭美美，我们没有聘用这样一个员工。我们集团，包括我们旗下的所有企业没有聘用这个员工，同时我也不认识郭美美这个人，包括郭美玲这个人。再次，我听都没听过郭美美跟郭美玲这个姓名。

记者：但是您的这个说法和网上的说法反差就特别的大，因为按照网上的说法，不仅认为您见过和认识郭美美，甚至认为还远远不止见过和认识这么简单。

丘振良：是啊，我去否认，或者说我说过连名字都没听说过以外，我也没有其他的办法可以说明这一点。当然更多的是，也没有网民或其他社会上的人，听说过或者其他的佐证证明我认识郭美美、我跟郭美美有过交往，对不对？

记者：在网上是曾经有人贴出过一张照片，这个照片上说明他认为是郭美美和您的合影，您看过那张照片吗？

丘振良：我看过，说白了不怕讲，这其实是挺可笑的一个事情。他是一个电视演员，香港的电视演员，他叫什么名我不知道，曾经在好多香港电视片和电影片里面，那位先生出现过。那绝对不是我，大家可以去对比看一看，差距好远。

解说：6 月 24 日，中国商业系统红十字会和天略集团都发表声明，表示和郭美美没有任何联系。天略集团的声明中还说，丘振良也不认识红十字会副会长郭长江。但是，事件发生后有媒体报道天略集团的一位律师莫伟智对记者说，红十字会副会长郭长江曾经来过天略集团。天略集团在声明中说这是一个“口误”，公众表示对这个解释难以信服。

记者：让大家很奇怪的是，大家会觉得来过和没来过，这意思是完全不一样的，而且是一个很简单的事实判断，会出现这样的一种口误吗？

丘振良：他是一种猜测性的，我们公司跟红十字会有那么多次的这种合作。他想象认为郭长江副会长跟我们董事长应该是认识的，应该是来过我们公司的。这是一种应该和可能这样的一种说法。但是从记者的角度来看，应该跟可能两字跟你删除掉，就是认识的、就是熟悉的。我不可能在我的声明当中更多地把这个事情去指责我们的媒体，我只能说我们的法务部莫伟智律师是一种口误，我只能这么说这个事情。

记者：另外一个疑问就是您是不是认识中国红十字会的副会长郭长江先生？

丘振良：商业系统红十字会可能在我们的有些合作当中，向郭会长汇报的可能性是存在的，我本人是没有直接跟郭会长有过任何的交往。

记者：您的意思是说您和他没有见过面？

丘振良：没见过面。

记者：从来没有？

丘振良：对，从来没有。

解说：中国红十字总会也两次发表声明澄清：副会长郭长江和郭美美并不认识。红十字会也没有郭美美这个员工。

最近，又有网友搜索发现，中国商业系统红十字会在网上留的联系邮箱，是商业系统红十字会副秘书长李庆一的手机号码登记的。而天略集团下属的北京天略盛世拍卖公司，在一次拍卖会的网页上所留的也是这个邮箱，此外，还有两家公司的联系方式都曾经使用过这个邮箱，一家叫北京中谋智国广告公司，另一家叫北京王鼎市场咨询公司。

这些公司为什么都使用同一个和商业系统红十字会有关的邮箱呢？

记者：都是商业红十字会副秘书长李庆一的邮箱，所以大家疑问这四家企业之间是不是有某种不为人知的关联？

丘振良：一个邮箱涉及三个企业一个人。对吧？

记者：三个企业一个人，还有商业红十字会。

丘振良：三个企业当中，天略盛世拍卖有限公司是我们集团控股的企业。另外一个王鼎，还有个中谋智国跟我们公司没任何的关联。我也没听说过。为什么盛世拍卖公司跟李庆一会共用一个邮箱，那是因为我们2007年的时候做过一个刚才说的整个劝募、劝捐活动当中的一个组成部分来举行拍卖。

解说：丘振良说，天略公司和商业系统红十字会曾经合作举办过一次慈善拍卖。由于是双方合作，所以使用了这个邮箱来统一联系。

丘振良：因为我们作为拍卖公司来讲，对社会披露我们要收集大家有意捐献的拍品。我说出去没人相信，只有他们去咨询商业系统红十字会，来得到他们的确认，这个事情才能继续下去。其实这个邮箱就像一个项目使用了一个统一电话一样。

记者：您说你对其他涉及的两家公司没有了解？

丘振良：没有了解，不了解。

解说：就在近两天，一家媒体报道称发现王鼎公司、中谋智国和商业系统红十字会还有关联。这两家公司当年成立的时候，法人代表就是商业红十字会副会长王树民，而现任王鼎公司法人代表是王树民的女儿王彦达，王彦达同时也是中谋智国公司的老板。商业系统红十字会则表示，由于它们是一个行业红十字协会，员工本来就大多由各商业企业的人员兼职担任。

“郭美美”事件就像是一部剧情越来越复杂、不断有新人物出场的连续剧。一位网友还将牵连到质疑中的人物和机构画成了一张图表，看起来让人眼花缭乱。

记者：而近两天，又有一家名叫“中红博爱资产管理公司”的企业被卷了进来，并迅速成为质疑漩涡的中心。这家公司正在网络上进行招聘，它自称是“中国红十字会的关系企业”将在全国大中城市社区内投资建3万个红十字博爱服务站。招聘信息里还说，这个项目是由中国红十字会总会主办、商业系统红十字会承办的。人们开始集中搜索这家公司和这个项目的相关信息，一些发现让人们更加疑问重重。

解说：有记者查阅工商资料发现，中红博爱公司的股东之一就是王鼎公司，而王鼎公司在2007～2008年，就已经在一些社区开展过“红十字博爱服务站”项目。服务站是和保险公司合作，为社区居民免费提供急救、义诊、体检服务，同时提供人寿、财产等保险咨询。而“博爱服务站”的外形就是一辆厢式无动力车。这些细节和郭美美说的“人身保险”、“医疗器械”、“车体广告”高度近似。

这个项目的运作是否获得了中国红十字总会的正式批准，他们怎么看待这种运作模式？到目前，红十字总会还没有就此作出官方回应。中红博爱公司也暂时没有发表任何声明。让我们颇感意外的是，天略集团董事长丘振良在采访中告诉我们，“中红博爱公司”这个项目的运作模式，其实最早是天略公司和商业系统红十字会合作时设计的。

丘振良：其实我认为，当然我不能说别人如何，这里面这个项目的很多的运作模式，跟我们当初设计的那个模式应该说不谋而合，不谋而合。我们设计的方案当中包含这个内容、包含这个模式，都是在方案的设计的过程当中有这些东西。

记者：您的意思是说，其实这个方案最初的设计人是您。

丘振良：对。

记者：天略公司。

丘振良：对，跟商业系统红十字会大家一起策划。

记者：这里面会不会说，我们是借用红十字的标志，那么其实目的是为了推广广告、推广保险，获取更多的商机？

丘振良：其实我不认为这样子，因为红十字会就是这样的一个组织。

红十字会拥有的资源是没有被很好地开发的。现在目前很多红十字会的资源都是空置的。我认为红十字会资源本来就是全社会共同要拥有、利用的一个资源，不是某一个人的资源。

记者：您觉得红十字会最大的资源是什么？

丘振良：最大的资源就是说，它是一个全社会全球都认可的一种慈善机构。

记者：您是说它的信任度吗？

丘振良：当然是。

解说：几年前，天略集团曾经和中国商业系统红十字会共同策划要举办“全国红十字劝募活动”，但是由于红十字总会最终没有批准，没能够组织实施。而他们设计的运作模式，就是“中红博爱”现在采取的模式。这种模式到底是为了公益还是为了商业？近两天，一家媒体报道说采访到了一位匿名的天略公司前员工，这位前员工说，天略公司当时为了促成合作，曾经给商业系统红十字会送笔记本电脑和汽车。之所以这样做，目的还是想借慈善圈钱，只是项目最后没成，钱没有圈到。

记者：当时做这个项目会不会有圈钱的想法？这也是很多人的疑问。

丘振良：应该讲我们集团有很多，应该讲有不少的项目是可以挣到钱的。我们自己愿意去让自己在这个能力范围以内去做慈善的一个事情。因为这是我应该承担的社会责任。

记者：那家媒体采访的前员工还说，天略集团为了想和商业系统红十字会合作成功这个项目，给商业红十字会送过笔记本电脑和汽车。

丘振良：项目要启动，几个要素是必需的。一个是交通工具、一个是通信工具。跟商业系统红十字会一起合作，他没钱，那只有我拿钱。我拿钱买了这些设备，我们一起做这个事，因为这个项目使用的工具。不存在我们公司去送别人什么什么。

记者：那这个项目最后它的合作终止之后，它提到的笔记本电脑和汽车最后的归属是回到您的公司吗？

丘振良：早就拿回来了，结束了就拿回来了。

解说：现在看来，郭美美在微博里说的模式显然存在。让人疑惑的是，如果郭美美完全没有接触过相关项目，她怎么能够作出这样的描述呢？而这种模式究竟是否适合在公益事业中采用，有没有产生灰色地带的风险和漏洞呢？

记者：现在可能网友关心郭美美的事件，他们最核心的疑问其实只有一个，也就是在郭美美所说的这样一个运作模式，涉及到的车体广告，涉及到了医疗保险，这个模式中间存不存在漏洞让慈善的标签有可能变成某些人私人的巨额财产？

丘振良：这个问题其实很难在我这里面作出判断。我刚才说了，监管到位就没问题，监管不到位，再好的项目，再里面有很多具体要求的一些项目，都会出问题，都有可能出问题。

记者：您觉得不是您设计的模式本身的问题？

丘振良：不是本身的问题，是监管的问题。

记者：就看监管得怎么样？

丘振良：对。

记者：目前，中红博爱公司成为了公众质疑的一个重点。它要运作的项目和郭美美的描述高度近似，这两件事之间有没有关系？公众重点质疑的另一个对象是中国商业系统红十字会，在它运作的多个项目中，多家商业公司参与其中，这些项目到底是公益项目还是商业项目？中国红十字总会对这些项目是否进行了相应的约束和监管呢？

解说：面对质疑的声浪，昨天，中国商业系统红十字会表示自身以及所有相关机构都与郭美美无关，并表示可以公开成立十年来的所有账目，欢迎监督查询。而中国红十字总会表示，商业系统红十字会是经总会批准成立的行业分会，但人、财、物的领导和管理责任不属于红十字总会。它的主管部门是中国商业联合会。

【网络视频】

王伟（中国红十字会副会长）：它是它们协会里面组织起来的一个商业红会，协会里的红会。所以它属于哪个单位，哪个单位来管理它，我们从业务上指导。

解说：红十字总会还表示，已经以郭美美"虚构信息、扰乱公共秩序"为由，向警方报案。有进一步调查结果后，再向媒体发布。6月27日凌晨，一位被认为是郭美美的女孩从深圳飞回北京。面对赶来的记者，她始终保持着沉默，并迅速乘坐一辆捷达车离开机场。昨天，警方证实，郭美美已于近日返京，是为了接受警方的调查。

记者：中红博爱公司和郭美美到底有没有关联？公益事业和郭美美的财产来源究竟有没有关联？到底是郭美美"虚构事实、扰乱公共秩序"，还是背后另有隐情？公众的众多疑问归结起来，核心问题其实只有一个，那就是：我们是否能将自己的捐款，放心地交到公益机构的手里？事件还在进行中，我们将继续关注。

2011年4月23日，《中国经营报》刊出报道《中国"首善"陈光标之谜》，质疑陈光标的慈善行为①，陈光标对此发表两封公开信回应。

2011年8月19日，《羊城晚报》A9版刊出报道《局长冒充乡村教师骗吃骗喝脸皮真厚》，其中写道：

羊城晚报讯　记者黄丽娜报道：有人假冒富二代博出名，有人假冒干部、军人骗财骗色，但令人意外的是，居然有领导反过来假冒贫困地区的乡村教师，为的只是骗十天的"北京游"。近日，由崔永元公益基金举办的第五期乡村教育培训班开班，来自黑龙江、湖南偏远地区的100名乡村教师在北京进行了近十天的教学培训和参观活动。这其中，竟然有6名是冒充的。

---

① 详见 http：//www. cb. com. cn/deep/2011_ 0423/202220. html。

17 日凌晨，崔永元在其个人微博上披露了有六位假冒人士混入了乡村教师的队伍，崔永元还透露这六位冒牌的“乡村教师”均来自黑龙江北安市。据调查，在这些冒充“乡村教师”的人中，姜平其实是北安市教育局副局长，而沙建平则是一位校长，另外四人均不承认自己弄虚作假，认为是主办方“通知有误”。事发之后，这六位当事人对于主办方的遣送处理都抱着无所谓的态度。

17 日晚上 23 时，崔永元又通过其个人微博公布了另两位非乡村教师，分别是伊春市新青区教育局主任陈兵和伊春市新青区教育局副局长陈敬林。作为主办方，崔永元要求相关责任人退回他们已经消耗的费用，并将在调查后向公众交代清楚这六人是如何进入乡村教师培训行列的。“崔永元公益基金将尽全力维护慈善的尊严”，崔永元说。

对于“小崔公开打假”以维护慈善真实性透明度的行为，网友一致击掌叫好，纷纷转发评论力挺崔永元。腾讯网友“阿米打子”表示：如果所有的项目执行上都能像这样严格把关，花好钱，那才是比向公众公布善款更有意义的事情。网友“胡焱喆”留言称：监督就是要这样落在能看见的地方。

对于冒充乡村教师的“领导们”，网友也不吝给予了鄙视。网友“杨文”说：这种人也蛮可怜的，就这么一点“小利”也要跟真正的乡村老师去争，可悲！可叹！

2011 年 9 月 1 日，《南方周末》报道了河南省宋庆龄基金会（以下简称河南宋基会）运作过程中的种种谜团。该报道提到河南宋基会在郑东新区的一公益项目 80% 变身豪宅；善款由员工大量持股的公司管理，该公司与河南宋基会却无半点股权关系；大量资金用于放贷等方面存在诸多问题。9 月 3 日，中国宋庆龄基金会在其官网发表声明，称中国宋庆龄基金会与地方宋庆龄基金会“无上下隶属关系”，“既无行政上的上下级关系，也无经济方面的经营合作与往来”，“不存在‘宋庆龄基金会总会’、‘分会’、‘正在等待中国宋庆龄基金会的指示’等问题”，“但在一些对外交流交往项目中，同地方宋庆龄基金会有些合作”。河南宋基会接受了《大河报》（9月3日）、财新网（9月4日）等媒体访问，就部分问题进行了解释。

2011年9月，新华社“新华视点”报道（记者周宁、李德欣、张宇），质疑“世界杰出华商协会”（简称“世华会”），其中写道：

> 近期，24岁的卢星宇因在微博发布“‘中非希望工程’执行主席”“管理20亿元项目资金”等内容引发社会强烈关注。随着事件不断发酵，“中非希望工程”当事方——世界杰出华商协会和中国青少年发展基金会饱受公众质疑。
>
> “世华会”在境内开展活动是否合法？“中非希望工程”是否违规？青基会收取捐款的10%作管理费用是否合规？围绕三大疑问及事件的警示意义，记者采访了权威部门，国务院侨办、民政部及“中非希望工程”事件当事人一一回应。

2012年12月，中央人民广播电台《新闻纵横》栏目，报道了“成都红会募捐箱内善款发霉长白毛”事件。爆料的微博用户拒绝接受电话采访，也拒绝跟记者见面。记者分别向成都市红十字会和四川省红十字会求证，首先得到了成都红会组宣部一位工作人员很谨慎的答复。四川省红十字会副会长丁地禄则介绍，省红会正在向成都市红会核实情况，不过中国红十字会总会已经直接向成都红会了解了情况。中国红十字会总会通过官方微博回应称：“中国红十字会高度重视，将立即组织调查。我们将马上发出紧急通知，在全国范围内进行排查，杜绝类似事件再次发生，感谢并欢迎媒体和公众对红会的各项工作予以监督。”

第五节　弘扬慈善文化

任何一次慈善传播，都可以起到弘扬慈善精神、慈善文化的作用，只不过程度有所不同而已。

中国慈善家陈光标以“高调慈善”[①] 打破了中国人“为善不欲人知”的传统习惯，起到了弘扬新型慈善文化的作用：慈善事业并不忌讳高调宣传，“高调慈善”可以吸引更多人参与慈善。

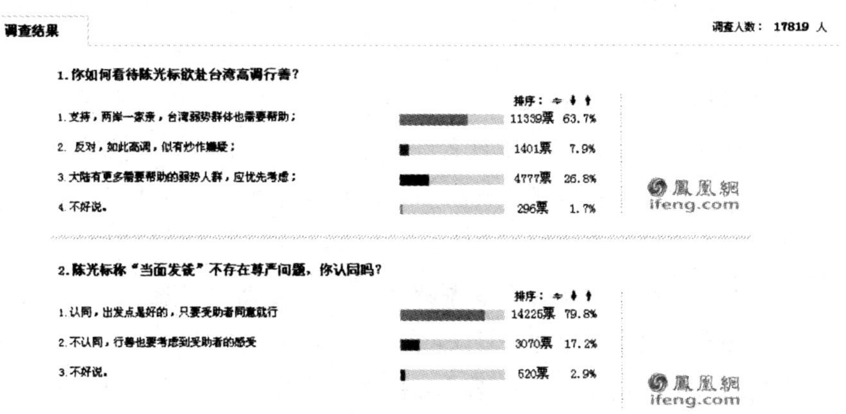

图 3－6　凤凰网网民对陈光标赴台湾高调行善的看法

在慈善事业的发展过程中，新闻媒体在“弘扬慈善文化”方面大有可为之处。

2008 年 11 月 1 日，凤凰卫视董事局主席兼行政总裁刘长乐在“中国红十字会总会”、“博鳌亚洲论坛”及李连杰“壹基金”共同主办的“2008 中国全球公益慈善论坛”发表主题演讲《传媒的担当：弘扬、推动和积极参与中国慈善文化的建构》[②]。演讲中，刘长乐谈了自己的体会：

> 第一，要为慈善事业鸣锣，就是我们应该为慈善事业做大力度的宣传。慈善事业在中国刚刚的兴起，或者正在兴起，媒体人在慈善事业兴起的过程中间当然是鸣锣的角色。凤凰卫视在四川大地震以后倾全台的力量出动十多个记者深入灾区进行报道，和其他媒体

---

① 陈光标表示，从小学三年级开始，他就开始做善事，一个人做好事如果能传播给十个人，等于做了十件好事，因此做好事需要传播。陈光标说：“哪怕帮助别人一百块钱，我不说出来，真的憋得难过。”

② 详见 http：//phtv. ifeng. com/hotspot/lt/200811/1101_ 4964_ 857423. shtml。

朋友一起进行了一次空前的对于救灾行动，对于慈善行动的，可以说是中国历史上史无前例的一次大规模的报道。在这其中，我们特别对慈善事业完成的这些朋友们进行了非常多、非常详尽的报道，一方面报道这些慈善家们感人的事迹，另外也报道在慈善行动中间，慈善捐赠者们的，不管是红十字会，慈善总会还是各个慈善团体他们所捐赠的物品是怎样一分钱、一分货地发放到老百姓的手中，详细的大量报道这些内容。同时，我们也非常详细地报道在这个过程中间观众的意见，并且狠狠地揭露那些在救灾中谋私利的官员和工作人员。

第二，媒体应该为慈善事业开道。我所说“开道”，是指有一些观念有一些事情媒体还是要做。比如，在中国慈善史上一个非常有趣的例子，就是有一位企业家说错了一句话，于是遭到了网民大面积的拍砖。在这个过程中，凤凰卫视也作了报道，但是凤凰也做了另外一件事情，就是我们及时地让这位企业家在凤凰卫视第一时间向观众作了道歉，作了诚挚的道歉，这个道歉也获得了网民和观众的谅解。同时，我们也报道了这位企业家和他的企业在灾区用亿万以上的资产进行捐助这样一个非常感人的过程。我觉的在开道的过程中，媒体还应该特别注意的就是对于中国的慈善状态要有一种包容的心态。

正如我们对这位企业家，对他的心路历程所作的回顾一样，我们要给他们一些时间，同时要给他们一些机会。我觉的还应该注意媒体太过报道商业捐助的动因，更不要为“逼捐”摇旗呐喊。把慈善提到过高的道德水平，恰恰没有反映慈善的先进和成熟，而是滞后和幼稚。以平常心看待慈善是重建中国慈善文化需要确立的一种观念和心态，我们对慈善文化的培养要给予一定的时间。

第三，媒体应当为慈善事业加油。所谓“加油”，主要是指媒体不仅要鸣锣开道，还应该以身作则，还应该置身其中，利用媒体的影响参与到整个慈善事业中间来。凤凰卫视是身体力行的，在慈善事业中进行了若干次的尝试。在海啸的时候凤凰卫视组建了“凤凰卫视慈善关爱基金”，我们和两岸三地的演艺人员、传播媒体、慈善机构大结盟，发动了亚洲规模最大的“爱心无国界大汇演”，为“南亚海啸”我们专门发起“凤凰有约——情系印尼送爱心”的活动，我们派主持人和中华小姐到当地的孤儿院，并深入到华人社区进行慰问，受到当地人们的热烈欢迎和印尼总统苏加洛的接见。我们和李连杰先生的壹基金在这次地震之后三次赶赴灾区，进行羌族文化抢救、环保知识传播、灾后心理辅导三项志愿活动，我们举办凤凰卫视中华小姐大赛，从举办到现在每一次的评选都以“慈善”为主题。2003 年我们捐献了河北的水坝，2004 年到马来西亚为马来西亚残障基金举办晚会，2007 年我们牵手嫣然天使基金去寻找唇裂儿童。我们同时让凤凰卫视的评论员在整个四川地震的报道中间一再呼吁要改善慈善机制，建立慈善的立法，建立公民慈善责任意识的呼吁，为中国的慈善文化的建立创造理论基础。

关于慈善流行语是这样一句话，慈善不是钱是心，我很赞同。我为慈善下的定义是：“每一个具有慈善心的人哪怕只捐一元钱，像壹基金一样，都是慈善家。”在我们期待慈善家出现的时候我们期待更多的慈善之心，这就是我们慈善文化的意义之所在。

2009 年 4 月 8 日，人民网刊出报道《王振耀：不贪污善款是最低标准 要努力让捐赠者满意》①，传播了王振耀关于慈善文化的一些观点。

人民网北京 4 月 8 日电（记者常红　张海燕）今天下午，民政部社会福利和慈善事业促进司司长王振耀，南都公益基金会秘书长徐永光，北大法学院非营利组织法研究中心副主任金锦萍做客人民网的人民议事厅，就近期慈善热点话题与广大网友交流。王振耀认为，中国下一步发展慈善的时候有三个大的文化障碍，是非常难以克服的。

王振耀分析认为，第一是最近一段时间推进慈善，我觉的为什么大家都希望慈善人物完美无瑕，实际上大家自律，捐款者不愿意讨论免税。捐的大钱也好，小钱也好，如果捐款还说免税，捐 100，捐

① 引自 http://society.people.com.cn/GB/41260/9097469.html。

1000的人，不好意思，这种现象全国到处存在。由于这种不好意思，结果导致现行的很多法律难以贯彻落实。实际上大家还是希望捐款能够得到免税，但是大家都不好意思说。

第二个是不会公示。比如现在说我们的捐款被贪污了，我觉得这个极不可能，因为审计的非常严格。在大地震的时候，审计部门就开始介入了。但其实不贪污是最低的标准要求。让捐赠者满意是最高标准。现在公示，就满足于我审计了，你们去到网上看吧。但是我想问问，我捐的一万或者十万，这个钱到哪个省了，到哪个县了，在哪个项目上。你只是说到网上找吧，人家能找吗？最重要的是服务周不周到，让大家坐在家里就知道，我的钱到这里来了，我不着急，我就满意了，我下次还捐款。所以就出现一个问题，不会公示，不尊重捐赠人现在的意识。

第三个还有一个比较大的文化缺陷，就是不认为做慈善需要专业人士。大家认为慈善组织的工作人员都应该牺牲。慈善组织就应该不吃不喝。做慈善的怎么还要工资？工资待遇还要比较高？这怎么行？就是觉的不需要专业人员、不需要成本。其实全世界做慈善的，没有不领工资，没有不是职业性的。去年我们的统计数据显示，咱们这么多基金会，专业人员、工作人员有多少？一万八。美国动不动就是几十万、上百万人，英国都是几十万、几十万的基金会工作人员。我们一听基金会有工作人员，觉的这叫养人吗？我们的捐款要养这人？这是怎么回事？就是不允许做慈善更专业。这种文化理念应该经常来讨论讨论。

“支撑现代慈善事业发展，一定要有现代的慈善理念。”2011年5月12日，《南方周末》F31版刊登北京师范大学壹基金公益研究院院长王振耀的《现代慈善的十大基本理念》，3409字的正文如下：

我国社会正在快步进入现代慈善时代。壹基金公益基金会、河仁慈善基金会以及安利公益基金会的成立，2010年的捐赠超过700亿元等，具有多方面的标志性意义。支撑现代慈善事业发展，一定要有现代的慈善理念。在我国慈善理念随着慈善事业的发展而处于高速转型的历史时期，有必要明确以下十个较为基本的现代慈善理念。

一、施者感恩受者

慈善是给予而不是索取。现代的给予还要更进一步，不仅是给予不图回报，而且反而是施者向受者感恩，是捐赠者感谢贫困者为捐赠者提供了实现爱心的机会。因此，做好企业还不是慈善，更不可能是最大的慈善，而只有实施捐赠才属于慈善的范畴，两者泾渭分明，不能混淆。

慈善给予的形式又是多种多样。现代捐赠往往有股权、有价证券以及建筑物等多种类型的捐赠。这种捐赠，最为突出的表现就是所有权的让渡，即从一人一家所有转化为社会所有，但这种社会所有不是国家和政府所有，是基金会代表社会管理财产但不是捐赠给政府。这种所有制，不国不家，不公不私，对于长期习惯于非国即家、非公即私传统的我国社会还相当陌生，按照我国的传统观念，这种捐赠可能是“换汤不换药”，我国的文化传统是只有国家才能代表社会，社会不能代表自身。

二、对捐赠者宽容

宽容而不是苛责，是慈善界的主流行为方式。过高的道德标准，往往产生虚伪或者暴力。鲁迅先生所批评的道德杀人现象在中国历史上是相当严重的。而以善促善，则是现代慈善的一种基本态度。许多人行善，往往会犯一定错误，特别是在行善之初，因为缺乏经验，往往有较多的不足，也有的慈善家抱有不同的想法。现代慈善认为，做慈善总比不做慈善好，只要没有犯法犯罪，社会还是对其给以宽容和鼓励。现代慈善的许多理念来源于基督教，而基督教有关宽容理念有一个故事可以体现：当人们都要抛掷石头砸死一个人的时候，耶稣的基本态度是自己真正没有一点过错的人才可以去投石块，结果大家都停了下来。也就是说，我们每个人都有缺点，不能宽容别人也就不能宽容自己。

现代慈善的行为方式较为优雅，不可能发生我国社会常见的不捐赠者比捐赠者更有道理甚至以高调反慈善为荣的极端现象。欧美社会也很少用到“诈捐门”这种词。

三、高调慈善

高调个性而不是低调倡导。一百多年前的卡内基进入慈善界就是高调，当然他是身体力行，还提出了捐赠的重点领域。许多慈善家都是公开宣扬自身的慈善行为，并且还要把家庭的慈善传承理论化而广为宣传。而以慈善家的名字命名的基金会、建筑物、大学、图书馆、博物馆等，相当普遍。

现代慈善十分个性化，这与中国社会几千年来压抑个性崇尚低调的做法是完全不同的。

四、来自民间的慈善压力

善意压力而不是依赖自发。最突出的表现是比尔·盖茨和巴菲特，他们给予富豪们的压力过大，明确要人家承诺将来要捐赠一半财产，还要计算有多少人给出了承诺，简直是要对美国最为富有的人进行宣战。

在香港，在节假日往往有相当广泛的旗帜义卖活动，在活动期，走在大街上，如果你没有已经买旗的标志，就会十分尴尬。

英国则是每年都要举办将士阵亡日义卖罂粟花的活动，英国首相卡梅伦访华期间之所以一定要佩戴罂粟花的标志，主要的原因就是如此，即使中国的代表团当时在英国访问，你不带罂粟花的标志也不好意思，因为其主旨就是慈善，没有其他政治含义。欧美的劝募活动也相当深入，有的甚至敲门劝捐。当然，需要说明的是，这些善意的压力，不是政府的活动，而完全来自民间。

五、组织发达而不是个体单干

既要彰显个性，又不是个体单干，怎么解决这一矛盾呢？现代西方往往成立众多的家庭或家族基金会，慈善事业的主体是组织化的家庭，家庭基金会有许多。美国的十多万基金会中，有90%以上为私人和家庭出资建立的基金会。各国建立基金会的门槛相当低，特别鼓励家庭或家族成立基金会以实现捐赠意愿。因为有了如此众多的基金会，就产生了专业化与职业化的社会需求。

西方社会为什么不把公开透明当作一个特别重大的问题而给予关注？一方面，当然与他们已经形成较为完备的法治系统有关，另一方面，关键是他们的捐赠往往是组织化了的家庭或家族基金会，捐赠者往往参与管理，或者就是自己退休后把自己的积蓄捐赠出来成立基金会，自己管理自己开发项目，这些人怎么会埋怨公开性不够呢？

比较而言，我国当前的基金会过少，只有两千来个，而我国基金会的门槛又过高，大众捐赠的组织化进程还相当复杂，绝大多数人的爱心捐赠没有渠道顺畅实现，因此出现了人们自觉不自觉地将基金会与政府行政机构等量齐观的现象，同时也出现了许多基金会简单模仿行政行为的现象，公众也免不了按照政府的行为标准来评价慈善组织。

六、免税行善而不是竭泽而渔

免税政策，成为近百年来现代慈善制度的重要组成部分。企业会不会由于捐赠而受益？答案是肯定的。企业捐款有一定的免税额度，个人捐款有着更高的免税额度。通过税收的优惠，无论是公司还是个人，客观上都得到了一定回报。人们通常认为，社会和政府实际上通过社会捐赠得到了更多的回报。

在西方一些国家，还通过配比的额度来鼓励慈善组织积极募捐，如果一个组织得到一定的捐款，政府还要给予一半甚至一比一的资金配额奖励。行善不吃亏，行善能够得到较多的社会回报，善有善报，已经形成了一种法律机制。

七、重税施压而不是道德说教

现代社会不鼓励将财富全部遗传给子孙，为缩小贫富差距，遗产税是其重要手段，有的国家甚至征收高达50%以上遗产税。这种重税政策，导致了富豪们往往愿意将大量资金捐赠建立由自己家族参与管理的基金会从而规避税收。

现代社会并不是对富人进行简单的道德说教，当然西方文化也没有指责人们文化素质高低的传统，他们更多地强调利益问题，从利益的角度来强制性地要求人们参与慈善，并且达成巨额捐赠。使企业的社会责任有了国际标准，给不给予社会捐赠，成了判断企业社会责任的重要标志之一。

八、保护尊严，杜绝揭人隐私

现代慈善，透明中又有不透明。慈善家的宴会，往往不放记者参加，这在巴比晚宴过程中表现得十分突出。许多项目的决定权主要在捐赠人。捐赠人尊严十分重要。资中筠教授在《财富的归宿》一书中写道："那些大财团巨头在致富过程中巧取豪夺、残酷无情，如老卡内基、老洛克菲勒之流有'强盗爵爷'的绰号；而他们在捐赠中又如此热忱慷慨、急公好义，以社会乃至人类的福祉为己任。"对于这样的矛盾现象，美国社会给予了慈善家以明确的支持，他们没有进一步揭露这些慈善家的隐私和过去。立地成佛，似乎是慈善界的基本法则之一。

由于历史原因，我国社会公共权力侵犯公民隐私的事情不断发生。文化大革命借助于批判资产阶级而基本消灭了人们的私生活。即使是现在，审判法庭的公开摄影报道，对妓女游街示众，人们已习以为常，而这在发达国家则是严格禁止的。

公权与私权之间有严格界限，为了保证私人权利不受侵犯，美国宪法修正案甚至规定个人可以拥有枪支。这样的传统，同样带入了慈善领域。人们不可能追问慈善家的动机，更不可能运用媒体骚扰慈善家的正常生活甚至对其个人的私生活和小时候的不良行为进行报道。如果媒体这样报道，可能会遇到较大的法律麻烦。现代慈善在公权与私权方面的界线划分得相当清晰。

现代慈善不可能是谁从事慈善就要将其作为"公众人物"而进行全面审查从而将慈善变成令人望而生畏的祭坛，恰恰相反，现代慈善是让人心灵和道德得以不断净化和升华的圣坛。

九、捐赠权高于社会知情权

捐赠者可以不公开、不透明，充分尊重捐赠人的意愿，是现代慈善的一个品格，而受捐助者则往往比捐赠者受到更多的监督。

我国社会由于体制不健全，实现较大额度的捐赠往往十分困难，因此，我国的有关法律对于捐赠人的权益也给予了多方面的保护。但是，由于传统文化的影响，人们往往习惯于对捐赠者本人特别是对名人的捐赠行为进行严格监督，形成了一种越捐赠得多、越受监督而不捐赠则安全的畸形现象，而项目的进展、组织行为的规范和受捐者的状况往往被人们忘掉了；这种现象，与现代慈善格格不入。

十、全民慈善优于富人慈善

现代慈善特别鼓励大众参与，广开参与之门。对每年不到一万美元或英镑的社区类的小型基金会，就没有太多监管行为，主要是给大众参与提供方便；当然，西方视教会为慈善组织，教会的活动又相当普及，捐赠行为甚至每周都要发生，客观上也是能够实现经常捐赠的一个平台。而且，现代慈善还大开志愿服务渠道，有的国家20%甚至50%以上的人口都要参与志愿服务活动，从而使大量的社会问题能够及时地在社区层面得到解决。

正因为慈善深入到基层的多项活动之中，从而能实现社会和谐，不断地促进道德和文明建设。

上述颇受好评的观点，在见报前，王振耀已在其他场合阐述过。2011年5月7日，@中青报曹林发出微博："昨王振耀院长讲十大现代慈善理念，对我很有启发：1，给予而非索取。2，宽容而非苛责。3，高调个性而非低调倡导。4，善意压力而非依赖自发。5，组织发达而非个体单干。6，免税行善而非竭泽而渔。7，重税施压而非道德说教。8，保护尊严而非揭人隐私。9，捐赠权高于社会知情权。10，全民慈善而非富豪慈善。"该条微博被转发35次。

雄文《现代慈善的十大基本理念》被《南方周末》刊出后，搜狐网、腾讯网、开心网、凤凰网、豆瓣网、人人网、《当代社科视野》等媒体纷纷转载，其中的慈善理念、慈善文化得到很好的二次传播。

当然，报道慈善事件，也是在间接传播慈善文化。

新闻媒体可以引导社会树立正确的慈善观念，报道、讨论各类慈善法规、慈善政策的得失。

例如，2012年2月15日，《中国青年报》第2版刊出的评论《捐赠低龄化，值得尊重但不应鼓励》（作者胡印斌），就能很好地引导人们正确对待"捐赠低龄化"现象：

南京市一名五年级学生李云轩今年12岁，当家长要买一根压岁金条时，他却提出把打算买金条的3万元捐出去，给需要帮助的人。于是，李云轩跟妈妈来到南京市慈善总会，注册了自己的个人慈善基金李云轩慈善基金。据披露，南京自2009年推出个人冠名的慈善基金以来，已有358人以个人名义认捐，而其中80%都是家长用自己孩子的名义进行冠名的。（《扬子晚报》2月14日）

读完这则新闻，我丝毫不怀疑李云轩小同学的真诚和爱心，他以个人名义设立慈善基金，确实也是想做一些有益于社会的好事，值得肯定。正是这样广泛的、不拘年龄的公民爱心参与，才有可能使得我们的社会呈现出温暖的面影。

不过，这样“低龄化”的大额捐赠，似乎并不应该提倡鼓励、大肆宣扬，甚至被视为一种社会慈善的创新之举。

首先，12岁的小学生并不具有完全的行为能力，其行为意志是否出于个人的自主决定，还要存疑。在这种情况下拿出大笔款项去做慈善，很难讲是否真正出于自愿。可以说，绝大多数以孩子名义实施的捐赠，都体现的是家长的意志和决定。家长希望孩子从小接受爱的教育、做一些善事的心愿可以理解，但是，这种行善决不能超越孩子的认识能力，更不能越俎代庖，替人行善。这样的行为同样不妥，走入了另外一个误区。

爱心慈善一个很重要的原则就是平等自愿，民政部2011年7月发布的《中国慈善事业发展指导纲要（2011～2015年）》明确规定，慈善捐助者应该自主实施捐赠行为，自行决定捐赠的规模、方式和用途；禁止强捐、索捐、变相摊派等行为；充分尊重受赠人的尊严和隐私。可以说，无论是家长、学校还是慈善组织，可以教育孩子们有爱心、有担当，乐于助人，勇于任事，但是都无权暗示、鼓励甚至帮助孩子作出大额捐赠的决定。

其次，这种个人冠名的慈善基金，还容易引起小学生之间的相互攀比，使得爱心演变成捐赠数额的比较。小学生正处于身心发育的关键时期，家长、学校和社会应该为他（她）们营造一个相对平等的成长环境，过于追求捐赠的数额，难免让孩子们产生攀比的心态。你捐一万，我捐两万，他捐三万，这样的爱心比拼、爱心竞逐，实际上已经异化为单纯数目的比较，庸俗化了，并不利于孩子们的健康成长。

善心善举不分大小，也要量力而行，并不意味着一定要超越自身的能力。3 万元固然是爱心，举手之劳也未必就不是爱心。毕竟，这些大笔的捐赠，最后还要落到家长的头上，从而将原本美好的爱心传递变成家长实力的比拼。这样的比拼表面上看起来好像是在进行爱的教育，实则依然是别样的攀比，与爱心慈善渐行渐远，也与慈善募捐的创新并无关系。

爱心也好、慈善也好，说到底是一种兼爱的责任。小小孩子就轻轻松松拿出父母的 3 万元行善，其所体验到的是行善的快乐多一些，还是因为吸引了其他小朋友眼球的快乐多一些？很难讲。而忽略了责任的爱心施与，终归是难以持久的。

此前有学者谈到，草根中生长起来的民众自发的慈善行动、组织和集群，将在中国大地上扮演越来越重要的角色。这样的自发行动确实值得期待，但是，也要警惕那种动辄以孩子的名义进行的大额捐赠，让慈善真正做到善由心生，而不是由家长包办，更不是任由那些慈善组织明里暗里地鼓励家长包办。

第四章　慈善传播的基本原则

北京师范大学壹基金公益研究院院长王振耀在《现代慈善的十大基本理念》中提到10种慈善理念，其中的“对捐赠者宽容”、“高调慈善”、“保护尊严，杜绝揭人隐私”、“捐赠权高于社会知情权”都涉及慈善传播，都与慈善传播的原则有关。

慈善是好事，慈善传播也是好事，慈善传播的底线是：不能把好事办成坏事，也不能因为做好事而做坏事。这里所说的“坏事”，既包括“对人的伤害”，也包括“对机构的伤害”。

尊重人、不伤害、公正是伦理的基本原则，由此引出“保护隐私”、“知情”、“自由的同意”等伦理要求。慈善传播的伦理原则，主要包括：公益至上、恪守诚信、避免伤害、尊重志愿等。

与人为善，善待他人，是慈善传播的核心原则。这里所说的“人”和“他人”，既包括捐助者，也包括受助者。基于慈善传播的核心原则，我们可以推演出慈善传播的基本原则。

第一节　诚信原则

诚信是慈善传播的第一原则。诚信，包括两个方面：一是诚实，二是守信。

诚信与否，关系到慈善事业、慈善机构、慈善人士、慈善项目、慈善媒体的信誉。

信誉即信用和声誉。信用，是“因为能够履行诺言而取得的信任”，是过去履行承诺的正面记录，是长时间积累的信任和诚信度。声誉，则是

"从他人那里得到的评价"。信用是难得、易失的。数十年积累的信用，可能由于一时一事的言行而丧失。

孔子在《论语》中说："人而无信，不知其可也。"

不说假话，不搞欺诈，言行一致，信守承诺，是慈善传播必须做到的。

乞丐的乞讨活动，就是一种慈善传播。但部分职业乞丐的乞讨活动，违背了慈善传播的诚信原则，带有欺骗性——不是因为贫困而寻求慈善性质的救助，而是为了不劳而获，甚至是为了骗钱致富；他们伪造身份，虚构困境。

2011 年 11 月 29 日，《兰州晨报》A13 版刊发张学江、马星采写的报道《"驴友"街头行乞　又是骗局》，其中写道：

> 身穿蓝色冲锋衣，脚蹬专业登山鞋，背挎高过头顶的旅行包，还有专业的旅行水壶、相机及登山手杖。11 月 28 日，记者在五泉山公园门前，看到 3 名装备"价值不菲"的"乞讨者"。
>
> 3 人面前的地上平铺着一张自称是"旅游爱好者，行至贵宝地，无奈钱财耗尽，求好心人以及旅游爱好者资助 10 元以解决路费和饭钱"的纸张。"他那旅行包就得好几百，还来这乞讨十几元？不会是骗子吧？"路过的行人中不时传来质疑声。记者在现场看到，不时有感兴趣的年轻人驻足并把三五元塞在他们手中。
>
> 表明自己也是旅游爱好者的身份后，一名"驴友"便与记者聊了起来。"驴友"中自称姓杨的男子说，今年 7 月，旅游爱好者小张和他们相约，一起从家乡东莞出发，至今已走遍东北三省、贵州、四川等省。到兰州后，他们带的 4 万元花完了，便陷入经济困境。杨姓男子给记者解释："我们也是没办法才在此乞讨。"一名"驴友"向记者说，他们一上午才要到四五十元。
>
> 当被问及下一步的打算时，杨姓男子说，本来是要去拉萨的，但没钱了，只能凑够路费就回家了。
>
> 一位市民告诉记者，他 27 日在皋兰路见过这 3 名男子，以同样的方式求助路人。"我在网上也看到，身着这种行头号称'驴友'的

人，在外地很多城市骗钱被曝光。”不过，在兰州出现这种乞讨现象，还真让人好奇，很多人会相信的。

当记者问他们为何不去救助站，或变卖行头，或让家人打钱过来回家呢？3 名“驴友”没有正面回答。

记者从网上搜索发现，这 3 名“驴友”的求助方式，和网友以及外地媒体曝光的有着惊人的相似。在此，本报提醒广大市民，街头施舍一定要谨慎。

2013 年 1 月 2 日，《厦门晚报》第 10 版刊发报道《“驴友”行乞落难？骗子?》，其中写道：

自称来自云南大理的杨先生蹲在路边抽着烟，面前铺着一张白纸，上面写着：“钱丢了，一时无奈，请帮几元钱费用。”白纸边角用一本半旧的《中国自助游》压着。

来来往往的路人纷纷投以疑惑的眼神。一名中年男子经过时瞥了一眼，说：“现在的骗子花样还真多！”

不过，多数路人尽管有所怀疑，却还是解囊相助。一对情侣经过时放慢了脚步，轻声嘀咕：“应该是真的吧?”走出 10 多米后又折回来，掏出 10 元放在地上。一名年轻男子简单问了几句，也掏了 20 元。

不到 15 分钟，杨先生还收到了一名小朋友递过来的 1 元，一名大学生给的 5 元。

最大一笔 100 元来自一名打扮时髦的黑衣女子。女子把钱塞给他时，只甜甜地说了一句：“你可不要骗我哦！”杨先生露出笑脸，连声道谢。

黑衣女子离开后，杨先生收摊准备离去。记者上前与之攀谈，他立马警觉起来：“你是记者吧?”在随后近 50 分钟的交流中，他多次试图求证记者的身份。

他说，一个多月前，他从老家云南大理坐火车到浙江，沿着杭州、绍兴一路骑行到福建，去年 12 月 26 日到厦门同安时，钱包被偷，身份证、银行卡都丢了，现金只剩下五六十元。他不想让老婆孩子担心，一时又找不到临时工作，只好向路人求助。“我爷爷说过，外出遇到困难，只要不偷不抢，该向人求助时就求助。”正是这句话让他鼓起勇气在街头行乞。

“第一天，头都抬不起来，感觉很惭愧”，杨先生说。后来他想，抬不抬头，那张白纸都摆在那里，路人能看得见，也就无所谓敢不敢了。

他说，他已经给表弟打电话了，表弟将于 1 月 5 日到厦门，两人打算一起骑行到广州。在表弟来之前的这几天，他必须自己解决吃饭和住宿问题，这些费用只能靠乞讨了。

他向记者强调，他只是把街头行乞当作一种体验，每天要来的钱，差不多够吃住就行了，不会一整天都守在路边。

记者问他为何不找警察或向相关机构求助，他说，钱包被偷之后，他已经报警了，但目前还没回音。记者问是否需要帮他再求助，他不置可否，只说不想把事情闹大，让家人担心，而且，表弟很快就要来了，再熬几天就过去了。

让人不解的是，他说他并不是骑行爱好者，此次外出，只是为了学习水产养殖技术，之所以选择自助骑行，是因为这种方式可以看到更多、学到更多。

“坐车或者坐飞机不是更有效率吗?”记者问。他说，骑车可以到处去看，学习的范围会更广，这样还可以省点钱。

可是，他随后的话让人不免纳闷。他说，出门时，他的银行卡里有 4 万多元，被偷之前大约剩 3 万元。也就是说，一个多月的自助骑行，他就花了 1 万多元，这还叫省钱?

记者还注意到，他的衣衫整洁干净，单车也有七八成新，似乎看不出长途跋涉的迹象。

市救助站仲副站长说，目前救助站尚未收容驴友，这名所谓“驴友”可基本认定是变相乞讨。假如是真驴友，遇到这种情况，一般会找驴友互助，或者联系家人汇钱，再者，他还可以向救助站寻求帮助，完全没有必要用这样的方式。之前有发现类似变相乞讨的情况，救助站把这些人员强行拉到站里，结果这些人又自己离开了。这些变相乞讨者一般通过博取别人的同情心，不劳而获，并不是真正遇到困难的人。

上述报道的作者郭文娟在文末提醒读者“献爱心前不妨多个心眼”：

杨先生所讲的到底是真是假？目前还无法下定论。毕竟，驴友依靠行乞穷游的故事并非没有出现过。

不过，记者查阅发现，非常“巧合”的是，近半年来，长沙、湖州、大连、绵竹、葫芦岛、广州等地都出现过“驴友街头行乞”，经查证，基本上都是找借口乞讨的骗局。这些“驴友”的故事相似度非常高，几乎每人的求助纸张边都放着一本《中国自助游》，而且都是一身专业行装，让人一时难以分辨真假。

专业驴友提醒，市民在献爱心之前，不妨多个心眼。要区分真假可以从一些细节入手。比如，真驴友的登山包比较重，掂量一下就知道里面是否有东西；可以问他们一些户外的相关常识；还可以看装备新旧程度，如果全身装备都很新、很干净，这和一路风尘的驴友形象就不大一致。

欺诈，可能出现在慈善传播的各个环节，从始至终都有可能，从受助者到捐助者都可能欺诈。

前面谈到的“诈捐”、“悔捐”，都涉及捐助者的诚信问题。慈善传播，不管是出于故意，还是出于无奈、无力或口误，失信于人，都是不好的，都会失去人们的信任，且很难重获信任。

2009 年 10 月 20 日，新华都集团董事长陈发树先生在北京宣布设立新华都慈善基金会，并将其个人持有的价值 83 亿元人民币的有价证券捐赠给新华都慈善基金会。在设立新华都慈善基金的发布会上，对于所捐 83 亿元有价证券的构成，陈发树对媒体表示：“主要来源三个部分：青岛啤酒 7.01% 的股份、云南白药 12.3% 的股份，还有我占有新华都集团的股份。”按照近 20 天的平均价格计算得出其价值为 83 亿元。但是，随后，新华都发布公告澄清称，陈发树所捐财产不含新华都股份。上市公司云南白药发布公告称陈发树不打算捐出所持云南白药股份。新华都集团总裁助理李欣表示，捐赠的股票只包括紫金矿业和青岛啤酒，购入的云南白药股票还没有办理交割，还不属于陈发树资产。

陈发树关于捐赠83亿元的说法，虽然主观上是出于好意、善心，但客观上有失诚信（有人称之为“悔捐门”）。所谓的章子怡“诈捐门”，其实也是如此，二人都属于轻率发言（以为能做到但实际难以做到），造成失信的结果。

无中生有，捏造事实，都是违背诚信原则的。下面就是一个典型的例子。

2011年8月，世界华商协会主席卢俊卿在微博中就世华会在“中非希望工程”项目中盗用杨澜等3人名义公开道歉，并称有关甘巴里和哈马德的职务问题，确实存在表述不准确的问题，但所谓“包装联合国官员”的说法绝不属实。①

卢俊卿在微博中以截图的形式，发布《世界杰出华商协会关于“中非希望工程”事件的公告》。公告中称，中非希望工程事件爆发以来，有关方面对担任协会名誉职务的众多领导、专家、名人进行了核实，绝大部分得到了确认。在否认的6位之中，有两位查到了亲笔签名的书面回执，一位查到了邮件回执。在有回执的3位中，两位确认是他们忘记了，其中一位已经在微博上更正了说法。还有一位一直未接电话。由于曾经是予以支持的朋友，因此不公布对方姓名。欢迎“打假斗士”方舟子在确保不公布他们姓名的前提下前来见证。而杨澜等另外3位，经反复查找，均未查到确认回执②。“无论什么原因，都将承担100%责任，并向他们表示歉意。”

此外，关于甘巴里和哈马德的职务问题，经查实，确实存在表述不准确的问题。

---

① 引自 http://news.ifeng.com/society/special/luxingyu/content-3/detail_2011_08/27/8724230_0.shtml。

② 杨澜微博称，在中非希望工程中“被主席”，名誉被盗用而不知情。杨澜的丈夫、阳光红岩投资事业集团创始人及主席吴征发微博称，“看到卢俊卿先生对媒体说我曾短信确认杨澜出任非洲希望工程共同主席非常震惊。在2009年末葡萄牙结识卢先生后他曾数次致电我，我的确两次询问了杨澜均得到明确回绝。我均已电话准确无误转告了卢先生”。

> 卢俊卿称，错误起源于2009年8月18日接待两位时介绍人介绍失误。事后，工作人员在网上确实也查到了“联合国副秘书长甘巴里”和“联合国非政府组织秘书长达骥·哈马德”的相关报道。所以误认为没有问题。世华会于2009年10月23日在联合国总部举办“杰出华商论坛”时，甘巴里仍然是联合国高官，他在办公室接待了卢俊卿主席（哈马德作陪），并设专场接见了卢俊卿主席率领的华商代表团。直到2010年8月18日，哈马德给世华会颁发会员牌，工作人员才发现他的单位与过去介绍的单位名称不符。但由于内部未专门通报全员，导致之后仍出现错误介绍。

慈善机构募捐而来的钱或通过投资获得的盈利，应该用于慈善用途（除少许管理费用外），否则，就违背它的公益定位和法定职能。所以，“郭美美”炫富事件发生后，给人以“中国红十字会将大量善款用于个人的奢侈品消费”的印象，从而破坏人们对中国红十字会的信任，进而影响该机构的慈善募捐。

据有关人员透露，“郭美美”事件之后，深圳红十字会收到的社会捐款几乎为“0”，除原先早有合作的一些定向捐款外，一个多月来唯一的捐款只是100元。对于此次中国红十字会因为“郭美美”事件遭遇信任危机，中国扶贫基金会相关人士表示，此次事件令整个中国的慈善组织的形象都受到影响。尽管红十字会在事件发生后采取了各种措施来重塑形象，但公众对红十字会的疑虑恐怕还会持续一段时间，信心的重建还有一个过程。该人士还表示，从世界范围来看，普通公众捐款都是慈善捐款的大头，所占比例起码在6成以上。如果没有普通公众捐款，那对慈善组织的生存来说将是致命的。①

据《新京报》2011年8月26日A12版报道，“郭美美”事件发生之后一段时间，“慈善会基金会接收善款骤减”，中国扶贫基金会在广州组织了百名大学生志愿者在街头进行“扶贫月捐”宣传时，有市民直接问郭美美与月捐有没有关系。志愿者莫晓楠说，在不到一个月的宣传中，有

---

① 此段引自《广州日报》2011年8月4日A4版，作者肖欢欢、武威。

时一天下来，一个成功的也没有。“郭美美”事件成为人们拒绝志愿者的主要原因，有市民说：“宁愿捐到国际基金会而不知其踪，也不愿捐给中国的一些基金会，即使有所谓的发票。”

策划无中生有的慈善事件，制造炒作话题，也是可能违背“诚信原则”的。

2013 年 3 月，一名“跪地给残疾乞丐喂饭”的深圳女孩“文芳”爆红网络，被冠以“深圳最美女孩”的头衔。但是，多家媒体记者前往求证，发现整个行为是某商业展的炒作。认证名为“南都深圳读本”的微博称：“东门新园路出口报刊亭老板见证了照片拍摄过程：女孩喂了几口饭，一瘦小男子来回拍了几张照片，然后一起走了。”整个事件的策划人“金泉少侠”迫于舆论压力出面向公众道歉。据了解，“金泉少侠”本名石金泉，此前就策划广州“跪行”妈妈①一事，之后被网友谴责。

“明明是民间捐助的慈善款物，却说成是政府的税收所得、拨款或救济”，也是违背慈善传播的诚信原则。

据《中国青年报》报道②，“云南省民政厅民间组织管理二处副处长杨武成告诉记者，到了县里，红十字会和慈善总会系统募集的善款，往往会被挪入政府财政预算的盘子里，用来修路。”清华大学公共管理学院教授邓国胜的团队曾有统计，汶川地震 760 亿元的捐款中，80% 左右流入了政府财政，最终成了政府的“额外税收”。杨武成注意到，地震捐款进了政府财政户头这件事，是对政府公信力和公众爱心的挫伤。

第二节　非强迫原则

不强迫是慈善传播的第二原则。

---

① 2011 年 3 月 22 日下午，广州大道中往体育中心的路上，一位母亲抱着患眼癌的 6 个月大的女儿跪地前行，她这样做，是因为一个名叫“广州的富家公子”的网友说，如果她从广州大道抱着孩子一直跪爬到体育中心，立马让人当场捐钱两万元。或许你会笑这个女人太傻，可是她说只要有一线希望救她的宝宝，她什么都愿意试，但如今网友“广州富家公子”却并不打算兑现自己的承诺。

② 王晶晶：《云南公开宣布政府退出公益慈善募捐　政府后退一小步　慈善前进一大步》，《中国青年报》2013 年 7 月 31 日第 9 版。

被迫是一种痛苦，与自愿相悖。强迫则造成这种痛苦。

强迫的形式，包括：通过语言暴力强迫，通过动作暴力强迫，通过群体压力强迫，通过经济压力强迫，通过政治压力强迫等。

被迫的痛苦，包括：心理上的痛苦（如隐私被曝光、尊严被侵犯等）；财力上的不支等。

“被迫”的表现形式，包括：本来不想捐助，但在压力之下被迫捐助；本来不想捐助那么多，但在压力之下被迫捐助那么多；本来不想参加众目睽睽的捐赠仪式，但因需要受助而被迫参加这个仪式；本想低调，被迫高调等。

如前所述，慈善本是好事，不能办成坏事。而“强迫”往往造成“被迫”这种坏事。不好的慈善传播，会形成一种压力，使人感到“被迫”。所以，“不强迫”理应成为慈善传播的基本原则之一。

曹德旺1946年出生于福建福清，是福耀玻璃集团的创始人、董事长。1987年成立福耀玻璃集团，目前是中国第一、世界第二大汽车玻璃制造商。从1983年第一次捐款至今，曹德旺累计个人捐款已达50亿元。2010年12月，曹德旺捐出价值数十亿元的福耀玻璃股票，成立河仁慈善基金会，这是中国目前资产规模最大的公益慈善基金会。网络上有人鼓动他裸捐，曹德旺认为这不现实。“慈善应该建立在自觉自愿的基础上，希望社会对企业家宽容些，不要强迫和勉强。”

2010年，CCTV春节晚会上，赵本山、王小利等表演了小品《捐助》[①]，其中有个情节：钱大爷去银行取钱的时候，碰上有人倡议为一名贫困大学生捐款，赵本山当即刷卡捐款，本想捐3000元，但多按了一个0，变成捐款30000元。这种情况下，应该允许退回多捐的款项，否则便违背了慈善捐款的自愿原则。

慈善捐助，必须以自愿为原则，不得强迫捐款，否则便是逼捐，容易变成“苛捐”。“自愿原则”体现在四个方面：捐不捐，尊重自愿；捐多捐少，尊重自愿；何时捐，尊重自愿；捐到哪里，尊重自愿。

2011年9月1日，《北京晨报》A19版报道，湖南长沙县发文要求教

① 全部台词详见 http://www.chinaneast.gov.cn/dbtk/2010－02/08/c_ 13167626.htm。

师每天捐一元，一年就是365元（2010年提高至400元），“捐款”成了教师工资单上固定的一项。

作为长沙县一所乡村公办学校的教师，张老师一个月的工资只有几百元，具体到个位数自己都记得清清楚楚。但从去年开始，每个月都莫名少了几十元，一打听才知道，都由学校统一收去参加捐款了。

张老师说，这项捐款叫“一日一元捐”，也就是一天捐一元钱，一年就是365元，但去年又提高到了400元，并且长沙县所有的中小学都这样收取。“这项活动已经开展了好几年，最近不但涨了捐款额，还变成了强制。我儿子在县里的中学上班，也必须参加这样的捐款。”张老师表示实在不理解：“捐款应当是自愿的，而且不该限定额度。经济这样发达的一个县城，怎么要老师拿出钱来募捐？而且还是强制性的呢?”

在张老师的引导下，记者找到了长沙县教育局的工作人员。对方表示，这完全是上传下达的公务履行，按照文件在执行。“据说是发了文件的，民政局布置到教育局，教育局再布置到各个学校。”张老师在学校也得到了类似的答复。

在长沙县民政局，工作人员说，他们自己也都参加了这个“一天一元捐”活动，的确是民政局发了文件。

民政局的工作人员表示，该项活动得到了县委县政府的同意，“我们是发了文，但我们把文件送交了政府，上面的领导同意，我们才会这样捐的。”

由民政局工作人员的表态可以看出，“一天一元捐”的活动确实有政府背景，也的确是官方组织。那么它的来龙去脉是怎样的？是不是真的成了“强制捐款”？

采访中记者得知，在长沙县，所有捐款、公益事业都由“长沙县慈善会”负责，对于“一天一元捐”活动，慈善会的工作人员首先肯定了目前的强制性，“2004年的时候就有了。政府从去年才开始下文，每天一元钱，365天，干脆提倡我们捐400元，企事业单位员工、干部、教师，都在捐款范围之内。”

而工作人员所说到的这份文件，是由湖南省长沙县委、县政府联合发布的《关于认真组织开展“天天慈善一元捐”活动的通知》，通知中写道：“各级各部门要把‘天天慈善一元捐’活动作为当前的一项政治任务和重要工作，要组织干部，发动群众，完成任务。”

工作人员还表示，捐款的目的就是帮扶贫困。“慈善会在财政局开了一个专户，主要就用在慈善助学、慈善助医、慈善促居等活动上。”

长沙县慈善会会长彭三明在解释这份捐款的意义时说：“全国号召，省里号召，也是市委市政府的号召，号召全体干部职工，还有居民，一起来献爱心。你们老师按道理觉悟是最高的，思想境界也是最高的，也是扶贫帮困的先锋，走在前面，不在乎这三四百块钱吧。”

长沙县慈善会今年1月24日的捐赠公示显示，去年一年，长沙县“天天慈善一元捐”活动到账捐款312万元，其中201万元来自乡镇。

上述案例，就违背了慈善捐助的自愿原则。

强迫别人的人，看似理直气壮，其实未必合理。

例如，不捐或少捐，可能有充分理由，如：企业财政状况不佳，流动资金不多；不相信慈善机构；只是暂时不捐或少捐，以后会捐或多捐；不希望给员工捐款压力；无权批准大额捐助；等等。

而悔捐，也可能有不得已的理由：当时头脑发热过于乐观；公司利润变得不如预期；原先承诺捐款的人突然不捐了；等等。

2008年，“5·12”地震发生当天，中国内地市值最大的房地产公司万科集团总部捐款数目为人民币200万，这遭到了部分网友的质疑。网友在博客上称，才捐200万，这和万科形象不相称。

该公司董事长王石在博客中表示，万科对集团内部慈善的募捐活动中，有条提示，“每次募捐，普通员工的捐款以10元为限”，不要让慈善成为负担，影响个人的生活质量。

就是这么短短一段话，让万科和王石本人陷入一场不小的形象危机当中：万科A的股价从40多元的高位跌到18元；6个交易日内公司市值蒸发 204 亿元；万科的品牌价值比上一年缩水 12.31 亿。

有网民写下如下广为转载的网帖：

小记被万科的王石感动得泪流满面

四川地震来袭，举世震惊，万科集团闻悉后在震灾当天决定以总部名义向灾区人民捐献 200.000000000 万元巨款，金额达到了目不见经传的香港艺人成龙捐款数额的 0.20000000 倍，或一套深圳 100.0000000 平米的房产的售价。或者是 07 年总利润的 0.0450000000000%。至于公司职员的个人捐款，公司正在紧急组织之中，王总向记者表示，他自己的个人捐款保证一定会达到公司规定的 100.0000000 元的上限。

听到王总的保证，记者不禁感动得泪流满面。

作为一个凭着个人的聪明才智跻身亿万富豪俱乐部并多次在富豪榜上有名的成功人士，还有这种心系灾区，与灾区人民同呼吸共患难的高尚品格，无法不让人感到深深的震撼。谁说地产界为富不仁？王总以自己的行动给了我们响亮的回答。其实大家不是很了解王总，很多人误解王总，总以为王总很有钱，在这里我可以负责任地告诉大家，王总其实没有大家想象的那样富有，今年儿子结婚，才请了 290 人办了 30 桌，为了节约总共开销才 400 万不到，婚礼上用的车也不多，限量版奔驰迈凯伦 SLR 才来了 2 台，大家要知道，这种汽车全球有 10 多台啊！这次才来了 2 台，面对孝顺的儿子，王总充满了内疚和自责。

这次四川人民遭受建国以来最大的自然灾害，王总本着再苦不能苦灾民，在穷不能穷灾区的伟大情操，从并不宽裕的资金中拿出 10.000000 巨款捐赠灾区人民，向灾区人民奉献上自己的一片爱心，为了拿出这笔巨款，王总必须要少喝半口酒，少抽半支烟，这对王总来说要忍受多么巨大痛苦啊。

我们王总平时有登峰的爱好，经济负担很重，很不宽裕。你想想：

1999 年 5 月，玉珠峰，海拔 6178 米，登顶，合计花费 256 万。

2000 年 4 月，章子峰，海拔 7143 米，登顶，合计花费 328 万。

2001 年 8 月，慕士塔格峰，海拔 7546 米，登顶，合计花费 365 万。

2002 年 2 月，非洲乞利马扎罗山，海拔 5895 米，登顶，合计花费 240 万。

2002 年 5 月，北美洲麦金利峰，海拔 6194 米，登顶，合计花费 235 万。

2003 年 5 月，珠穆朗玛峰，海拔 8848 米，登顶，合计花费 360 万。

2003 年 12 月，南极最高峰文森峰，海拔 5140 米，登顶，合计花费 205 万。

2004 年 1 月，南美最高峰阿空加瓜峰，海拔 6964 米，登顶，合计花费 226 万。

2004 年 7 月，欧洲最高峰厄尔布鲁士峰，海拔 5642 米，登顶，365 万。

2004 年 7 月，澳洲最高峰科修斯科峰，海拔 2228 米，登顶，合计花费 234 万。

2005 年 4 月，滑雪抵达北极点，合计花费 282 万。

2005 年 12 月，顺利抵达南极点，合计花费 355 万。

2005 年 12 月 24 日，印度尼西亚查亚峰，海拔 5030 米，登顶，合计花费 233 万。

在如此之大的经济负担下，还能持续地对中国这个灾难频发的国家捐款是多么的不容易。王总以爬遍五大州名山的资历用高瞻远瞩的高度用战略性眼光明确指出：中国是个灾害频发的国家，赈灾慈善活动是个常态，企业的捐赠活动应该可持续！

7.8 级的地震超过了唐山大地震是常态。

到现在为止一周不到死难者 2 万之众是常态。

废墟下那些应该笑若阳光灿烂然而此刻冰冷僵硬的小小尸身是常态。

政府举全国全军之力援助灾区是常态。

解放军星夜兼程生死不顾赶赴灾区是常态。

全国各地停止娱乐节目播出 24 小时滚动播出灾区情况是常态。

全国民众踊跃捐助慷慨解囊是常态。

港澳台三地居民纷纷相助是常态。

日本在便利店设置募捐箱是常态。

王永庆先生、邵逸夫先生捐资一亿是常态。

低保户、乞讨者同样加入援助者之列是常态。

谁？还有谁！还有谁能有王总的这种山高我为峰的博大情怀？还有谁还能在这个时候有如此的淡然自定？这些都让我相形见绌，万般思绪千般感慨汇成一句话：爬遍五大洲的人就 tmd 和咱不一样！不仅如此，王总有超出常人的胸襟，就有多数老总无法企及的思想境界，对员工的爱护达到“神”一样的级别，“每次募捐，普通员工的捐款以 10 元为限。其意就是不要慈善成为负担”。全中国给员工发工资的老板海了去了，但是能有几个能像王总这样悉心帮员工捂住钱袋子的？看到这里时，我不禁热泪盈眶，控制不住心中的激动，大声呐喊：让我也成为王总的员工吧！

姓名　职务　报告期内从公司领取的报酬总额（万元）

王石　董事会主席 691 万元

郁亮　董事、总裁 596 万元

丁福源　监事会主席 357 万元

张力　监事 228 万元

刘爱明　执行副总裁 399 万元

丁长峰　执行副总裁 353 万元

解冻　执行副总裁 283 万元

张纪文　执行副总裁 366 万元

莫军　执行副总 331 万元

徐洪舸　执行副总裁 417 万元

肖莉　董事、执行副总裁女 339 万元

王文金　执行副总裁 320 万元

合计——4680 万元

另据透露，在电视台发布了短信捐款的号码后，王总立即放下自己最喜欢喝的轩尼诗人头马，立即拿出手机准备捐款1元，但是由于四川受灾太严重了，导致通信受阻，王总的短信发不出去，为此，王总到现在还在痛心不已。

看着王总那布满慈祥的面孔，我久久无语，我为中国培养出了这样拥有博大心怀和充满爱心的老总而自豪，对这只求付出不求回报的伟大人格我感到自惭形秽，万科是好样的，王总更是好样的！为了回报王总和万科这样优秀的、充满了人世间最伟大的社会责任感的企业和企业家，我们除了连夜排队认购万科的精品房产才还能做什么呢，我们一定要用我们自己的行动让王总感到欣慰，让万科因为这次捐赠遭受到的巨大经济损失减小到最低。

上述网帖，就对王石进行了反语式的嘲讽，有一些强迫的味道。

2008年，汶川地震后，篮球明星姚明的捐款额度也曾受到指责，受到不应有的逼捐压力。

姚明先是以个人名义捐款50万元。此消息一出，引发了相当多的网友热议，很多人认为，以姚明的财富，不应该只捐50万元。但是这些网友们忽略了一点，姚之队表示，50万元只是救灾款，姚明还要捐“重建款”。

第二天，媒体报道姚明通过红十字会外币账户捐款21.4万美元，捐款总额达到了200万人民币，并承诺会竭尽全力帮助灾区重建。而这200万元也只是开始，他还将在美国发起赈灾募捐活动，以支援灾区人民。

但是没有想到，这个时候在网络上流传起一些传言，称“在2005年美国新奥尔良飓风肆虐期间，姚明曾经捐过100万美元”。只因为有了比较，使得姚明捐赠灾区200万元也成为了被指责的理由。

姚之队负责人立即澄清：“网上所谓的姚明在飓风中的100万美元的捐款是子虚乌有的事情，姚明当时是参加休斯敦火箭队组织的队内捐款，而据我所知当时火箭全队的捐款都没有达到100万美元！”

青海玉树大地震之后，网上出现一个“国际铁公鸡排行榜”：

青海玉树大地震出现的国际铁公鸡排行榜

1. 三星　0

2. 诺基亚　0

3. 大金　0

4. LV　0

5. 可口可乐　0

6. 麦当劳　0

7. 肯德基　0

8. 丰田　0

9. GUCCI　0

10. LG　0

通报这些公司让大家记住，不是让大家去消费，而是要铭记心中：这是没有良心的企业！是中国人就不要给他们赚!!

以后喝王老吉、昆仑山（捐款 1.1 亿），存钱到工商（8726 万），还是用移动（5820 万），买电器到苏宁（5000 万），买保险买平安（3500 万），喝白酒喝泸洲老窖（3000 万），DVD 买步步高（2500 万），买药修正牌（2500 万），上网用 QQ（2000 万），运动服穿李宁（1249 万），电脑买联想（1000 万），开车开比亚迪（1300 万）……

关键时候，才看出来谁是自己人。

台湾是中国领土不可分割的一部分，台塑集团（1 亿），富士康科技（6000 万），台湾鸿海集团（6000 万），台湾润泰大润发（5000 万）……

关键时候，才懂得血浓于水。

支持国企，就是帮助自己，就是发展国家经济。

举例：如果大家都买联想，联想将在 5 年内超越 IBM、戴尔，如果大家都去苏宁，苏宁将在 5 年内超越家乐福沃尔玛，如果大家都买比亚迪，比亚迪将在 5 年内超越大众丰田，如果大家都买海尔，海尔将在 5 年内超越飞利浦，如果……你……中国……就……能……

中国人无所不能！

我们把那些国外牌子捧红了，养肥了，TMD，回头都成了喂不熟的狗了！

虽然上述网帖，出发点是好的（希望更多捐款），但客观上违背“尊重自愿”的慈善精神。

带有强迫性的募捐，的确可以带动捐助金额的上升（激发新的慈善捐赠），但会给被迫捐助者造成无形的伤害，违背“尊重自愿”的慈善精神。

新浪微博@二号首长黄晓阳曾经表示：“建议媒体不要公布企业或个人捐款情况。捐赠是一种量力而行的慈善，而不是道德绑架。这样公布，没捐者或者捐少者情何以堪？目前的搞法，于社会，是一种暴力慈善，于企业，变成了广告慈善。整个社会，在张扬利我而不是利他，善心的舞台，表演着人性的劣性。”

就压力而言，明言呼吁捐助的“显性募捐”给受众造成的压力，比“隐性募捐”造成的压力，明显更大。

在大学的公告栏，在小学的教室门口墙上，有过写有姓名、金额的捐款情况汇总公示。这是一种体现“信息透明”的做法，但也会给没捐款或捐款较少者造成一种不应有的压力。如果在公示纸上，加注“尊重自愿，量力而行”、“金额多少无关爱心大小”之类的文字，则可在一定程度上消解这种压力，减少“逼捐”的成分。

某些评论、批评，则违背慈善的自愿原则、非强制原则。

2012 年 6 月 11 日，央视著名主持人崔永元参加以“乡村教师培训公益活动”为主题的微博访谈，他在微博中写道：“崔永元公益基金第六期乡村教师培训八月培训 100 名湖南乡村教师。为此，湖南省教育厅回复：不反对、不支持、不参与。我们非常愤怒，在此正式评价湖南省教育厅：不努力、不作为、不要脸！”“代表湖南省教育厅回复的是教育厅办公室的王俊良同志，这次，请别拿临时工说事儿。”崔永元的这个表态，就有违背“尊重自愿”慈善精神的嫌疑：对教育厅，可以申请其支持，但不能强制其支持。

第三节　信息透明原则

所谓信息透明，就是“有关信息明明白白，不但及时公开，而且方便查询”。

信息透明，是慈善传播的第三原则。但是，捐助人要求保密的信息（如姓名、捐助金额）和受捐者的隐私信息[①]，不必遵循这个原则（图 4－1 的捐赠委托书未公布捐赠人姓名）。

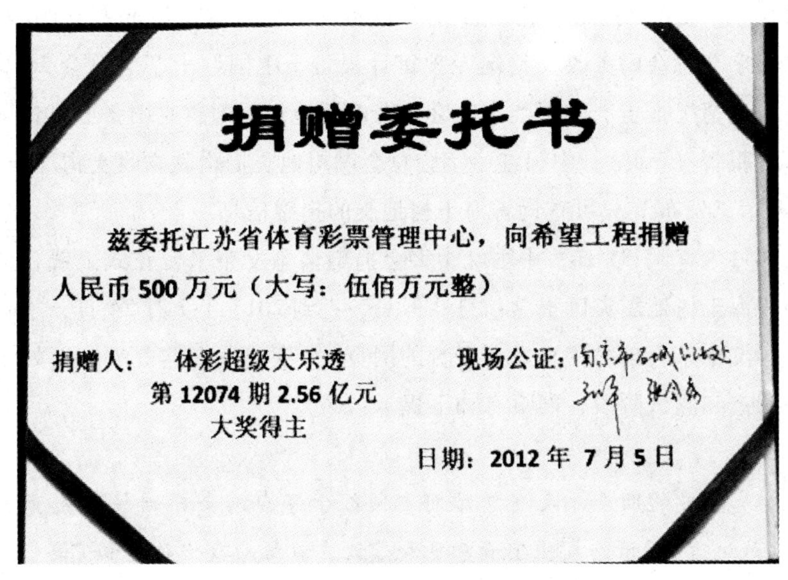

捐赠委托书

兹委托江苏省体育彩票管理中心，向希望工程捐赠人民币 500 万元（大写：伍佰万元整）

捐赠人：　体彩超级大乐透
第 12074 期 2.56 亿元
大奖得主

现场公证：南京市石城公证处

日期：2012 年 7 月 5 日

图 4－1　体彩大奖得主的捐赠委托书

建立信任是慈善传播的首要目标。慈善传播获得较好的传播效果，离不开信任机制的有效运转。信任机制存在于慈善传播的各个环节。不同类型的慈善传播，有其不同的信任机制。慈善传播的信任机制，涉及伦理表现、法律规范、技巧运用、传者公信力、受众个性、传播内容透明度等多个方面。其中，“信息透明”是建立信任、重建信任的关键一环。

近年来，中国的慈善捐赠规模快速增长，中国国内慈善事业信息公开的步伐虽然越迈越大，但与公众的期待相比，仍有很大的差距。

中民慈善捐助信息中心发布的《2010 年度中国慈善透明报告》显示，完全不披露和仅少量披露慈善机构负责人、团队背景、项目资金使用情况、办公行政成本比例等信息的慈善组织，比例高达 75%。

① 在某些情况下（如因病募捐），多公布一些隐私信息，“以隐私换捐助”，有助于获得较好的募捐效果。

笔者2013年7月24日登录中国红十字会总会网站，发现首页的“捐赠信息查询平台”只可查询2010年1月11日以来向中国红十字会总会捐赠的信息，其“信息公开”频道包含两个方面内容：一是“财务收支审计报告”，二是“捐赠信息发布”。“财务收支审计报告”包括2010年中国红十字会总会财务收支情况专项审计报告、中国红十字会总会2010年财务收支情况报告、中国红十字会总会汶川地震捐赠款物财务收支情况专项审计报告（5页）、中国红十字会总会汶川地震捐赠款物收支情况报告。“捐赠信息发布”只可查询青海玉树地震的捐赠信息。

2011年7月31日，中国红十字会捐赠信息发布平台正式上线，首次公布青海玉树地震灾区捐款信息。但是，直到2013年7月24日，笔者登录中国红十字会捐赠信息发布平台的网页[①]，依然发现这个平台还处于试运行状态和测试阶段，网页有如下提示：

> 亲爱的朋友，欢迎您访问中国红十字会总会捐赠信息发布平台（试运行）。请您提出宝贵意见和建议，以帮助我们改进和完善。
>
> 1. 本平台可通过捐赠人姓名（或机构名称）查询2010年1月11日以来向中国红十字会总会捐赠的信息。如果您通过中国红十字基金会或地方红十字会捐款，因为还未实现全国联网，所以在本系统暂时还无法查询，如有需要，请您向捐款接收方查询。
>
> 2. 本平台首次发布青海玉树地震捐款的收支使用情况。捐款50万元以上的单位和10万元以上的个人，还可通过本平台获知对应的援建项目情况。其余捐款亦统筹用于灾区紧急救援、社会救助和重建项目，目前还未能做到与每个捐款人一一对应，请您谅解。
>
> 3. 本系统还处于测试阶段，我们将认真听取您的意见和建议，对捐赠信息发布系统进行修改和完善，逐渐丰富发布内容。

显而易见，中国红十字会目前的信息公开状况，与其悠久的历史、接受捐赠的规模极不相称，难以满足公众的慈善信息需求。《2010年度中国

① 网址 http：//fabu. redcross. org. cn。

慈善透明报告》显示，逾半数受访公众会经常捐款捐物，但近九成受访者表示从未收到过慈善机构的信息反馈。

日本红十字会网站每天都会公布赈灾捐款的最新数字。比如，截至 2011 年 7 月 4 日，共收到 239 万多项通过银行汇来的捐款，金额是 2594 亿 287 万 5483 日元（100 日元约合 8 元人民币）。①

北京师范大学壹基金公益研究院院长王振耀认为，慈善公益事业的信息传播，通常经历三个阶段，一是公布捐款数量；二是公布捐款运用的进展，并向捐款人及时反馈；三是信息的分类、加工，生产出相应的信息产品。"现在中国的基金会有一部分到了第一个阶段，很少有基金会可以做到第二阶段。"

正如王振耀说的那样："慈善信息公开不是小事，它关系着慈善作为公共服务的标准和体系变革的问题。"《中国慈善事业发展指导纲要（2011～2015）》明确提出："推行慈善信息公开透明制度，完善捐赠款物使用的追踪、反馈和公示制度。"

慈善信息为什么要透明传播？

一是为了满足慈善人士和受助人士的信息需求，这也是维护慈善机构公信力的需要。

二是为了防止慈善领域的腐败行为或渎职行为，防止慈善用途的款物被贪污、侵占、挪用、闲置、浪费。

"阳光是最好的防腐剂。"这句话，不仅适用于政府行政领域，而且适用于慈善领域。

昆明红十字会常务副会长阮姮公款购物、玩乐，温州市红十字会出纳陈某在 5 年里挪用公款 126 万余元……倘若有充分的信息公开，类似事件可能就不会发生。

中民慈善捐助信息中心副主任刘佑平指出，信息透明是慈善组织的生命力，只有信息充分公开，才能维护公众对慈善的信任与信心。②

---

① 此段引自《海外红十字会是这样运作的》（作者不详），刊于《都市快报》2011 年 7 月 12 日 B05 版。

② 叶锋、周婷玉、胡浩：《中国式慈善：透明为何这么难?》，新华网，http://news.xinhuanet.com/society/2011-08/07/c_121824242.htm。

慈善信息不透明的后果是：容易滋生腐败，难获公众信任。

因为有了“郭美美”炫富等一系列慈善事件，公众对慈善机构的透明度高度期待。

慈善信息应该如何透明传播？不妨借鉴一下香港、台湾地区和国外的相关经验。

据香港红十字会秘书长陈启明介绍[①]，该组织的捐款信息是这样传播的：

> 慈善者捐的钱用在哪里，香港红十字会都会有详细的交代，不是简单地向公众说，而是必须向捐款者说，会给数额较大的捐赠者做文字图片和财务运用的报告，而无论数额大小的捐赠者，均可参加红十字会组织的探访团去察看项目的实际运作情况。
>
> 财政公开透明，每个市民都可以通过香港红十字会网页了解善款的使用流向，或以电话查询其个人的捐款状况。一般来说，除匿名投入捐款箱者外，捐款者都能在捐款一星期后甚至更短的时间查到其个人捐款记录；但要是遇到重大灾难引至大量捐款涌入，则会需要较长时间。
>
> 慈善机构须在筹款活动后90日内在网页、年报、通讯或发给会员的特别通告刊载活动的审计报告，并保存相关文件供公众查阅等。

2011年11月28日，《福布斯》中文版首次推出“中国最透明的25家基金会”榜单，上海真爱梦想公益基金会[②]（下简称“真爱”）排名第一。下面是《时代周报》对“真爱”的介绍。[③]

> 得知“真爱”在“最透明基金会”榜单中排名第一后，“真爱”

① 刘秋伟：《每一笔资金都受监督——香港红十字会让“口袋”公开透明》，《深圳特区报》2011年8月25日A23版。

② “真爱”官方网址 http：//www. adream. org。

③ “真爱”案例文字引自龙婧的《红十字基金会入选“最透明基金”遭质疑》，刊于《时代周报》，详见 http：//time - weekly. com/story/2011 - 12 - 08/121063. html。

理事长潘江雪写了一封邮件发给员工和几千名捐赠者。在信中，她写道："透明本身不是公益的目的，而通过透明披露和高效的执行获得捐赠的持续的信任与支持。"

在潘江雪眼中，"透明"并不是特意去考虑的问题，基金会的运作方式注定了这个透明结果。

注册真爱梦想公益基金会之前，潘江雪等人一直在西部进行一对一助学活动，助学进行 7 年后，他们发现，随着国家在九年制义务教育方面力度和西部投入的加大，西部孩子上学和学校这些硬件变得不再是难题。难题在于，学校的软件太差，小孩眼界有限。于是，他们决定做一个"梦想中心"——使无论是偏远乡村的孩子，还是城市农民工的子女，都能够基于自我意识的觉醒，探索更广阔的世界和更多的人生可能性。

2007 年 9 月，潘江雪和合作伙伴吴冲、王吉绯等在香港注册了"真爱梦想"非营利性组织，注册资金 300 万港币来自于他们的私人财产。而理事会的人员，基本上是金融机构和上市公司的专业管理人员。

1 个月后，1 号"梦想中心"和 2 号"梦想中心"在阿坝州马尔康县中心小学和康山九年一贯制学校正式开工兴建。

……

最初都是自己的钱，加上做金融的出身。从一开始，基金会就有随手记录的习惯，每天做了什么事情，花了什么钱，都会记录下来，每个月再做成月报。但也正是这种习惯导致了他们跟最初的合作方"希望工程"分手。

希望工程觉得"真爱"太麻烦，一个凳子一个椅子都要记账，增加了他们的审计难度；而"真爱"这方则觉得，"希望工程"的活太粗糙，而且他们一直热衷于建希望小学，这已经跟不上时代。"我给他们说，现在硬件上去了，好多希望小学都废弃成猪圈了"，潘江雪说。但对方回答他，他们就是要建。潘江雪说，几个月后，双方分手。

但"希望工程"拒绝把"真爱"的钱归还，他们的理由是，"真爱"在内地并没有注册，无法退还。"如果我们没注册，我们的钱只能拿去建希望小学，直到花光为止"，潘江雪说。这逼得他们在上海寻找注册。跟民政局官员面谈的那天，正好是 2008 年 5 月 12 日，谈完出来，潘江雪发现所有的人都因为发生在四川的大地震而跑到了大街上。

……

“真爱梦想”在救灾中的梦想打动了民政局的官员，在 2008 年 5 月 28 日，他们拿到允许注册的批文。

2008 年 8 月份，基金会正式成立。潘江雪和吴冲做的第一件事情，花钱外聘了财务总监，帮他们监管资金。“这是我们干金融这行的习惯，我想都没想过不去这样做”，潘江雪说。这其实并没有什么新鲜，他们所做的，只不过是把商业模式引进基金会中。随后，他们又聘请了一个亚洲著名律所的合伙人做他们的法律顾问，以规避法律上的风险。

在金融机构时的商业模式也被引入了基金会中，理事会建立一系列标准化的流程控制系统，2010 年时，他们建立了 TOR（Termofrefernce）系统和时间计划表系统，而 2011 年，他们又开始建立各部门关键业务程序标准。而在 2010 年，他们参照上市公司的标准，发布了年度报告。

“东西一旦规范化了，自然就透明多了”，潘江雪说。这让很多捐款者都跟他们有了二次合作的机会，在他们的统计中，差不多一半的捐赠人都会二次捐赠。他们的梦想中心，也呈几何复制。2008 年，12 家梦想中心建成；2009 年是 51 家，2010 年是 169 家，2011 年，将达到 400 家。

他们还成立了投资者关系部门，作为捐赠者，在“真爱梦想”享有的权利是他所捐赠的梦想中心的竣工报告，每个月一次的工作月报，以及梦想中心的运营报告。到了年报发布时，捐赠人代表还会被邀请参加发布会。

在这次福布斯的透明度评选上，100 分的满分，真爱基金得了 97 分。失去的 3 分在日常事项披露情况和披露机制/渠道/频次两个项目上。为此，真爱基金特意开了一个会找原因，最后 IT 部门作了检讨。

潘江雪解释，他们日常实行披露其实很频繁，基本是有事情都往上面发一条，但这也导致了东西过于琐碎，很多人反映资料不太好找，而且由于内容太多，很快服务器就被撑爆了。“我们因此就对内容进行了删减，删除了一部分以减轻服务器的负担”，潘江雪说。他们也尝试过改版，但因为网站改版需要钱，为了节省资金，他们只有找志愿者来做，因此一拖再拖。

嫣然天使基金是由李亚鹏、王菲夫妇捐款发起，并在中国红十字基金会的支持和管理下，为救助贫困家庭的唇腭裂患者而设立的专项公益基金。为确保资助工作规范、公开、透明，嫣然天使基金不但在官方网站[①]开辟专门栏目介绍“申请方式”[②]，并提供“已救助患儿名单”、“资助申请表下载”、“联系我们”等链接。

图4－2　嫣然天使基金官方网站首页

实际上，不是只有慈善机构才需要“信息透明”。

私人性质的慈善募捐，也应当做到“信息透明”（公开受助者情况、款物收支情况等信息）——这既是为了提升募捐效果的需要，也是公众行使知情权和监督权的需要。

---

① 嫣然天使基金网址 http://new.crcf.org.cn/special/Yanran。

② 包括资助对象、资助原则、申请程序、体检报告、审批程序、治疗程序、特别约定等内容。

第四节 人文关怀原则

所谓人文关怀，是指一种反对宗教蒙昧主义对人性的残害，主张恢复人的自然本性，提倡关怀人、尊重人和以人为中心的一种进步的文化思潮。它起源于14~16世纪欧洲文艺复兴时期的人文主义，其外在形态虽几经变化，但核心内容依然是肯定人性的价值、意义和人的主体性，包括对人的生存状况及历史境遇的关注和对人的尊严、价值及对人类解放与自由的追求。因此，人文关怀也被誉为人类苦难的“温柔抚摸者”。[①]

在《西方人文主义传统》一书中，阿伦·布洛克指出，人文主义的范畴与内涵随时代、地域而不断发展，但始终坚持两个核心不变。第一，人文主义以人和人的经验为关注对象；第二，尊重人的尊严，因为每个人都是有尊严、有价值、拥有权利的，无论弱者、强者。[②]

2011年2月3日凌晨，台湾地区领导人马英九在法鼓山参与撞钟祈福表示，有善心布施者，更要注意受赠者的尊严。[③]

与“人文关怀”相对的，是“对人格尊严的践踏”、“对人的伤害和二次伤害”。

高红樱在《慈善、公益晚会中失落的人文关怀》一文写道：

> 2007年初始，慈善、公益在中国仿佛一夜之间在各大媒体变成了一种时尚。先是中央电视台二套的“春暖2007”24小时连续滚动播出，之后是民政部2006年度“中华慈善奖”于2007年3月18日正式揭晓，后来是各类公益晚会陆续登场，令人应接不暇。

---

① 莫凡：《试论灾难报道中的人文关怀》，《新闻界》2006年第1期。

② 孙丽萍：《人文关怀精神对大众传媒的影响和意义》，《新闻大学》2001年第2期。

③ 引自中评社台北2月4日电《马英九：慈善更要注意受赠者尊严》，详见 http://gb.chinareviewnews.com/doc/1015/8/9/5/101589535.html?coluid=46&kindid=0&docid=101589535&mdate=0204085750。

如果说“春暖2007”除了展示毫无筛选的贫穷与落后以外，总体上说还是正常进行的，晚会体现了对贫困的关怀与扶助。而“中华慈善奖”颁奖晚会则自始至终就是人文关怀的错位，开始是高龄老人从台下颤颤巍巍的上台，既没有人陪伴，也没有人引导。随着晚会的进行，维族老人根本不懂汉语，却端坐在现场近两个小时，没有翻译，没有解说为他服务。天生没有肛门的汉族小女孩得到救助的同时，也从一种毫无仁慈的方式知道了自己与普通人的不一样，在主持人的“教唆”下，她还不得不深一脚浅一脚的跳新疆舞，以感谢大家的“慈善”。

慈善，不但是一个闪光的词汇，更是一个温暖的词汇，摄人心魄的词汇。任何以慈善的名义筹办的公益晚会更应该加倍地周到、谨慎，以便于把慈善落实到细节，贯穿在始终。

在各类救灾、抗洪等公益晚会上，我们是要缅怀先烈，慰问他们的家人，但是，如果家属不自愿出席晚会就没有必要为了现场的需要、为了节目的需要而说服家属出席。很多时候，家属被硬性说服的出席本身就是栏目人文关怀的缺席。试想一下，晚会现场的歌声还不至于引起逝者家人的心理波动，但那些令观众捧腹的小品则会令他们欲哭不得、欲笑不能。他们还沉浸在失去亲人的痛苦之中，欢乐何来，又哪能笑得出来，那强迫他们参加晚会的意义何在？慈善首先要仁慈，仁慈是发自内心的普适的善良，它会让任何人受用，尤其是那些心灵需要抚慰的人。如果各类慈善、公益晚会不能首先从仁慈的角度出发，不是对人文关怀的漠视，就是人性、良知的缺失。

记得第十三届中国十大杰出青年残疾人和志刚在接受《面对面》栏目采访的时候说过这样的话：当同时获奖的人拿起手中的奖杯高高地举过头顶，向广大观众挥手致意的时候，只有他因为没有双臂，尴尬地站在那里，他无法像其他获奖者一样展示他的骄傲、他的感激、他的欣喜。在他最高兴的时候，也成了他最痛苦的时候。听了这句话，也许并没有太多的人在意，但是，如果晚会主办方事先考虑到这种情况，和其他领奖的人沟通一下，那么完全可以

> 换一种致意的方式，一种和志刚也能够融入、加盟的方式，该是多么的仁慈！感动中国首先要从温暖身边的人做起。和志刚的尴尬早已随着晚会的结束远去了，但是留在他和观众心里的恐怕是永远的遗憾了。

上文虽然发表在《声屏世界》2007 年第 10 期，但此后举行的一些慈善晚会，依然存在“缺失人文关怀”的类似问题（邀请灾民在慈善晚会回忆述说亲友遇难的伤心事）。

慈善传播过程中的人文关怀，包含对受助人尊严、自尊心的护佑。但是，一些慈善救助活动，恰恰在伤害受助人的尊严、自尊心。

《中国教育报》2012 年 8 月 9 日第 2 版刊出文章《资助方式欠妥，会伤害学生的自尊心——让贫困生有尊严地受助》，作者胡乐彪在其中写道：

> 宽大醒目的会标、高高的主席台下，站着一排手捧资助金的学生。此时，在台下等候多时的记者一拥而上，摄像机开始“嗞嗞”运转，照相机则“咔嚓、咔嚓”响个不停……然而，很少有人注意到，在受助学生中，有几个却始终低着头。
>
> 这是笔者近日在某校举办的困难学生资助仪式上看到的一幕。其实，类似场面并不鲜见。媒体往往对受助者的困难状况作出“原生态”的报道，学生的家庭情况、生活细节都毫无遮掩地暴露在媒体上。岂不知，这种报道让学生在得到关注和资助的同时，也背负上沉重的思想包袱，有些甚至对捐赠者和媒体产生对抗心理。当笔者询问一位受助者的感受时，他说：“我很反感这样的捐助形式，因为镜头让我们的窘境‘一览无余’。”
>
> 对困难学生的救助或资助，原本是好事，但如果方式欠妥，就会伤害学生的自尊心，给他们的心灵蒙上一层阴影。笔者认为，很多家庭困难学生心理十分脆弱，生怕别人看不起。因此，当我们献出爱心资助学生时，一定要换位思考，充分考虑到受助者的感受，采取灵活的资助形式，尊重他们的隐私、维护他们的自尊心。

2008年9月11日，《无锡日报》刊文[1]呼吁“助学莫伤贫困生尊严”：

最近，锡山区某企业为今年考上大学的贫困生发放“助学红包”，但遭到两名学生的“婉拒”，理由是他们不愿再像过去一样，被主办方拍照挂在橱窗里，作为这家企业炫耀扶贫帮困政绩的“道具”。更重要的是，他们承担不了由此产生的无形的精神压力和心理上的阴影。贫困生不愿多“露脸”，其实只是为了做一个和其他同学无异的“普通人”。因为，有的贫困生得到资助的情况一旦被公开，甚至上电视或报纸，有意或无意中会影响到他们的正常生活：很容易产生自卑心理、性格变得孤僻、不敢正常消费等等。因此，使人们原来资助贫困生的美好愿望“变味”，也使贫困生缺少自信和自励。

事实上，让每一个学生上得起学，不仅是政府的郑重承诺，更是全社会的责任。一些企业在做这种雪中送炭的事情时，或许是出于“宣传”的需要，喜欢热热闹闹地搞一些捐款助学仪式，为企业扩大社会影响造势，这本无可厚非。殊不知这种做法，如果方法不当，可能在无意中伤害贫困生的尊严，并造成贫困生与其他学生人格上的不平等，使他们拒绝接受“嗟来之食”。

新学期开学前后，正是各类捐款助学仪式较多举办之时，除非是双方事先有所约定，建议企业在力所能及地资助贫困生时，尽量多考虑贫困生的“脸面”，少考虑自身的“脸面”。避免因为爱心方式的不当，而给贫困生的伤口上“撒盐”。尊重贫困生的人格，呵护他们的健康成长，还是让贫困生少“露脸”为好。

从“人文关怀”的角度出发，在向贫困人群发放捐助时，可以拍摄其背面，应当避免拍摄受助者正面。若拍摄捐助活动的合影或摄像，应该将受助者的脸部做“使其不可被辨认”处理（如加马赛克或眼镜部位加

---

① 东流：《助学莫伤贫困生尊严》，详见 http：//www. wxrb. com/zt/2007lxsp/2007lxsp_thsd/200809/t20080911_ 305553. htm。

黑条)。对受助者的过度采访、隐私披露，也是与“人文关怀”相悖的。

光明网曾刊文呼吁“让贫困大学生有尊严地接受救助”[①]：

> 有些不恰当的助学方法，虽然救了大学生的贫，却伤了他们的心。……最近在某高校，每位想申请助学贷款的贫困生都必须当着老师和同学的面，陈述自家的贫困状况。为了避免尴尬，一些家境不好的学生只得放弃申请贷款。有的贫困生宁愿四处举债，也不愿意接受社会资助。他们像保护“隐私”一样保护着自己的“贫穷”，惟恐因为贫困而在众人的视线里曝光，成为同学中的“另类”。有的地方搞爱心助学，爱心捐款，轰轰烈烈，又是上报纸，又是拍电视，搞得“地球人都知道”，一点也不考虑贫困生的感受。有的学校在给贫困生发放救助物资时统一样式，买同样的衣服，发同样的生活用品，就像在给贫困生贴“标签”，效果适得其反。李老师说，现在一提贫困生不愿走“绿色通道”，就说他们自卑，怕被人瞧不起。

其实，对受助者，可以采取一种“隐形补助”的方式：不在活动现场发现金或红包，而是通过银行转账的方式将现金发到贫困学子手中。“隐形补助”使捐助者不声不响地达到了目的，受助者也在人格、尊严乃至心理未受到任何伤害的情况下，解决了实际困难，获得了社会关爱。[②]如果是发放衣物、书包等物品，可以采购与常人物品无明显差别的物品。

当然，慈善传播的人文关怀，既体现在受助者方面，又体现在捐助者方面。

逼捐、迫捐，未经许可克扣工资用作捐助，在缺乏证据的情况下轻率地质疑捐助者，刻薄地批评捐助者，都是违背慈善精神的，也是违背“人文关怀”原则的。

慈善传播的“人文关怀”，还体现在对捐助者的“包容、不苛求完美”，体现在对捐助者的尊重（例如：不强求其晒“捐赠发票”）。

---

① 详见 http：//www.chsi.com.cn/gjzxdk/news/201006/20100605/113372904.html。

② 引自《慈善报道应多一点换位思考》（作者刘红），详见 http：//media.people.com.cn/GB/22114/86916/86917/7308239.html。

2010年3月12日，全国政协委员杨澜和全国道德模范陈光标一起做客某网站，两人就中国慈善事业的现状和问题发表了看法。针对章子怡"诈捐门"事件导致慈善公益事业引起的广泛关注，杨澜表示大家应该对做慈善的人更加宽容，陈光标也直言媒体2009年对章子怡和余秋雨涉嫌诈捐的报道是"对中国慈善事业的打击"。陈光标表示，中国的慈善事业正处在摸着石头过河的阶段，很多企业家想做慈善却不知道怎么做，他说："（我们）做了以后怕做不好，怕媒体曝光，所以我们慈善制度正在逐步完善的时候，慈善事业需要包容、支持、理解、微笑、多给点掌声，这样对未来慈善的立法，制度化、法制化上台阶、上水平，才有推动作用。"①

汪小菲是"俏江南"集团创始人张兰的独子，在2011年3月22日与台湾艺人徐熙媛（大S）举行婚礼。大S和汪小菲宣布，礼金全部捐给日本地震灾区，但被质疑。4月19日，有网友微博爆料，称在北京"俏江南"遇见几人打出横幅"求大汪婚礼礼金捐款发票"。4月22日凌晨，汪小菲在自己的博客晒出了两张捐款总额为300万的发票，作为对质疑的回应。两张发票均显示捐款日期为3月28日。

汪小菲在这篇题为"为什么发票比捐款还重要"的博文中②写道：

> 刚刚回到北京，离家快一个月了，非常想念，让我想起当年自己在国外上学时那种思乡的情绪。可这次回来总感觉和十几年前不一样了。空气里弥漫着一点复杂的味道，可能是我的心情吧。
>
> 既然有些朋友好奇，那我就和大家分享一下关于捐款的事情。到底是捐款做事重要，还是发票重要呢？第一，所有的捐款都是我俩的一点心意，不是偷来、抢来的。我们只是想默默地捐出，作一点点贡献。礼金也是朋友的一点心意，我想他们也很支持我们的做法。这个决定也是我俩当晚临时作出的。之前也没有通知

---

① 引自中新网报道《陈光标：对章子怡余秋雨诈捐的报道打击慈善事业》，详见 http：//www. chinanews. com/yl/yl - yrfc/news/2010/03 - 12/2166675. shtml。

② 详见 http：//blog. sina. com. cn/s/blog_ 4aaaada10100qb3d. html。

大家我们要收礼金。第二，所有的捐款在我们婚后第一周也就是三月二十八号就已经捐赠给了上海的慈善基金，作为给日本、云南灾后重建作一点贡献。第三，礼金不足三百万，我们也自己拿出来一部分来凑个整数。把发票拿出来并不是我们的初衷，本想默默地把事做了，达到捐赠做慈善的目的。但还是有一些朋友做出了一些过激的行为逼着我们拿出发票。还是那句话，这是我们自己的事情，钱不是骗来的、偷来的。仅代表我们的一点爱心。做实事比拿发票更重要！

上海市接受公益性救济性捐赠专用票据

收据联

(2008)No. 00235151

汪小菲 110105198106271511

2011 年 3 月 28 日

捐赠款 1000000000

¥1000000000

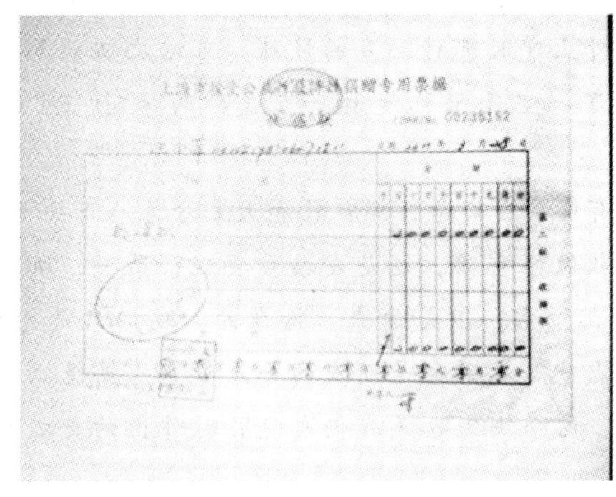
上海市接受公益性救济性捐赠专用票据

(2008)No. 00235152

图 4-3 汪小菲贴出的捐款发票

显然，一些人对汪小菲夫妇的质疑，伤了汪小菲的心，这是有违“人文关怀”原则的。

第五节　公益非营利原则

慈善营销中的慈善部分，不得以营利[①]为目的。

慈善机构可以投资经营，但投资所得须用于慈善目的。红十字商会的存在，是可以的，但其所得利润，应该用于慈善用途。很多慈善基金会，为了让慈善基金保值增值，会做较为稳健的投资，所得利润完全用于慈善用途。

慈善募捐所得，必须用于慈善用途，不得挪作他用，多余部分应捐出或退回捐助者。

慈善传播也必须遵循公益原则、非营利原则。当募捐所得已经达到所需金额，就应立即发出暂停通知，暂停募捐，暂停接收捐助。

有些慈善传播，只是为了作秀，这就背离了“公益原则”。

强制性的逼捐和“苛捐”，也违背慈善精神，与“公益原则”相悖。

有些慈善传播（如职业乞丐的乞讨），只是为了获得不当得利（并非是为了扶贫济困），就违背非营利原则了。

2013 年 6 月 2 日，《现代快报》A19 版刊登报道《这名地铁乞丐“月薪”过万在南京有房香港都去过几回了》，其中写道：

> 今年乘客针对地铁的投诉，九成与乞讨有关。根据《南京市轨道交通管理条例》，地铁内严禁乞讨，从 2009 年至今，地保办执法大队共处理乞讨行为 10269 起。地铁部门调查统计，80% 都属于“职业乞讨”，这些乞讨者家庭并不贫困，现场检查他们的随身物品，曾发现有港澳通行证、护照、高档手机等。
>
> ……

① 按照国际惯例，对于 NPO（Non-Profit-Organization，非营利组织）的界定，最重要的一条就是不得以追求利润为目的，也就是说 NPO 不得“牟利”，即“非营利”。“营利”就是“谋利”，以赚钱为目的，未必赚到钱；“盈利”近义词是“红利、盈余”，反义词是“亏本、亏损”，“盈利”即“收支相减之后的盈余”。

据介绍，地铁部门曾与公益组织合作，来帮助这些乞讨人员。但是在对他们进行调查时发现，其中80%的乞讨者家庭并不贫困，家中有劳动力，可以找份正当的工作。

现代快报记者了解到，这些职业乞讨者都是买票进站，成本只需2~4元钱，地铁有57个车站，80多列列车，以一号线为例，迈皋桥站到奥体中心，单趟半小时左右，每列车6节车厢。如果一节车厢能讨到2块钱，他一天“工作”8小时，一个月“工作”26天，月收入就是4992元，而且不用交税。

……

1.“身患重病”？装的！

视频中，新街口站24号口，一名女乞丐躺在地上，盖着被子，额头上覆着毛巾，看上去大病在身，边上还跪着一名女子，她说：“朋友病重，没钱治病了，需要大家帮助。”但让人吃惊的是，地保办工作人员一到跟前，“重病”女子就麻利地坐了起来，收拾行李走开了。

李斌（南京市地铁交通设施保护办公室第五中队中队长）：乞讨人并没有生病，一过去她就可以站起来，身体是健康的。

2. 弹琴乞讨，盲人不盲

在视频中，一位老人自称盲人，靠弹琴乞讨。可是，当执法人员快速走近他的时候，他自己站了起来，说了一声“对不起”就走了。

李斌：从这个画面可以看到，我们当时离他很远，大概有十米左右的距离，我们没有和他说话，他自己就站起来离开了，他并不是盲人，完全看得见。

3. 揣着港澳通行证和护照

这是一张很年轻的面孔，腿部有残疾，用手代替腿，撑着向前走，手上还拿着个罐子，不停地晃着，钢镚在里面发出哗啦啦的声音。可是让大家大跌眼镜的是，一检查他的随身物品，不仅有港澳通行证，还有护照。更夸张的是，面对执法人员，他爬起来“健步如飞”。

李斌：港澳通行证是一本旧的，已经换过一次了，就是说他香港去过好多回了。我们也作了调查，他家人和他自己都承认，家里面确实比较富裕，在南京是有房的，据他说有两套，一天不停地乞讨的话，收入大概在1000块钱。而且，他可以正常行走，就是有点跛。

2011年2月16日，《贵州都市报》刊登题为《“乞丐”回乡直奔“别墅”》[①] 的报道，其中写道：

当垭玛乡的唐斗们乡长把记者带到牛红村朱建夫家时，记者顿时被眼前的房子吓了一跳。眼前一栋几乎可称得上别墅的建筑，让人实在难与带着女儿在贵阳乞讨的朱建夫夫妇联系起来。被粉刷成天蓝色的两层小楼，盖着漂亮的琉璃瓦，深红色瓷砖镶嵌的大门安装着牢固的防盗门。与四周的泥坯房相比，整栋小楼与这个贫困的村庄显得有些格格不入，一些村民认为这就是一栋“小别墅”。

……

记者从门缝里看到，朱建夫家里有实木沙发、电视等家具家电，地板也拖得干干净净，并不比城里人生活得差。

谈及她带到贵阳的那个可爱的小女孩朱燕夫（化名）时，朱建夫有些羞愧地说：“打工去了！”村干部告诉记者，垭玛的小学已经开学，应该是已经读书去了。对于家里的房子，朱建夫说：“花了八九万，但是都是贷的款。”

记者向村支书朱德光求证朱建夫家在当地算不算贫困时，朱德光面露难色地说：“不好说得。”当地一位村民告诉记者，朱建夫家并不算是真正的困难户，在牛红村不少人眼里，她家已经很富裕了。

2011年8月19日，《新京报》刊登题为《警惕“慈善”成为牟利的工具》的社论，其中写道：

近年来，国内慈善事业的发展虽是高歌猛进，却也在很多时候泥

---

① 作者徐子，详见 http：//gzdsb. gog. com. cn/system/2011/02/16/011014172. shtml。

沙俱下。现在，尤其警惕的是把慈善当作牟利的工具。

……

一个最基本的常识是，即便从事最纯粹的慈善事业，都要承受强大的道德压力和社会监督压力，容不得有半点瑕疵；那些想通过慈善公私兼顾的，无疑将承受更加苛刻的监督。或许，要赢得公众的信任，不但其慈善项目账目要一笔笔公开，甚至私人企业的账目也要一笔笔公开。

这种模式下，企业家支付的成本相当高昂，而且道德风险极高。事实上，现实中很难做到。很多人不但难以达到其所宣传的良好目的，反倒是利用慈善牟利，玷污了慈善，严重损毁了慈善事业的公信。慈善界也应该认识到，这也不过是一种饮鸩止渴的发展方式。

第五章　慈善传播的常见类型与相关要领

根据受众规模的不同，慈善传播可分为：人内传播，人际传播，群体传播，组织传播，大众传播。

根据主体的不同，既有私人为传播主体的慈善传播，也有以机构为传播主体的慈善传播。

根据所运用媒介的不同，慈善传播可分为：传统媒体的慈善传播，新媒体的慈善传播。

就慈善募捐而言，根据帮助对象的不同，慈善募捐可分为两种：一是为自己募捐，二是为他人募捐。为他人募捐，又分为两种：为个人募捐，为群体募捐。

不同类型的慈善传播，其传播模式各有其特点，对受传者有着各自不同的吸引力：受传者也许不会被 A 模式打动，但可能被 B 模式吸引并被说服，所以，慈善传播形式的变化与多样化，有助于传播目标的最终实现。

第一节　定点募捐型慈善传播

定点慈善募捐，分为两种：一是临时性的摆摊设点募捐，常见于校园、街头；二是长期性的定点募捐，常见于邮局、银行柜台。

定点慈善募捐的好处在于，便于面对面地展开信息交流，可以在一定程度上增强募捐的可信度和捐助的便利性。

校园慈善募捐，一般是在人流量大的食堂门口、校内广场、主干道旁，摆好桌子、音箱、展板、募捐箱（往往是临时制作的硬纸箱，覆盖有红纸，留有用于放钱进去的小口）等物件，以数小时至数天的时间持续募捐。

2007 年 6 月，笔者在中国传媒大学西门附近拍到如下募捐场景：

图 5－1 中国传媒大学校园的定点募捐

现场发放的募捐倡议书写道：

请向骨髓移植同学伸出援手

朱思铭，我校 2003 级广播电视工程班的一名同学。走在校园里，和每个普普通通的同学一样年轻、乐观，对未来有着美好的憧憬和希望。然而就是这样一位在我们的学校生活、学习了四年的同学，这样一位在清晨上课的路上，正午午餐的食堂或傍晚自习的教室都可能和你擦肩而过的同学，如今却住进北京朝阳医院血液科的病房里。重症再生障碍性贫血，一种和白血病一样可怕的血液病，无情而可恶地纠缠了他 6 年，现在只有通过骨髓移植的办法来进行最后的赌博。

骨髓移植是一种危险而昂贵的手术。为了治病，家里已经花费了十几万，而为了做骨髓移植手术，他的父母已将房子卖掉，却依然有 20 余万元的缺口，贫寒的家境使他们已经别无他法了……

一份零食、一杯饮料、一次聚餐、一回出游对您来说可能只是消遣娱乐的方式，但如果您把它节省下来捐献给我们，对于朱思铭，对于2003级广播电视工程班的每一个人来说却是您真挚的爱心。您高尚的情操将永远记忆在朱思铭和我们每一个人心里！

我们同是中国传媒大学的儿女，对我们的学校都有着很深的感情，每个生活在这里的人都是我们的兄弟姐妹。请为这样一个不幸的兄弟献出您的爱心吧！

捐款地点：主楼大厅、南院餐厅前、北院餐厅前、溢香苑、西门附近

街头募捐，一般是在人流量大的步行街、广场和较宽敞的人行道，摆摊设点，有募捐箱，但有时没有桌子。实施街头募捐的人员，既可以是慈善机构工作人员和慈善义工，也可能是以学生、市民身份出现的。

关于慈善义工的街头募捐，《江西晨报》曾刊登如下报道[①]：

熊勇是南昌慈善义工协会募捐箱管理分会的义工，平时经常参与街头公益募捐箱的设置、管理、清款、宣传等工作。

2000年前后，南昌市红十字会开始在城区街头设立公益募捐箱，其后，江西省慈善总会、江西省青少年基金会、南昌市慈善义工协会开始在街头设立公益募捐箱，十余年间，南昌设立在街头的公益募捐箱从14只增长到了220只。

2012年，慈善事业遭遇前所未有的考验，南昌慈善事业，很多人不太关注，城区220只公益募捐箱平均每只一年难筹100元。公益募捐箱的事情虽然小，却能折射社会整体慈善氛围。

点评：公益募捐箱管理逐渐走向规范化。从摆放开始，签协议，受捐赠，工作人员定期巡视清理，固定时间请款，双方核实数据，再到公布款额流向。七大程序护卫南昌公益募捐箱标准化

① 曹晓梅：《我们用4种颜色感受南昌》，刊于《江西晨报》社会志周刊，详见 http://www.jxcb.net/wenhua/renwu/20121226/15694.html，2012-12-26/2013-07-05。

运行。

白色是纯洁的，代表光明与慈善，我们对南昌慈善事业的报道，是对南昌公益募捐箱设自何处、流向何方的透明化解读。

2012年11月12日，南昌慈善义工募捐箱分会的官方博客，以《萌慈善心　启慈善行》[①] 为题，简要介绍了一次街头募捐（配彩色图片）：

今年10月20日是第二个“南昌慈善日”，这天，南昌市慈善义工协会募捐箱管理分会在八一广场参加了丰富多彩的慈善宣传和义工服务工作。

清早，南昌市慈善义工协会募捐箱管理分会的艾红等14名义工来到南昌八一广场，拉条幅竖会旗摆放募捐箱。这次募捐箱管理分会一共派出了四只募捐箱，两只小箱由义工们捧着进行流动劝募，大箱作为固定劝募点放置在人流量非常大的八一大道人行天桥的出口处，安排了义工们向过往行人发放传单宣传慈善精神和手捧着募捐箱向人群劝募。

① 引自 http://blog.sina.com.cn/s/blog_94c9ca260101a5no.html。

户外的定点募捐，须保持严肃的气氛，募捐者不能嘻嘻哈哈、追打玩闹，要注意安全，不能扰民。这样的募捐，可信度是一个很大的问题，募捐效果也是有限的（所获金额一般较少）。所以，要用单位公章证明、受捐者照片、知名人士代言、刊有募捐报道的报纸版面、慈善机构定制的募捐箱等增加可信度，并在结束后以微博、传单等媒介尽快报告募捐所得及其去向。此外，参与募捐的人，越多越令人相信，穿戴特殊服饰（如志愿者服装、校服等）也可增加可信度。

户外的定点募捐，光有募捐箱，募捐效果是比较差的。若有人在募捐箱旁守护、宣传、监督、劝捐，募捐结果会更为理想。

《武汉晚报》2008 年 9 月 13 日报道五峰白血病女孩文兴群的不幸遭遇后，武汉理工大学 57 名青年志愿者走上街头，利用中秋假日为 10 岁的白血病女孩文兴群募得善款 2434.55 元（手术费需数十万元），爱心纸条 500 余张。武汉理工大学奥运火炬手王佳、黄来女也出现在徐东平价超市门口，手拉横幅募捐。烈日下，头戴红帽的青年志愿者们有的拿着募捐箱，有的拿着纸和笔，穿梭在行人中间为路人介绍情况，不少路人得知小兴群的病情后纷纷慷慨解囊，并为小兴群写下了祝福的爱心纸条。①

单一的街头募捐，可能效果不佳，但与新闻报道、微博传播等结合起来，效果就会好很多。

2011 年 8 月，白血病女童小誉誉的病情，引起天津市民及网友关注。天津义工服务队的志愿者发起为她的义捐活动，连续四天为小誉誉募捐善款。图 5－2 为义工们手持《渤海早报》为小誉誉募善款（记者游思行摄影）②。

在一些银行网点的柜台，摆放有慈善机构的特制募捐箱，储户若有零钱，可放入箱中。

在邮局的许多网点，有中国扶贫基金会爱心包裹捐赠站，这是另外一种类型的定点募捐。若有人愿意捐赠，邮局工作人员会受理，但不会主动

① 陈芳、喻敏：《志愿者中秋节上街为白血病女孩募捐》，《武汉晚报》，详见 http://news.sina.com.cn/c/2008－09－15/090714450439s.shtml。

② 此段引自 http://www.tianjinwe.com/tianjin/tjwy/201108/t20110826_4181346.html。

图5-2 义工手持《渤海早报》募捐

劝募——中国扶贫基金会有少许志愿者在部分网点劝募。

“爱心包裹”项目（baoguo. fupin. org. cn）是由中国扶贫基金会发起的一项全民公益活动，致力于改善贫困地区农村小学生综合发展和生活条

图5-3 位于某高校邮政所的爱心包裹捐赠站

件。通过组织爱心包裹捐购、音体美教师培训、志愿者支教等形式，改善农村小学音体美教学现状和学习生活条件，给孩子们送去一对一的关爱，圆孩子们的童年梦想。

中国扶贫基金会依托中国邮政网点开通了3.6万个爱心包裹捐赠站(另有网络渠道)，社会各界爱心人士只需通过邮政网点捐购统一制作的爱心包裹①，就可以一对一地将自己的关爱送给需要帮助的人。

通过一对一的捐助模式，捐赠人在捐款后可获得受益人名单，知道自己的钱帮助了谁，标准的包裹内容让捐赠人知道自己的钱发挥了什么作用。受益人在收到爱心包裹后也会给捐赠人写回音卡表示感谢。受益人为全国贫困地区农村小学生，通过特困县申报、社会推荐和指定捐赠三种方式产生。

“爱心包裹”项目，在官网设有“透明窗”供捐助者查询捐赠金额、捐赠时间、捐赠包裹类型、受益人信息等捐赠情况及票据寄递、包裹寄递等项目执行情况，实现项目的全过程透明查询。

第二节　慈善营销型慈善传播

企业、社团或个人，通过发起或参与慈善活动，树立良好的社会形象，从而赢得社会公众的好感，继而对市场营销形成正面影响，就是慈善营销——以慈善的手段（“外衣”），达到营销的目的（“内衣”）。

慈善营销，不是无私的，而是有私心的，但客观上可以起到慈善的作用。

公共关系与广告、促销等，都是市场推广的手段。慈善营销，本质上是一种特殊的公关活动。

关于营销效果，商界有句行话，“做广告不如做新闻，做新闻不如

---

① 100元学生型美术包，以基础文具和美术用品为主，产品分3大类，28个品种，共计135件单品，弥补学生基础文具不足，填补学生美术及手工课用具方面的空白。1000元学校型体育包，有24个品种的60件单品，能够满足室内外、集体个人、高低年级等不同活动的需求。1000元学校型音乐包，以电子琴、DVD、教学光盘、小堂鼓、小锣、小钹、小木琴及三角铁等教学用具和乐器为主，15个品种，共计21件单品，能够满足贫困地区小学开展音乐教学的需求。200元学生型温暖包，以保暖御寒物品为主，为学生提供羽绒服、围巾、手套、袜子在内的常用保暖御寒物品，还特别针对学生上课时下半身易受寒的问题，加入护膝和坐垫，让孩子们开心温暖地度过整个冬天。

做公益”。这句话说得有些绝对，但有一定的道理：有时候，“做公益”（包括慈善），其营销效果，的确要大于“做广告”、“做新闻”的营销效果。

慈善营销，有时可以达到“做广告”、“做新闻”达不到的效果。例如，由于政策、法规限制，烟草企业不能在大众媒体“做广告”，但“慈善营销”可以突破这种传播限制。

江西中烟工业公司（生产金圣牌香烟）、浙江中烟工业有限责任公司（生产利群牌香烟）就开展了助学慈善活动。

图 5-4 利群阳光助学行动的官方网站

利群阳光助学行动，始于 2001 年，是由浙江中烟工业有限责任公司和各省主流媒体（晚报、晨报、都市报）共同开展的一项大型社会公益活动。2014 年是活动持续开展的第 14 年，在浙江、山东、江苏、广东、湖南、辽宁、福建、江西、河北、四川、陕西、安徽、甘肃、云南、贵州、河南、重庆 17 个省（市）开展，每个省份各资助 100 名，共资助 1700 名学子实现大学梦想。

截至 2014 年，13 年来活动区域从 2001 年的浙江 1 个省发展到全国 17 个省（市），累计共直接资助了 15600 名利群阳光学子，帮助他们顺利跨入了大学校门。同时在利群阳光活动中，各地许许多多社会爱心人士也慷慨解囊，共结对资助了一万多名学子。通过各主办方的共同培育，“利群阳光”正日益成为各地会聚广大社会爱心力量、具有良好社会公信力的爱心平台。

利群阳光助学行动的更大社会价值在于唤起更多的社会爱心，为爱心活动构建一个可信任的公益平台。2013 年，通过开展“利群阳光1 +1 助学直通车”、“利群阳光微公益助学”等活动，降低社会爱心人士奉献爱心的门槛，让更多的社会爱心力量加入到“利群阳光”这个爱心平台，媒体、企业、爱心组织、爱心人士，以及利群阳光学子一起，共同让爱传递，把“利群阳光”打造成更具影响力和生命力的社会公益爱心平台。

利群阳光助学行动的传播流程一般是：

1. 在高考前夕的 5 月，由浙江中烟工业有限责任公司邀请召集媒体代表（记者）参加助学行动启动暨主办媒体业务交流会。

2. 在高考前夕的 5 月至高考结束后的 8 月，由大众媒体先后发布如下信息：助学活动启动（公布资助金额、资助人数、报名条件①、须提交的资料②、助学热线电话③等），向中学寄出助学海报和学子报名表，回访往年受助学子，征募新的受助学子，学子填表申请，访问新的受助学子，报道学子心声，报道社会反响（社会人士参与捐助），公示全部受助学子名单，发放助学金。

在纸质媒体展开报道的同时，由搜狐网和“利群阳光助学行动”官方网站④同步转载报道，并在“利群阳光助学行动”官方网站进行在线互动（包括记者手记）。

以下是“利群阳光助学行动”官方网站部分网页的截图：

① 报名条件：品学兼优、家庭贫困的今年高考公办本科录取新生（不含免学费专业），原则上不与其他公益活动重复资助同一名学子。

② 须提交的材料：申请书或申请表 1 份（贴 1 张 1 寸近照）；身份证复印件 1 份；贫困证明 1 份（户口所在地乡镇、街道以上政府相关部门出具）；高考录取通知书复印件 1 份（可在通知书到达后补交）。

③ 浙江：0571 - 85051603，江苏：025 - 86854845，山东：0531 - 85193060，广东：020 - 87366772，湖南：0731 - 84329849，重庆：023 - 966966，河南：0371 - 96211，辽宁：024 - 22690633 福建：0591 - 968111，江西：0791 - 86849690，河北：0311 - 67563133，陕西：029 - 82267163，四川：028 - 96111，安徽：0551 - 962000，甘肃：0931 - 96555，云南：0871 - 64100000，贵州：0851 - 96811。

④ “利群阳光助学行动”官方站点的网址是 http://www.isunfly.com。

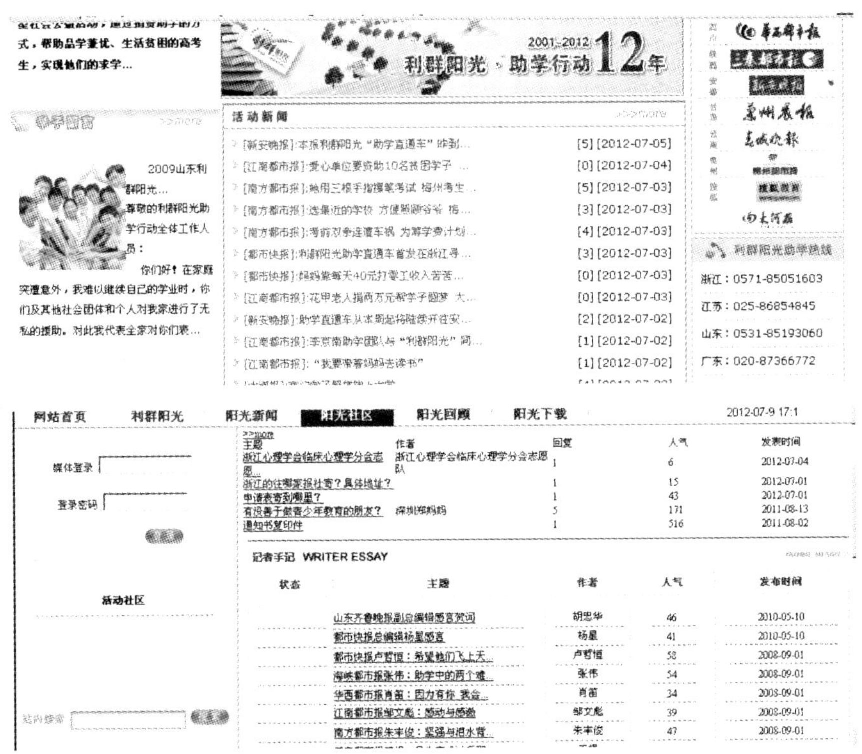

图 5－5 媒体对"利群阳光助学行动"的报道

以下是《江南都市报》对"利群阳光助学行动"的部分报道版面：

第一时间 发布

A02 江南都市报

本报第九届利群阳光助学行动启动

50万元助全省100名贫困大学新生圆梦 每人5000元助学金

A30 江南都市报

本报第九届利群阳光助学行动启动 进展

寄出的报名表承载着大学梦

●本报昨向全省百余所中学寄利群阳光助学活动资料

●符合条件学子可填写报名表申请

"利群阳光"给寒门学子带来希望

贫困学子多年寒窗苦读只待收获

图 5－6 《江南都市报》版面

本报第九届利群阳光助学行动之进展

一爱心人士“预助”八名贫困学子

帮助每一个有追求的青年
全国十七省(市)联合行动

2013利群阳光·助学行动系列报道

2013江南都市报
利群阳光助学行动系列报道

由浙江中烟工业有限责任公司和本报主办、江西省青少年发展基金会协办的第九届利群阳光助学活动，正面向赣鄱大地接受贫困学子预报名。

5月22日，第八届江南都市报利群阳光学子——北京大学大一学生贺永新在接受回访时说：“希望学弟学妹不要紧张，尽量以平常心应对。”

敦促自己成为有爱的人

贺永新是去年芦溪县高考理科状元，本报报道了他艰苦求学的经历后，社会各界纷纷予以帮助，让他得以顺利进入北京大学求学。因长期生活在南方，刚到大学后，贺永新有些不适应，但很快就调整过来了。大一学的大多是基础课程，学业总体上不是很紧张，贺永新得以有时间参加学校的山鹰社，现阶段的活动以锻炼身体为主，有一次在操场跑了1万米。

贺永新还喜欢画画和打篮球，QQ空间里时常可以看到他的新画作。“我想让自己的大学生活尽量充实一些。”贺永新说，闲暇之余，他还走出学校逛了逛，去感受古城北京的气息。

“非常感谢各位好心人的帮助，我现在在大学里非常好。”贺永新说，平时与帮助过他的爱心人士还有联系，并打算今年暑假到南昌看看爱心人士魏女士夫妇。“滴水之恩当涌泉相报，我会一直记得他们的好，并敦促自己也成为一个有爱的人，感恩于社会。”

一爱心人士“预助”8人

本报第九届利群阳光助学行动14日启动后，立即向全省百余所中学寄出助学海报和报名表，接受贫困学子预报名。

22日，一名不愿透露姓名的爱心人士致电本报称，“利群阳光”是知名公益品牌，他非常信任本报利群阳光助学行动，他要通过本报资助8名家庭贫困的学子，每人给予5000元助学金。“请贵报帮我从报名学子资料中选择5名成绩优秀、家庭贫困的学子，高考分数线一出来就和我联系，我会及时和学子们对接，资助他们。”这名爱心人士言语中透出真诚和急切。

在往届利群阳光助学行动中，像这名爱心人士一样怀着大爱之心的人有很多，正是他们伸出援助之手，帮更多的学子实现了大学梦想。所有与“利群阳光”同行的爱心人士，不图名不求回报，让我们知道，这个社会是一个温暖和谐的大家庭，好人多，爱心无处不在，由于社会爱心力量的积极响应，让本报利群阳光助学行动这个公益活动更有意义。在此，我们要代贫困学子们向社会上的好心人说上一句“谢谢”，愿好人一生平安！

文/记者金路遥　何柳斌

图 5－7　《江南都市报》报道

以下是《江南都市报》报道“利群阳光助学行动”的部分图片：

图 5－8　《江南都市报》的“利群阳光助学行动”照片

以下是“利群阳光助学行动”官方网站刊发的《江南都市报》记者邹文彪的记者手记[①]：

当接到要写一篇记者手记的电话时，我正在山区采访一位贫困学子。说实在的，当时不知道如何下笔，因为还没有从这位贫困学子身上回过神来。

---

① 原文标题：《江南都市报邹文彪：感动与感激》，刊载日期：2008 年 9 月 1 日，网址 http：//www. isunfly. com：7005/np_ file/files/release/content/200809/533. html。

今年参与“利群阳光助学”是第四个年头，从助学报道开始，一直奔波在一线采访贫困学子，虽然辛苦，但始终有一种感动和感激的心情。所感动的是，我们莘莘学子在艰苦的环境下自强不息，以自己的奋斗和努力实现了大学之梦；每位家长能够在贫困中支持孩子完成学业，实现他们上大学的梦。在安义县黄洲镇雷湖村有一个很特别的孩子，他叫黄如冰，今年被同济大学录取。我见到他时，他与外公正在棉花地里除草。黄如冰不太爱说话，5 岁时其父母离异，他跟着母亲住在外公家。十几年来，其母在路边摆摊做缝补手工活，将黄如冰艰难养大。年迈的外公外婆至今还面向黄土背朝天，耕耘着两亩薄田。每次想到家事，黄如冰也会走神，为了集中精力学习，他把大腿用力磕在坚硬的桌角上，“痛了，就醒了，就不走神了，就可以集中精力学习”。黄如冰苦笑着说出了自己的“绝招”。在国家级贫困县——赣县采访时，面对家徒四壁、顿顿萝卜咸菜，遭受家庭的变故，贫困学子仍坚忍地奋发向上的这种精神时刻感动着我。“你们来得太及时了，我们现在的心理十分矛盾，孩子考上了大学，我们本该高兴，但面对高昂的学费，我们这样的家庭根本应付不了，所以心里总也高兴不起来，你们真是雪中送炭啊。”许多学生的家长发出如此感慨。

不幸的家庭各有各的不幸，我对这句话深有感触。赣县三溪乡的周圣禄被厦门大学录取，他家的房子因为连日暴雨倒塌了，一直都过着寄人篱下的日子，母亲正在病中，没有一技之长的父亲，只好耕耘着几亩薄田，每日捡些破烂过活；每天早晨五点多钟，天空刚泛着鱼肚白，被华中科技大学录取的钟俭平就爬起来烧水做饭，做好饭后，他要一口一口地喂瘫痪在床的奶奶吃完，然后下到地里和比他早起的母亲一起忙农活。钟俭平的一天就这样开始了；见到肖飞，他面容清瘦，两眼深深地陷了进去。今年高考中，他以全省文科第六名的成绩考上了清华大学。刚考完，他就和同学在县城的一家工厂里找了一份串灯泡的活，串十个灯泡一毛钱，串一千个灯泡，手上磨出了血泡也才赚一块钱。“我串灯泡，一天能赚到 10 多元，家里为了我上学已经欠下了大量的债务，是我拖累了家里呀，我要加倍努力为家里分忧。”肖飞如是说。

所感激的是，社会各界纷纷加入到助人行列，针对本报报道的每一位贫困学子伸出援助之手……一笔又一笔饱含深情的爱心捐款让贫困生顾雁四年的学费解决了，高考成绩公布后就远赴广州打工赚学费的贫困学子张智四年的学费和生活费均解决了……

是呀，帮助一个贫困学子就是帮助一个家庭。“利群阳光”作为一个公益活动品牌，具有时间连续性、地域宽广性、社会效益性等特点，已深入人心。

事实上，在进行慈善营销的时候，往往需要辅之以新闻传播（报道）、广告传播。

《经理日报》2009 年 10 月 14 日 C1 版，刊登新闻报道《江西中烟金圣助学活动“慈善阳光班”正式开班》①：

日前，由江西省慈善总会组织、江西中烟工业公司捐赠设立的江西师范大学附中“慈善阳光班”正式举行开班仪式。江西省民政厅、江西省慈善总会、江西中烟、江西师大附中有关领导出席开班仪式并作讲话，“慈善阳光班”全体师生参加了仪式。

江西省民政厅和江西师大附中有关领导分别在讲话中对江西中烟多年以来作为“爱心企业公民”致力于慈善助学活动的行为表示高度赞赏，对江西中烟捐赠设立“慈善阳光班”的举动表示衷心感谢，并指出江西中烟在慈善公益事业中作出了积极贡献，“金圣助学”已经成为全省乃至全国知名公益品牌。

江西中烟副总经理王志彬在讲话中对江西师大附中“慈善阳光班”的开班表示热烈祝贺，并指出此次捐赠 30 万元设立师大附中“慈善阳光班”，是江西中烟成立 5 周年、“金圣”创牌 15 周年最有意义的公益活动，是江西中烟践行“报效国家、回报社会、多作贡献”行业使命的重要举措。从 1996 年南昌卷烟厂捐建“金圣希望小学”，到设立“金圣助学基金”，再到 2003 年启动“金圣学子”助学

① 金圣品牌网站对此有更为详细的报道，详见 http：//www. jinsheng. com/brand/detail. do?id = 3697。中国江西网对此活动的报道（http：//news. sina. com. cn/c/2009 - 09 - 28/074816376778s. shtml）没有提及烟草企业。

开班典礼现场

活动，江西中烟在10多年的助学活动中已帮助2000余名寒门学子圆了上学梦。他表示，江西中烟今后将继续以强烈的社会责任感把金圣助学活动深入、长久地开展下去，让更多优秀的寒门学子在企业的关爱中成长成才。

王志彬副总经理还对“慈善阳光班”的同学们提出了殷切希望：一是希望他们争当学习的标兵，努力成为国家社会的栋梁之才。二是希望他们誓当生活的强者，努力培养高尚的道德情操和思想品质。三是希望他们在感受“慈善阳光”的同时，学会感恩社会，关爱他人，接过企业的爱心接力棒，成为一个传播“慈善阳光”的使者。

据悉，“慈善阳光班”是江西省慈善总会2009年秋开展慈善助学活动的一项重要举措。首期将在南昌市江西师大附中、九江市九江一中、宜春市宜春中学和石城县石城中学等四所重点中学设立慈善阳光班，资助200名家境贫寒、成绩优秀的初中毕业生完成高中阶段学业，解决他们高中期间就读学费及食宿费用。资助对象为品德优良、中考成绩达到当地重点中学录取分数线以上的学生。“慈善阳光班”实行集中办班、集中管理，为“特困、特优”生提供继续学习的机会。（揭李文）

恰到好处的慈善营销，可以起到“不战而屈人之兵”、“制于人而不制于人”的营销效果。

企业、个人参与慈善，就是最好的形象广告（陈光标的公司未在央视做广告，但举世皆知，央视主动报道），可以有效提升企业、个人的知名度、美誉度。

企业的慈善营销分为三种：一是直接出资资助；二是根据销售额提成资助；三是根据传播频次（如微博转发次数）计量捐助。

“加多宝·学子情”助学项目，属于第一种。该项目的资助对象是应届高考前三批录取新生，资助名额为 5000 元/人（一次性资助，共计 2100 名），覆盖区域为全国 29 省（市、自治区）①。

爱心守望 | A10

300志愿者奔赴10省给留守儿童上课

“加多宝·学子情”一堂课支教活动走进我省

留守儿童骑车40分钟来上学

三年前受资助 今朝当志愿者助人

支教活动惠及百余所贫困小学

记者 吴新贤 文　首席记者 万勍 图

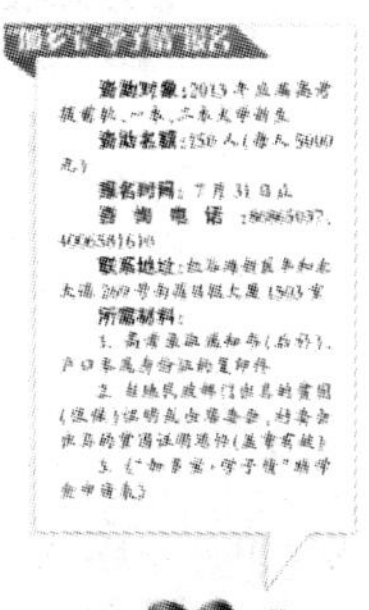

图 5-9 《南昌晚报》报道

农夫山泉公司的“一分钱”阳光工程，属于第二种。这个项目的承诺是：每卖出一瓶农夫山泉，农夫山泉公司就捐出一分钱。

第三种慈善营销，在微博平台较为常见。2011 年 10 月 18 日 9 时 48 分，

① 《南昌晚报》2013 年 7 月 15 日 A10 版（版名：爱心守望），就刊登了“加多宝·学子情”助学项目的报名方式，报道了“加多宝·学子情”一堂课支教活动。

新浪微博@沃尔沃集团中国发布信息：“#沃尔沃免费午餐计划#在沃尔沃云南希望小学竣工之际，我们号召大家一起行动，让更多的孩子吃好饭上好学！及时起至10月20日18时，期间您每转发支持一次，沃尔沃集团就捐出一元钱给@免费午餐，成就这份简单的幸福！您的举手之劳，将带给他们希望，使孩子免于饥饿，让孩子吃上热腾腾的饭菜，大家转起来吧。”

这次的活动就是想让大家知道沃尔沃集团一直都在做公益事业，也号召大家一起参与。本次活动最后得到的转发数会如实捐出，届时免费午餐官方也会提供捐款流向及汇款凭证，希望大家一起监督并关注！谢谢！//@寒冽香：每次就这样转，成就了企业的免费广告，也不知道最后捐了没。

@沃尔沃集团中国 V：#沃尔沃免费午餐计划#在沃尔沃云南希望小学竣工之际，我们号召大家一起行动，让更多的孩子吃好饭上好学！及时起至10月20日18时，期间您每转发支持一次，沃尔沃集团就捐出一元钱给@免费午餐，成就这份简单的幸福！您的举手之劳，将带给他们希望，使孩子免于饥饿，让孩子吃上热腾腾的饭菜，大家转起来吧

免费午餐

Free Lunch for Children

2011-10-18 09:48 来自专业版微博 转发(295410) 评论(55249)

2011-10-18 11:53 来自新浪微博 转发(350) 收藏 评论(6

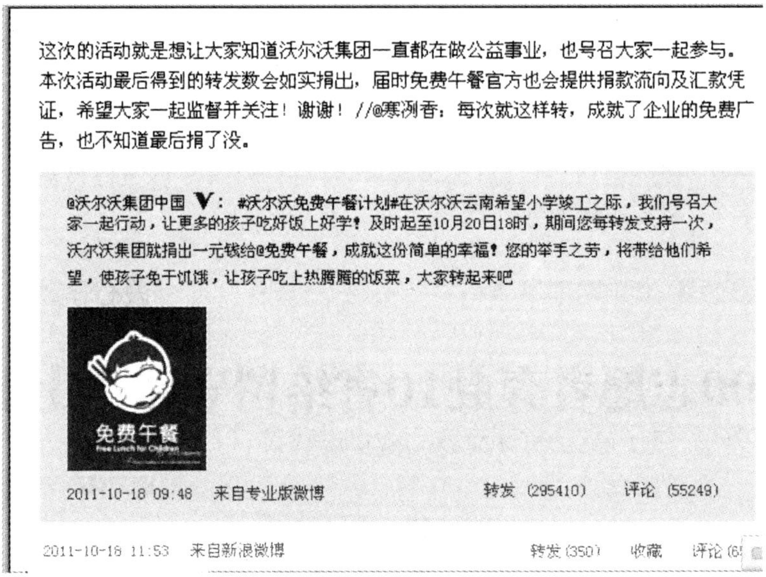

图5-10 微博@沃尔沃集团中国发布的讯息

两天后，新浪微博@沃尔沃集团中国发布信息：“#沃尔沃免费午餐计划#感谢大家对沃尔沃免费午餐项目的支持！截止今天18时整，共为孩子们募集到善款335010元。在此数量上，沃尔沃集团依据目前中国员工总数共5839人做出进一步捐赠，将最终捐赠数额增加至340849元。善款将全部捐助给@免费午餐公益组织。感谢每一位参与转发的朋友，这是我们共同的爱心。”

2011年10月21日，新浪微博@沃尔沃集团中国发布信息：“#沃尔沃免费午餐计划#作为#沃尔沃蓝色爱心#计划的一部分，我们将严格执行#沃尔沃免费午餐计划#的后续工作。秉承公开、透明的原则，我们将提供捐款证明，并密切关注善款的流向。#沃尔沃免费午餐计划#后续消息，请关注沃尔沃集团博客，我们将及时更新进展和结果。http：//t.cn/

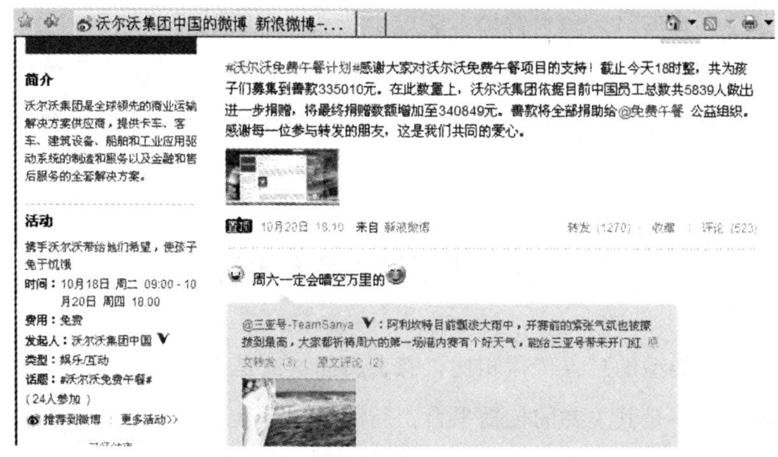

图 5－11　微博@沃尔沃中国的首页截屏

aWe8Qz。”

2011 年 10 月 27 日，《江西晨报》在“汽车读本”周刊头版刊登记者侯劲松署名文章《沃尔沃 34 万元推动“免费午餐”》，介绍了沃尔沃在公益慈善方面的付出和追求，并介绍了沃尔沃的发展理念、历程和目标。

E
汽车读本
沃尔沃34万元推动“免费午餐”

图 5－12　《江西晨报》对沃尔沃“免费午餐”活动的报道

值得一提的是，慈善营销不能过于功利，不能脱离“慈善本旨”，不能伤害受助者。必要时，宁要“慈善”不要“营销”。其实，不功利的慈善和慈善传播，有时反而会有令人惊喜的促销效果。另外，慈善营销必须重诺守信。

第三节　新闻报道型慈善传播

与其他类型的慈善传播相比，慈善新闻报道是十分常见的一种慈善传播，新闻媒体是其主要的传播平台，新闻报道是其最终成果，新闻记者是其主要采集者、传播者，主要以新闻价值大小作为衡量标准，讲究真实性、新鲜性。

其他类型的慈善传播，均可成为新闻报道型慈善传播的传播内容，但前提是有一定的新闻价值。其他类型的慈善传播被新闻媒体报道后，其公信力、影响力、传播效果将大大提升。

慈善新闻是有关慈善活动、慈善人士、慈善机构、慈善文化等慈善主题的新闻。并不是只有新闻记者才可以报道慈善新闻。不是记者的人（例如求助者、募捐者、慈善机构宣传干事、旁观者等），也可以报道慈善新闻。

慈善新闻报道，不但是《慈善》杂志、《环球慈善》杂志等慈善刊物和慈善网站的主要内容，而且是晚报、都市报等大众传媒普遍重视的内容，一些媒体甚至为慈善新闻报道设置专门版面或栏目。例如，上海《新闻晨报》的“晨报慈善”版面，《南昌晚报》的“爱心守望”版面（版名初为“爱心·守望”），甘肃卫视的《中华慈善报道》栏目，辽宁大连电视台公共频道的《情动心动》栏目。

作为新闻报道型慈善传播的先行者，《南昌晚报》“爱心守望”版面[①]已有8年多的运作经验，取得良好的社会效益[②]，其运作细节值得同

① 关于“爱心守望”这个案例的文字，引自论文《架起慈善的桥梁——〈南昌晚报〉“爱心·守望”慈善专刊探析》（作者朱智勇、傅静之等，刊于《新闻爱好者：上半月》2009年第7期）。

② 2008年4月，《南昌晚报》作为唯一入选媒体单位，成为南昌市“十大慈善单位”——《南昌晚报》获此殊荣，“爱心守望”版面功不可没。

行了解和借鉴，下面详述若干。

人员配备方面，“爱心守望”创刊初期，编辑并不参与外出采访，稿件由记者完成，例如第一期的编辑是邹建斌，主打稿件《残疾父女相依16年》由记者黄歆、朱智勇（该记者同时负责另一版面的“智勇爱心港”栏目）采写文字，邹红梅摄影，另配校对1名。

后来，则是采编一体，编辑需要外出采访，如第103期的主打稿件《安凯：拼尽全力也要上大学》，由编辑和两名实习生采写，邹红梅摄影，另配校对1名。而且，“爱心·守望”的编辑、记者，目前并非只负责这一版面，平日也采写其他版面（例如“追踪新闻”版）的稿件，每天都发两篇稿子，加上需要接听读者电话，居中联系捐助者和受助者，比较忙累，若能有更多记者参与，则更好。

“爱心守望”慈善专刊第一期被安排在A10版，非彩色版面，其“开篇语”（标题为《播撒爱，收获希望》）点出了开办慈善专刊的原因、目的：“在这里，我们讲述在艰难中坚强生活的故事；讲述与悲惨命运抗争的经历；讲述传递爱和希望的感悟。一起携手打造爱与被爱、关怀和被关怀的温情园地。”

自第三期（2006年4月27日）起，“爱心守望”改为周刊，大多在星期四出版（有时是星期三），相对定期，但不是完全规则的定期，间隔时长不固定。

通过“为广大市民走近慈善事业，参与慈善事业，提供很好的平台”，新闻媒体不但可以成为“慈善事业的报道者和宣传者”，而且可以成为“慈善事业的参与者和践行者”。在第二期（2006年4月20日A13版，彩色版面）、第三期，“爱心守望”版面的报眉与头条之间，都有一幅鲜花横长图，上有文字“架起慈善的爱桥”——这正是该版功能定位的最好概括。

从上面的“开篇语”可以看出“爱心守望”的内容定位——“讲述在艰难中坚强生活的故事；讲述与悲惨命运抗争的经历；讲述传递爱和希望的感悟”。

“爱心守望”慈善专刊每期只有一个四开的版面，主要包括一篇数千字的主打稿件（通讯体裁，一般是2000～2500字），以及“捐赠热线”、

“爱心榜”、“慈善数字”、“爱心追踪”、“爱心搜援”等子栏目（这些子栏目不是期期都出现）。总的看来，“爱心·守望”的版面安排变化不大。

例如，第102期包括以下内容：

假头条，是公告启事性质的、服务性很强的消息稿《“王老吉·学子情”公益岗位开始报名参加该活动的学生可得到500元勤工俭学金》。

头条，是“王老吉·学子情”贫困大学生系列报道之一：

（引题）一家六口四个残疾　月生活费仅400余元

（主题）徐红燕：谁来圆我大学梦？

边栏，有“爱心追踪”和“爱心搜援”栏目，前者刊登了《她病了，依然是可爱天使》的追踪消息《白血病女孩牵引众人视线》。后者刊登《20岁青年造血功能衰竭父母泪眼求助》。

由于“爱心守望”每周一期，不能及时提供有关爱心捐助的信息，所以，该版主打稿件引起的反响性稿件，有时刊登在“追踪新闻”等其他版面上。例如，刊登于2008年7月12日“追踪新闻”版的《众人来助她的大学不是梦》，就是对2008年7月11日“爱心守望”版主打稿件《徐红燕：谁来圆我大学梦?》的后续报道。

慈善传播是《南昌晚报》的重心。“爱心守望”版面的慈善传播，有一些引起当地社会各界的广泛关注。

例如，在得知南昌一中高三学生郑伟不幸身患白血病的消息后，“爱心·守望”立即对其情况进行了报道，随后，向全社会发出倡议，为他举行了一场大型募捐活动，在读者中引起了强烈反响。通过努力，该报共为其筹得善款17万余元。此外，患尿毒症的好村官杨沂永，“玻璃男孩”帅帅，因患帕金森综合症而卧床多年的喻定荣，身患鼻咽癌的上海知青吴来珠，因贫困支付不起孙女学费的曾仁香老人，家庭贫困想给孩子过个好年的饶玉海……都因“爱心·守望”而受到了社会的广泛关注和好心人的热心帮助。

“爱心守望”以其特殊的报道方式、特殊的报道内容，引起了读者的高度关注，在社会上产生了较大的影响。现在，许多读者会主动和该版面工作人员取得联系，有的提供信息，有的出主意，有的献爱心，有的寻求帮助。而“爱心守望”每次组织的活动，都能得到读者的支持，产生强烈的共鸣。“爱心守望”的报道线索由市民提供，来源很广，不用愁没有线索，求助的人很多，做都做不过来。

“爱心守望”版积极倡导友爱互助、扶贫济困的良好风尚，释爱济困，社会效益显著，为新闻报道型慈善传播积累了宝贵的经验——

经验一：慈善传播可以常态化，媒体可以和慈善组织合作，专版、定期刊出慈善报道。

在“爱心守望”的日常运作中，协办单位南昌市慈善总会除了提供刊于“慈善数字”等栏目的慈善数据，还对被报道的对象直接提供捐助。

依靠新闻媒体（《南昌晚报》）的强大影响力，新闻媒体（《南昌晚报》）和慈善机构（南昌市慈善总会）的公信力，“爱心守望”版的慈善报道显得真实可信，因此，容易获得爱心人士和机构的认可、信任和支持，慈善效果可以得到一定的保证。

经验二：注意保护新闻当事人。

在慈善传播中，接受救助的人，有时会因为传播方式不当而成为受害者。“爱心·守望”注意到了这点，特别注意保护当事人。

例如，第103期的主打稿件《安凯：拼尽全力也要上大学》配发的新闻照片，是刚刚高考完即将升入大学的贫困生安凯和母亲张露兰的合影，照片中安凯的眼睛和鼻子部位被处理成马赛克，这样做，可以使未成年人安凯免受不必要的伤害（报道带来的），保护安凯的自尊心和尊严。

又如，2008年6月26日第101期主打稿件《她病了，依然是可爱天使》报道的白血病六岁女童，照片中眼睛部位被电脑生成的灰条遮掩，使其不可被辨认，得到特殊保护。

经验三：显性募捐与隐性募捐相结合，尽量避免受众的“爱心疲劳”。

虽然慈善事业是利国利民的好事，经常募捐也不好，否则会引起“爱心疲劳”。所以，“爱心守望”版的慈善传播，并不都是赤裸裸的号召式募捐，会做些“不是以募捐为主要目的”的报道（例如有关爱心的真情故事）。

有时（例如第一、二期），“爱心守望”版是无言式募捐，没有一丝一毫的强迫，通过设法让读者对报道中的主人公产生好感、同情、敬佩，使读者在感动之下自发地参与慈善救助。这种技巧是非常高明的，可以避免“爱心疲劳”。

“爱心·守望”版并非一味地募捐，也报道感人的捐助者。例如，“爱心·守望”第一期刊登的《残疾父女相依16年》，既报道了“一重残男子为被遗弃女孩苦撑一片天地”的感人事迹，也报道了熊名权、熊时静这对父女受到社会捐助的信息：“不少市民和团体自发给父女俩捐款捐物，到医院去看望他们。最后各界捐款达到3万余元，熊时静顺利接受了开刀手术，病情得到了好转。……旧沙发是好心人送的。”在第二期，报道对象不是“希望得到救助”的人，而是一个“希望无偿捐献器官救助他人”的人。

此外，“爱心守望”在报道技巧上“偏软”，而不失当、不煽情，以真实的细节、不屈的精神打动人心，也有效地避免了受众的“爱心疲劳”。

经验四：重视对“政府积极作为”的报道。

如果仅仅片面地向社会寻求帮助，而忽视政府在扶贫济困中的责任与行动，难免有失公平。“爱心守望”版则避开了慈善传播的这一误区。

如《残疾父女相依16年》一文就报道了“政府不是社会救助旁观者”的信息：“政府以廉租房的形式安排熊名权住了进来。……政府原本给熊名权安排了上海路的房子，有两室一厅，因为女儿的腿不方便，所以选了这里。……一个的房租13元，一年150元，只相当于以前一个月的房租。”

经验五：媒体可与有意参与慈善事业的商家或机构合作，以活动带动慈善，实现多赢。

公益营销是商家发展壮大的一种手段。因此，许多商家会对媒体组织的慈善活动产生参与的兴趣，愿意为慈善活动提供物质方面的帮助，借以提升本单位的知名度、美誉度。对新闻媒体的慈善传播来说，这是难得的合作机会。

“爱心守望”版就经常组织一些慈善活动，带动商家或企业参与慈善事业（不另支付广告费），实现商家、媒体、社会、政府、被救助人的多方共赢。

例如，南昌地区的“王老吉·学子情”爱心助学活动，就是由南昌晚报（“爱心守望”版）、南昌慈善总会和加多宝集团联合开展的，内容包括：为每名优秀的贫困学子提供5000元助学金；招募10名贫困生参加王老吉公益岗位（提供500元/人的勤工俭学金）。

又如，“牵手希望”爱心助学活动，则吸引了湖北白云边销售有限公司驻南昌办事处的参与（把3万元资助款打入南昌慈善总会）。

报道慈善新闻，对于扶贫济困、监督慈善行为、培育慈善文化、引导慈善舆论、推广慈善经验、实现社会和谐，有着非常好的促进作用。但是，慈善新闻报道，必须遵循一定的报道规范，否则可能造成消极影响。

无论谁来报道慈善新闻，都必须遵循新闻报道的标准规范。

报道慈善新闻，应该遵循什么样的原则呢？

一　按照新闻稿的标准，客观报道慈善新闻

新闻报道，讲究真实性，追求客观。慈善传播，不一定是新闻报道。即使是以新闻报道面目呈现的慈善传播，也不一定是合格的新闻报道，不一定与实际情况相符合。

一篇合格的新闻稿，必须符合“新闻”定义的要求（真实、新鲜、客观）；必须符合法律、政策、道德的要求；必须有新闻价值或宣传价值，并突出新闻点；文字应当全部正确，不写错别字，文通句顺，正确使用标点符号；格式规范，若是消息则须有标题、电头、署名、导语。

采访方面，慈善新闻的报道者应当做好有关讯息的查核工作，避免新闻失实或讯息不完整，最好有比较详细的采访笔记（包含引语、细节），采访要尽量深入，不偏听偏信，采访人数和类别多多益善，采访时间宜长不宜短。

2005年9月15日，天涯论坛（www.tianya.cn）出现了以“卖身救母”为ID发的帖子——《卖掉自己救妈妈》，文章写道：

> 我11岁时，父亲因患重症肝炎离开了我们。从此我们母女俩相

依为命，妈妈含辛茹苦独自一人拉扯着我，好不容易把我抚养长大送进大学，可她却再也支撑不住了……为了不拖累上大学的我，妈妈几次轻生，并一直找各种理由拒绝手术。在她第一次肝移植术后，血管并发症导致腹痛、腹泻、腹胀、腹水、贫血，一年多来，妈妈饱受病痛的折磨，如今骨瘦如柴，有时她灰心至极。专家认为妈妈应该进行二次肝移植术，且越快越好，不能再拖……

可是二次肝移植需要几十万！我已找到妈妈的主治医生，欲将自己60%的肝移植给妈妈，以减少一点费用。医生不支持我割肝救母，但是为了救妈妈，我已经顾不得这么多了！

我多么希望有好心人能救救我妈妈!!! 我宁愿卖掉我自己!!! 可以以任何形式或者甘愿毕业后无条件地为他（她）打工，我保证我的自身条件是相当好的！我用我的人格和尊严担保，这是一个在校大学生为挽救病危母亲的生命而发自心底的呼声!!!

附：手机、宿舍电话及邮件。[①]

稍后，在网友的要求下，“卖身救母”把自己和母亲易良伟的合影还有自己在工商银行的账号公布出来。回应逐渐热烈起来，网友们发出一片同情之声。“卖身救母”的电话响个不停，手机两度被打到停机。第二天便有捐款汇入“卖身救母”的工行账户。到9月17日，已有1.6万多元捐款到账。9月17日，重庆几乎所有的报纸都报道了此事。事情见报后，陈易（即“卖身救母”）所在的文学院迅速行动，在学校BBS上发出捐款倡议书，组织了全校范围的捐款，仅教职工捐款就有两万多元。陈易母亲所在单位泸州市检察院也立即组织全市检察系统捐款。在帖子发表后第三天，ID为“蓝恋儿”的神秘人士发帖说，陈易“穿的是阿迪达斯和耐克的新款，用的是手机加小灵通，还买了一副据说是500多元的带颜色的隐形眼镜”。“那时她母亲无数次打电话去找她，她都不在，她和一些不三不四的人混在一起，课是多次不上。”“她骗了无数的好心人……”网

① 转引自《南方周末》，该贴全文详见 http://bbs.tianya.cn/post-lookout-8279-1.shtml。

友们开始群起质疑。直到10月9日之前，面对强烈的呼吁，陈易未将收到捐款的详细账目公开。[①]

针对质疑比较集中的几个问题，《南方都市报》记者赴重庆和泸州进行了调查核实，调查结果如下：

关于易良伟的身份和收入，陈易一开始没有提母亲是公务员，有医保。在公务员身份曝光后说母亲只有900元的基本工资。据泸州市检察院宣教处处长况兵介绍，易良伟是该院检察员，生病后办了离岗待退手续，但享受在岗待遇，基本工资（900元）[②]加上奖金，每个月的实际收入在2000元以上。

关于去年第一次肝移植手术费用，陈易说“去年单位没有报销一分钱医药费，也不可能报销”。而据泸州市检察院政治部主任李华学后来证实，当时泸州市检察院共收到捐款4万余元，连临时聘用的司机都捐了款。第一次肝移植手术共花医疗费用20余万元，医保、社保共报销了15万元左右，加上4万余元捐款，基本上解决了第一次手术费用。

关于房产，陈易的说法是，为了给母亲治病，把生父在国土局分到的房子卖了，现在住在检察院的宿舍里，每月只交90元的租金。陈易的舅舅易良乾解释说，国土局的房子是福利房，很旧，不值什么钱。后来易良伟按揭买了一套市检察院集资建的220平方米住宅，因要治病转让了。之后一段时间病况有所好转，就又买了泸州市江阳区检察院120平方米的集资房。但易良伟要了两个指标，让易良乾也以集资价买了一套房。易良乾很快就将这套房子转手卖出。所以有同事说易良伟有两套房子是个误会。

10月23日，易良乾领着记者来到陈易母女的房子参观。他指着一套实木沙发说，这是他送的，是陈易家里唯一像点样子的家具。这

---

① 此段引自 http：//news. xinhuanet. com/newmedia/2005 - 11/03/content_ 3723974. htm。

② 《南方周末》报道《千里追踪大三女生卖身救母真相》写的是：“陈易姨母给记者看了易良伟的工资存折，每月工资为974元。”详见 http：//news. sina. com. cn/s/2005 - 11 - 03/10548200049. shtml。

套房子确实算不上好，大白天也很阴暗。除了一台创维29寸彩电之外，基本上没什么好的家用电器，洗衣服用的是台旧的双缸式洗衣机。陈易房间地上铺着地毯，那是亲戚工作单位淘汰后送的，很旧。

从这些调查来看，陈易母亲生病属实，家里无法负担所有治疗费用也属实，但她选择性地屏蔽了一些对吸引捐款不利的信息。在这些不利的信息被披露后陈易并没有认真回应网友质疑。

实际中，慈善新闻稿件的写作者，不但要对公众的质疑作相应的调查核实，对募捐者发布的重要信息（如家境、医保、药费支出等）和媒体的相关报道都要作相应的调查核实，以确保真实性。

写作方面，慈善新闻的稿件，应当做到：时间、地点、事件等新闻要素[①]俱全；有标题，且标题吸引受众眼球；导语能够吸引人继续往下读；有新闻亮点（卖点明显），新闻点被突出处理，或被详写，或被置于显要位置；采用较多的细节描述，有不少的直接引语；不用或少用形容词副词。

就预期的传播效果而言，报道慈善新闻的稿件，应当有较强的可读性，受众读后有一定收获，发表后社会效益较好。

二 人文关怀受助者

新闻报道中的人文关怀，主要是指新闻媒体对人的生存状态的关注，对人的尊严与人性需求（自尊心）的满足。[②]

卢小波在《媒体慈善报道应有的态度和理念》[③] 一文中说："多年来，《厦门晚报》与慈善机构一直合作无间。这种合作不只是故事的交流，很多时候是理念的互动。其中，双方取得的一条共识就是，在任何时候任何情况下，都要无条件地保证给予受助者充分的人文关怀，无条件地尊重受助人的完整人格，无条件地让受助方和资助方平等互动。"

---

① 新闻六要素：时间、地点、事件、人物（或动物）、过程、原因。简讯，交代"时间"和"事件"就行，不必完全包含新闻六要素。

② 卢佩：《汶川地震报道中新闻媒体的人文关怀探究》，兰州大学2009届硕士学位论文。

③ 刊于《中国记者》2008年第11期。

"在捐助捐赠之际，举办轰轰烈烈的仪式，大张旗鼓地广为宣传，让捐赠者风光体面地亮相，置受助者于尴尬难堪的境地。这种做法，不但扭曲了慈善的本质，而且对受助者也是一种人格尊严的伤害。这需要媒体的慈善报道换位思考，在采集媒体内容报道的时候，更要尊重受助者的人格和隐私。……被救助者站在镁光灯下，无视人的基本尊严，除了人格被贬低，对正在成长中的未成年人来说，还会带来长远的精神伤害，可能导致人格的畸变。有心理学家将之概括为'镁光灯效应'：一旦被曝光，他们就有可能会长期生活在一种另类的精神环境里，而受到种种有形或无形的压力。"①

在慈善新闻报道中，若报道方式不当，接受救助的人可能成为受害者。

所以，新闻媒体对受助者的采访和拍摄，要三思而后行。2011 年 1 月 27 日，慈善家陈光标在台湾新竹县向当地弱势人群每人发放 1 万元新台币红包。组织者在现场贴出如下提示："媒体朋友您好为尊重受赠人感受请勿拍摄受赠人脸部特写及采访个案。"

捐助者和受捐者一起站在镜头前在合影，然后把受捐助的人的正脸曝光了——这是很多慈善捐助活动的常见做法。这对受捐者是一个很不好的事情，因为他们自己的面貌会被记录曝光。事实上，接受捐助并不是一个很荣耀的事情，有些人不太喜欢自己的贫困被人们知道。所以，捐助照片没有做遮蔽处理就在新闻媒体刊登出来，对他们可能是一种心理上的伤害，拍摄者和照片发布者不妨采取"打马赛克"之类的措施。

《南昌晚报》在这方面，就有值得称道的做法。该报"爱心·守望"慈善专版第 103 期的主打稿件《安凯：拼尽全力也要上大学》配发的新闻照片，是刚刚高考完即将升入大学的贫困生安凯和母亲张露兰的合影，照片中安凯的眼睛和鼻子部位被处理成马赛克，这样做，可以使未成年人安凯免受不必要的伤害（报道带来的），保护安凯的自尊心和尊严。2008 年 6 月 26 日第 101 期主打稿件《她病了，依然是可爱天使》报道的白血

---

① 引自《慈善报道应多一点换位思考》（作者刘红），详见 http://media.people.com.cn/GB/22114/86916/86917/7308239.html。

病六岁女童，照片中眼睛部位被电脑生成的灰条遮掩，使其不可被辨认，得到特殊保护。

有一次，南昌搞了一个慈善活动，当地有两家报纸对此进行报道：有一家报纸就像上面的方式一样，还有一家报纸则登出了捐助者的正脸和受捐者背影的照片。显然，还是第二种报道方式比较好，这样捐助者得到了宣传效果，同时受捐者避免了正面曝光，可谓双赢。当然，也有一些受捐者并不反感曝光自己的外貌形象——这就需要事先征求受助者的意见，了解其感受。

2013 年 8 月 21 日，《南昌晚报》A4 版刊登报道《30 名贫困大学生喜领助学金》，所配图片显示的是助学金发放者和领受者的侧面，也未做“使其不可辨认”处理。

图 5 - 13 《30 名贫困大学生喜领助学金》配图

在慈善募捐中，为获得公众的信任和支持，往往必须披露较多的个人信息，但那些与募捐无关的个人信息（如离婚、不雅观的照片）不该被披露出来。例如，在前面提到的“女大学生卖身救母”事件中，这名女大学生的诸多隐私被曝光、被侵犯：私人邮箱被黑客破解，邮件被黑客复制；她与同性好友接吻的照片被公布；她在学校内部论坛上找同性恋者的帖子被翻了出来；她与别人在同学录中的交流被当成“骗钱”的证据。

三　公平对待捐助者

2013年8月21日，《南昌晚报》A4版刊登报道《30名贫困大学生喜领助学金》，其正文如下：

> 一张录取通知书，对大多数家庭来说，无疑是喜事，但对于贫困家庭来说，录取通知书除了给他们带来欣喜外，更多的是压力。不过，由省慈善总会等单位筹措的“博爱基金”给了贫困学生希望，昨日，南昌县塘南镇的30名贫困大学生就获得了4万元助学金。
>
> 昨日上午，一场名为“大学梦，家乡情”的助学金捐赠仪式在南昌县塘南镇政府礼堂举行，来自全镇的数百名师生代表参加了这一活动。塘南镇团委相关负责人介绍说，今年，该镇一共有104名学生考入了国家统招的一本、二本院校，为历年最多。
>
> 与此同时，一些贫困家庭的学生因为经济条件所限，踏入大学之门变得十分艰难。为此，江西省慈善总会、南昌市慈善总会联合部分爱心企业筹措了4万元的“博爱基金”，发放给了塘南镇30名即将入学的贫困大学生。其中，10名一本院校学生每人2000元，20名二本院校学生每人1000元。
>
> 家住塘南镇渡口村的胡宏东领到了2000元助学金和行李箱等礼物，他今年以优异的成绩考入了华东理工大学。胡宏东告诉记者，他家经济条件很差，全家的收入全靠父母务农维持，为了攒学费，他利用暑假打工赚钱，这笔助学金给他减轻了不少的负担，“我真的很高兴，也很激动，我一定会好好学习，报答好心人给我们的帮助和鼓励！”

以上报道并没有说明捐出爱心款项的企业名称，只是说“江西省慈善总会、南昌市慈善总会联合部分爱心企业筹措了4万元”，这对于相关爱心企业而言，是不公平的。当天的《江西晨报》A11 版，也报道了这次助学金发放仪式，标题是《南昌市第五医院爱心助学仪式成功举行》，但是以软文（特殊的收费广告）形式刊登在版面的右下角，两条线将该文与其他报道分割开来。南昌市第五医院为贫困学子捐资 4 万元，却得到这样的“处理”，显然也是不合理的，无助于促使这家企业参与更多的慈善捐助，无助于促使更多企业从事慈善捐助。

湘潭日报社的龙卫国曾撰文[①]呼吁“给企业‘义举’以公平待遇”，他在文中写道：

> 在慈善公益事业中，企业是重要的角色之一，但目前企业在整个公益事业的宣传报道中却是一个被排挤、排斥的对象，享受着不公平待遇。由于传媒行业市场化的发展，一般规范的媒体都采用了“收支两条线”的管理模式，这样采编部门可以保持报道中的公正和客观。但是与此同时带来了一个巨大的副作用——很多媒体对涉及企业的新闻是非常敏感的。具体在执行上，关于企业的慈善等公益行为，一般媒体的态度是：新闻可以说，但是企业的名字不可以提。
>
> 从中央到地方的各种媒体，这样的例子不胜枚举。中央电视台对攀登珠峰进行报道的时候，移动以价值数千万元的设备给以支持，竟换不来在直播报道中告诉大家通讯设备属于中国移动这样一条简单的信息。为什么呢？因为节目的编播人员要避嫌，要表明自己做的节目不是“关系稿”。媒体的这一操作方法，使企业处于一种非常尴尬的境地，企业花钱做了一件善事，有时要花更多的钱投入广告才能告诉别人做了这样的事。如此一来，对公益事业，很多企业只能是“想说爱你不容易”。这一现象主要是由传媒行业体制的缺陷造成的。如何解决这一问题呢？这需要从体制上进行革新，要给企业的公益“义举”以公平待遇。企业的“义举”只要够得上媒体的新闻报道标

---

① 龙卫国：《做好当前慈善新闻宣传的思考》，刊于《青年记者》2006 年第 24 期，详见 http：//qnjz. dzwww. com/zt/200701/t20070111_ 1961126. htm。

准，就应该报道而且应该点名。

辽宁省朝阳市《燕都晨报》总编辑马艳光主张“积极报道社会各界爱心人士的善举”。她说：“市内市外、省内省外、国内国外凡来朝阳开展慈善活动的，我们都舍得版面，大张旗鼓地报道，在全社会形成弘扬美德、助人为乐的风气。美国爱心人士来朝阳福利院做义工的报道，给当地人很大的启发和教育，朝阳也有志愿者组织起来义务献工。”[①]

此外，对参加捐助的慈善人士引起争议的言行，若无确凿的“违法、违规、违背承诺”证据，新闻媒体最好不要出声质疑，倘若展开报道，则应做到：多信源核实，以建设性立场平衡报道，不激化矛盾。

不过，在“给企业‘义举’以公平待遇”的同时，也要注意避免过于商业化。

新西兰学者 Patricia Mooney Nickel 和美国学者 Angela M. Eikenberry 在 2009 年联合发表的论文[②]中提出，建立在媒体宣传基础上的“慈善市场化”从某种程度上危害了慈善事业本身，人们容易沉浸于商业化的宣传气息里，忙着关心明星代言人和赞助商的自我宣传等，而忽略了真正应该去关心的慈善事业。

例如，烟草企业赞助的慈善助学项目，最好只出现公司名称（如江西中烟工业有限责任公司），不要出现烟草产品的名称（如“金圣”）。

---

① 马艳光：《搭建慈善新闻的平台》，《新闻战线》2010 年第 2 期，详见 http://paper.people.com.cn/xwzx/html/2010-02/01/content_606588.htm?div=-1。

② Patricia Mooney Nickel, Angela M. Eikenberry, "A Critique of the Discourse of Marketized Philanthropy," *American Behavioral Scientist*, Mar 2009, Vol. 52 Issue 7, pp. 974-989.

第六章 慈善传播的特殊类型与相关要领

有一些类型的慈善传播并不常见，但其形式特殊，有着特殊的吸引力和传播效果，其技术要领也是值得关注的。下面列举其中的三种，供有需要的人借鉴。

第一节 运动行走型慈善传播

慈善行为本身，只要被其他人看到，就是一种慈善传播。与定点募捐型慈善传播相比，运动行走型慈善传播一般不是固定地点，常常在户外，在行走、运动之前、之时、之后，开展慈善传播。

第一种，是在运动过程中进行慈善传播，传播内容不是劝捐，传播内容（信息）本身就是一种捐助品。“多背一公斤”就是这种类型的慈善传播。值得一提的是，每个人都可以组织或参与“多背一公斤”之类的慈善活动，不一定要完全遵照“多背一公斤”的要求。

第二种，是通过运动吸引公众参与或关注，在运动过程中和运动前后进行募捐。香港“乐施毅行者”活动和中国内地“挑战 8 小时”慈善徒步赛，就是这种类型的慈善传播。

“多背一公斤”公益旅游是民间发起公益活动，它倡导旅游者在出行前准备少量书籍和文具，带给沿途的贫困学校和孩子，并强调通过旅游者与孩子们面对面交流，传播知识和能力，开阔孩子们的视野，激发孩子们的信心和想象力，最后，通过网站（包括微博）将活动的信息和经验分享出来，让学校和孩子得到更多的关注和帮助，同时让更多的旅游者受益。

图 6－1　“多背一公斤”Logo

“能不能利用数量庞大的旅游者的力量去帮助这些贫困落后地区的小朋友?”2004 年 4 月，安猪在网上提出了一个叫作“多背一公斤”的计划。最初的思路很简单，鼓励每位旅游者在出游时背上一点书籍或者文具，带给沿途的贫困学校和孩子。为了让这一切更有效，安猪建立了“多背一公斤”的网站（www. 1kg. org）①，在网站上收集和提供学校的信息和需求，作为旅游者出行前的参考。

“一公斤很轻，但如果有成千上万这样的一公斤，它的价值就不可估量。”就是这个朴素的理念，立即得到了旅游爱好者的广泛认同，仅仅依靠口口相传，在最初不到一年的时间里，广州、上海、北京的旅行者已经自行组织了 20 多次活动，参与人数超过 200 人，活动遍及湖南、广西、贵州、云南等地，捐助文具超过 10000 份，图书超过 3000 本。

贵州白碧小学文老师说：“物质的匮乏还是可以克服的，但真正的问题是观念和信息的落后。”安猪意识到，“多背一公斤”的意义不能仅仅停留在物质层面，旅行者更应该“背”去信息和观念，在和孩子们面对面的交流中，更多地开拓孩子们的视野，让他们了解外面的世界。

安猪建议，旅行者最好自备信纸、写有回信地址和贴上邮票的信封，见面时交给孩子，让彼此保持长期通信联系；下载并打印若干梦想卡片，鼓励孩子们写下自己的梦想；把旅途见闻、照片、梦想卡片等发到网站，以便捐助者之间交流经验……

① 2013 年 7 月 6 日，笔者无法打开此网站。新浪微博有@多背一公斤。

“我们不强调可怜和同情，如果说最初的‘多背一公斤’只是提倡扶贫，那么现在的‘多背一公斤’更注重的是平等的精神上的交流。”安猪反复强调这一点。

“其实这个旅游方式最吸引人的地方就是充满了人情味。我送了一些小礼物，而孩子们回馈给我们更多，有灿烂的笑容，不断的进步……与其说是我们帮助了这些孩子，不如说是这些孩子给了我们启示、触动和快乐，这多背的‘一公斤’其实是送给了自己。”这是广州网友 Ansel 的感受。

“多背一公斤”的参与者在网站自发组织活动，探访学校，并在旅途结束后继续关注和服务学校；他们还在沿途收集新的学校信息，扩大“多背一公斤”的学校服务范围。单是 2007 年，“多背一公斤”的参与者就进行了超过 130 次公益旅游活动，并发掘了 98 所新的服务学校。目前，多背一公斤的服务学校超过 300 所，遍及中国西南及其他各省份的著名乡村旅游点。

随着对乡村教育需求了解的深入，“多背一公斤”也开始尝试更多的社会创新，为乡村教育设计大规模的解决方案。2007 年，“多背一公斤”提出了“双子书”项目，以图书为媒介，让乡村儿童在获得全新的优质图书的同时建立与城市儿童的联系，增进了解，共同成长。截至 2008 年 4 月，该项目已经为乡村学生送出了接近 2000 本全新的图书。

以下是“多背一公斤”发起者给参与“多背一公斤”旅游者提出的建议：

1. 旅游为主，公益其次。

不要喧宾夺主。“多背一公斤”是旅途中的举手之劳，能做固然有收获，不做亦无伤大雅。不必将公益作为旅游的目的，这样反而会产生不切实际的期望。

2. 交流为主，物品其次。

不要太看重背过去的一公斤。相比于少量的物品，面对面深入平等的交流更能对孩子的成长产生积极的影响。

3. 快乐旅行，保持微笑。

我们往往会因为孩子们艰苦的生活环境而唏嘘，但唏嘘无法改变现实，相反，微笑会更容易接近和理解孩子们。请记住，不管贫困或富有，每个孩子的童年都是快乐的。

4. 分享旅途中的信息和经验。

做好事不留名，那么这个孩子和学校可能一辈子只会得到您一个人的帮助。相反，如果能把自己旅途中获得的信息和经验分享出来，那么学校和孩子能得到更多的关注和帮助。

张家界旅游网2009年7月18日曾报道一次“多背一公斤”公益献爱心活动，全文[①]如下：

“多背一公斤”公益活动在张家界展开

张家界旅游网讯：7月17日，“多背一公斤”公益活动在张家界慈利县金岩乡乐元小学展开，北京建工金源旅游团和张家界旅游网共同组织参与了此次活动，并累计捐助3000余元和文体用品。

爱心传递

7月17日上午，由北京建工金源员工组成的旅游团队和张家界旅游网工作人员及媒体代表一行40多人，乘坐旅游巴士，带着爱心，在崎岖的乡村公路上前行，他们此行目的地是张家界慈利县金岩乡乐元小学，开展“多背一公斤”公益献爱心活动，受到了乐元小学全体师生的热情欢迎。

爱心交流

在本次活动中，众多爱心人士将自己的捐赠物品一一送到孩子们的手中，捐赠品包括书包、书本、捐款等。建工金源总部主任刘翠女士和张家界旅游网负责人朱万璋先生各捐赠1000元人民币，建工金源二级部张振涛先生与朱江南同学结成一对一资助对象[②]，以后每年都将资助朱江南同学1000元，直到她大学毕业。捐赠仪式结束后，学校老师及学生代表发言，感谢各位爱心人士的善举，并表示以后将

---

① 引自网址 http://www.zjjok.com/news/20097181230126805.html。

② 见下一页第二幅图。

用自己的实际行动报效社会、将爱心永远传递下去。随后，一行人参观了学校的教学设施，并与学校师生交流，了解学校的困难并给予积极建议。最后在师生的欢送下，“多背一公斤”活动圆满结束。

爱心分享

看着黑板上写着“欢迎您—亲人们”的字语，建工金源二级部主任张振涛先生非常感动，他说：“‘多背一公斤’活动，是尽自己绵薄之力，去帮助一些贫困的乡村学生，在活动中我们感受到了大家的热情，这样的活动要多参与，活动也可以为我们自身带来更多的爱心之旅的体验。”

> 据活动组织和张家界旅游网负责人朱万璋经理介绍，“多背一公斤”这样的爱心活动，在张家界旅游行业尚属首次，非常感谢建工金源及众多爱心人士的支持，希望这类活动得到大家的关注，同时希望大家更多地参与。

体育运动倡导的积极向上、挑战自我、团结协作、拼搏超越的精神，慈善事业蕴涵的人文关怀、爱心奉献、助人为乐的理念，有相通之处——都是传递正能量。通过具有时尚、趣味、极限等特点的运动项目践行爱心，感召他人，实现梦想，是公众参与慈善活动的一种模式。

“乐施毅行者”是香港最大型的远足筹款活动，自 1986 年以来，先后有 7.3 万余名参加者为这项活动共筹集到超过 3.65 亿港元。“乐施毅行者”将项目设定为极具挑战性的团队活动，没有设立个人组别，参加者均是 4 人组队，要在 48 小时内走完 100 公里。2012 年每支参加队伍最低筹款额为港币 6800 元，而特定筹款额队伍则须至少筹款港币 7 万元。

1981 年，当驻港英军啹喀兵团为考验士兵耐力，而举行名为“毅行者”（trailwalker）的筹款活动，共募得 8 万元港币的善款。1986 年，乐施会参与合作并开放市民参加后，这个数字迅速上升到 20.8 万元港币。1997 年后，毅行者更名为“乐施毅行者”（Oxfam Trailwalker，OTW），2011 年第 30 届“乐施毅行者”募得善款已达到 2700 余万元港币。

“乐施毅行者”不同于其他户外运动的地方在于：比完成比赛拿到名次更重要的是，参加者需要用自己的“毅行”精神，感动自己身边的人群，请他们捐款支持“对抗贫穷与饥饿”等慈善诉求。

中国青基会借鉴学习香港乐施会“毅行者”等知名公益步行筹款品牌，于 2012 年 9 月在延庆县举办“挑战 8 小时”慈善徒步越野赛（以下简称“挑战 8 小时”）①，通过具有一定挑战性的步行运动，广泛动员社会力量，筹集善款，资助中西部地区农村小学开展“希望工程快乐阅读”。该活动共有 1000 余人报名，850 人参加了比赛，共筹集捐款 76 万元，社

① 官方网站 http：//challenging8hours. cydf. cn/。

图 6－2　“挑战 8 小时”慈善徒步越野赛官方网站

会反响强烈，获得公众高度认同。为此，中国青基会决定联合相关机构，每年举办一次“‘挑战 8 小时’慈善徒步越野赛”，致力于将此赛事打造成最具影响力的公益品牌赛事。

中国青基会秘书长涂猛就慈善徒步越野赛，接受了《新京报》记者王卡拉的专访（刊于《新京报》2012 年 7 月 20 日 A16 版），以下是他们的部分对话。

新京报：挑战赛设有最低募款额度，青基会是否设定了一个筹款目标？

涂猛：我觉得这个模式的核心不是筹款，而是通过这种行动，宣传快乐阅读项目，更多的是让人们理解到，我对公益的理解和支持还可通过这种方式进行，这是一种文化的传播。以后不仅仅为快乐阅读项目去筹款，还会为其他很多项目。这种模式从香港引进，它不直接面对受益人，而是面对捐赠人。

新京报：对于这种模式，不少人有疑问，比如，为何既要捐钱又要出力。这个模式在香港的认知度怎样？

涂猛：在内地这是一个新鲜的公益产品。但在香港，徒步已成为健身和公益相结合的文化，不管是有名气还是没名气的公益组织，比如香港苗圃行动、乐施毅行者，都会采取这种方式劝募，大街上经常能看到有公益组织贴出徒步慈善赛的海报，几小时走完多少公里，报名的人还挺多。市民也喜欢徒步，有时候周末，老师会请客带学生去步行，走毅行者的路线。香港的公益组织把这种方式带入了内地。这次挑战赛，苗圃和我们也有合作，他们会从香港带一些人过来参加。

新京报：徒步慈善赛的方式，在内地并不常见，青基会是否有成功举办的经验？

涂猛：最早是广东省青少年发展基金会和香港公益组织合作过这种模式。1997年香港回归那年，中国青基会开始和香港苗圃行动合作，从香港徒步上北京。从那时开始，我们向香港学习这种模式，后来还从江西沿着当年红军长征的路走到陕北，走了300多天，沿途经过的县都建了一所希望小学，最后超额完成劝募目标。此前也在北京做过一次慈善徒步赛，但参赛人数不多，这次网上的自发报名就比上一次有很大提升。

新京报：挑战赛选定25公里和40公里，8小时内完成挑战的规定是否科学？

涂猛：这次挑战赛借鉴了香港现有的赛制，最低筹款额度、年龄限制、路程和时间的规定、道路的选择，是经过科学的测定和实战验证的，"拿来主义"吧。这次挑战赛的道路，风景美，空气也好，路线有一点点陡坡，但难度不大，最主要是危险性不大，安全。

2013年，这项慈善赛事的“报名须知”，是这样写的：

1. 须筹集善款，多多益善。

组队方式	赛段	最低募款额(元)	完赛时间
企业/机构	24.9公里体验赛	50000	8小时
四人团队	24.9公里体验赛	2400	8小时
	43.9公里挑战赛	4000	10小时
男子个人	24.9公里体验赛	600	8小时
	43.9公里挑战赛	1000	10小时
女子个人	24.9公里体验赛	600	8小时
	43.9公里挑战赛	1000	10小时
三人家庭	13.5公里亲子行	1500	6小时

2. 年龄：挑战赛须年满18周岁；体验赛须年满15周岁；亲子行须至少有1名成人，其他人年龄不限。

3. 性别：男女均可，四人团队成员中至少有一名异性。

4. 所有参赛者须提供真实有效的身份证明，保证身体健康。

5. 赛事组委会对报名者信息进行审核，如不符合参赛条件和要求，赛事组委会有权取消其参赛资格，捐款不予退还。

6. 企业\机构组队只允许参加体验赛，以四人团队形式组队，每队中至少有一名异性，组队数量不得超过10个团队。

7. 家庭组队只允许参加“亲子行”路线，不比赛，但记录时间和颁发完赛证书。每个家庭参加人数不得超过3人。赛事组委会将在活动现场针对三人家庭组开展城乡孩子互动游戏、素质拓展等亲子活动。

8. 每位参赛者筹款中的90元作为活动组织费用，用于参赛者的交通、区间摆渡、医疗救护、保险等。其余捐款中的10%用于“希望工程快乐阅读”项目实施管理成本。

这项赛事，是为乡村孩子筹集善款，可以帮助有需要的人，是非常有意义的事，但劝捐难度不小。所以，组织者为参与者介绍了一些筹款劝捐方法。

对个体劝捐的方法，包括：

1. 为你个人或团队设下筹款目标。

2. 随身携带捐款表格及筹款单，以便随时向周围人募捐，并让他们知道捐款可怎样帮助有需要的人。

3. 打电话、电子邮件、邮寄筹款信给每一个你认识的人，包括同学、同事，以及亲戚朋友，告诉他们你已参加“挑战 8 小时”，并说明这是一件十分有益的事情。

4. 在各种聚会中，告诉出席的人你已经参加“挑战 8 小时”，并向他们劝募。

5. 筹划特别的筹款活动，如“筹款晚会”，邀请亲朋好友参加，争取捐款之余，更起联谊之效。

6. 可随时记录你的筹款进度，以显示你与所定目标之间的差距，借此激励斗志。队员之间应当发挥互勉互励的精神。

7. 向被劝募人强调：“挑战 8 小时”是一项具有挑战性的活动，必须承受很多辛劳，才能完成任务，若能得到他们的支持，你一定会全力以赴，走完全程。

对机构劝捐的方法，包括：

1. 通知你所在单位管理层，你已参加“挑战 8 小时”慈善徒步越野赛，希望得到单位的支持，捐款赞助员工参加。你可以告知单位，如果捐款，可获得免税优惠，同时可提高员工工作士气，增强凝聚力。比赛期间，参加者可举机构统一旗帜，彰显机构文化理念。

2. 向机构争取以机构名义给有业务来往的合作单位寄筹款信，邀请他们捐款支持。此举既可增加你的筹款额，更有助提高贵机构服务社会的形象。

3. 将活动海报贴在你单位醒目的地方，并随时向单位高层、同事发放活动宣传品，推介活动。此外，建议让一些较为豪爽的同事先行填写捐款表格，从而鼓励后来者捐出相同的数额。

在中国之外，也有慈善行走赛事。

图 6－3　卡梅伦参加慈善跑步比赛

据英国《每日邮报》报道，2012 年 12 月 27 日下午，英国首相卡梅伦参加了所在选区的一项年度慈善跑步比赛——选手们需要冒着严寒跋山涉水，不但会浑身湿透，还会弄得满脚泥浆。不过，这项运动也没有人们想象中那么艰苦，因为比赛的距离只有一英里，终点处则是一家酒吧。妻子萨曼萨带着孩子为卡梅伦加油。虽然他多次出现面红耳赤、上气不接下气的情况，一条腿还挂了彩（见图 6－3），但还是心情愉悦地与其他选手一起合影。据悉，卡梅伦最后得到了所有参赛者都有的奖牌。据悉，这项慈善活动自 2006 年第一次举办以来，每年都会举行一次。只要交 5 英镑的报名费就可以参加，所有的收入都会捐给当地一家纪念馆。卡梅伦已经是第三次参加这项活动了，但这还是他 2010 年成为英国首相以来的第一次。他也是 2012 年比赛中最“大牌”的选手。[①]

---

① 转引自《宁波晚报》2012 年 12 月 29 日第 A12 版。

第二节　拍卖义卖型慈善传播

拍卖，本意是当众出卖寄售的物品（往往设置起拍价），由许多顾客出价争购，在一定期限内，到没有人再出更高一些的价时，就拍板，表示成交。网上商店出现后，“拍卖”有了新的含义：在网上公开出售物品，价格固定，谁先拍下谁就买下，买家竞争的是先后顺序，不是价格高低。

拍卖行实施的慈善拍卖，因其场地特殊、成本较高，操作起来有其特殊之处。对此，贺立彬曾在《中国慈善家》杂志撰文[①]介绍：

> 一场慈善拍卖会的发起和组织通常有两种情况：一种是基金会自己征集拍品，进行招商，聘请拍卖师，帮助他们主持现场竞拍；另一种是基金会征集到拍品后，委托拍卖公司招商。双方签订合同，由拍卖公司委派拍卖师。拍卖公司可能分文不取，也可能收取一部分服务费用，这部分费用从成交额里出。在标的数量多、标额大的情况，通常会委托拍卖公司。
>
> 拍品征集的工作主要是由基金会来做，这是它们的本职，而它们也有充足的时间去准备。拍卖公司征集拍品的情况很少，因为它们的主业是商业拍卖，难以抽出人员投入到善品征集上。
>
> 然而，慈善拍卖难就难在拍品征集：不是随便一件拍品都值得拍。人民大会堂第一次响起拍卖锤就是一次慈善拍卖，当时拍的是姚明的篮球和刘翔的运动服。姚明的篮球卖了 32 万，刘翔的运动服卖了 12 万，都卖得相当不错，因为两件物品都具有稀缺性和独特性。中低档拍品好征，却不适合放到慈善拍卖上，因为人们都会倾向于高端、高价值的东西，这也由此能多献爱心。
>
> 慈善拍卖需要有慈善拍卖经验的拍卖师从第一环节就介入。根据主题，拍卖师对征集什么样的拍品提出建议，并从艺术性和市场价值两方面审核它是否适合慈善拍卖。

---

① 贺立彬：《如何举行一场慈善拍卖会?》，和讯网，http：//gongyi. hexun. com/2011 －09 －29/133860842. html。

高价值拍品的征集得力于发起人、策划人或基金会会长的人脉，包括在社会交往中结识的企业家和藏家。拍品价值高，慈善价值也会随之抬高。慈善拍卖的最终目的是把拍品变现，征集之后就过渡到招商环节。将拍卖信息发布，印制拍卖图录，在会展中心进行预展，进入会所展览，让更多买家预知慈善拍卖会的消息。

因掌握的客户资源少，基金会是不容易招商的。这时就不妨委托拍卖公司，它们会向自己的客户群发出邀约，召集买家。拍卖师也可通过自己的渠道，介绍藏家和买家来关注。

第三个环节是现场布置和设计。慈善拍卖的一种形式是如商业拍卖那样，买家郑重其事齐坐在会场内，现场发放拍卖牌，拍卖流程简单。这种适用于拍品数量多、持续时间较长的。另一种则是慈善晚宴，标的少，或许只有十来件，但每件都可以有一番说头的，这种形式时间通常维持在三、四小时左右。

慈善拍卖的主题，最好围绕大环境。比如世界粮食日到来之前，基金会结合它策划一场为西部儿童吃上免费午餐而筹款的慈善拍卖。主题与环境相扣，也易从媒体处得到支持。而拍品其实无需与主题相关。

慈善拍卖中的定价更多时候是无底价，自由报价，尊重买家的意见，也能烘托气氛。捐赠者定价不太常见，他们通常都是无偿地把东西捐给基金会。卖多少钱，全部归于基金会。

商业拍卖讲求公平公开公正，慈善拍卖也一样。用什么方式让企业家掏钱，是门艺术。优秀的拍卖师能对现场进行很好的把控。但不同于商业拍卖的紧凑节奏，慈善拍卖上，我经常会和主持人默契地搭接话语，给买家充分思考时间。另外，慈善拍卖更讲究拍卖语言，拍卖师可以巧妙地给买家算账，“5 万块钱就可以给一个小学修一个球场，您的一百万又有 50 个学校受益。”不过，慈善拍卖必须秉持“适可而止”的理念，每个买家都有自己的心理价位，不能庸俗地硬逼他们。

最后，慈善拍卖与商业拍卖一样，都要有既定的集资目标。不过慈善拍卖更需要尽量压缩不必要开支。但慈善拍卖成本在有的环节是躲不开的，比如灯光、音响、运输费用。总体来说，拍卖规格上去了，才会拍出好的价位，要想成交额越高，付出的成本也越大。

如果不是拍卖行实施的慈善拍卖，爱心拍卖的物品，可以不拘一格[①]，既可以是看得见摸得着的实物，也可以是看得见摸不着的虚拟物品，但拍卖所得必须用于慈善用途。

韩国艺人组合“少女时代”曾为慈善机构拍卖T恤、短裤、迷你裙、头巾、保暖袜、腰带等物品。

图6－4　“少女时代”的慈善拍卖活动

网友“卖火柴的九江女孩”为白血病男友募捐，拍卖的是虚拟物品。

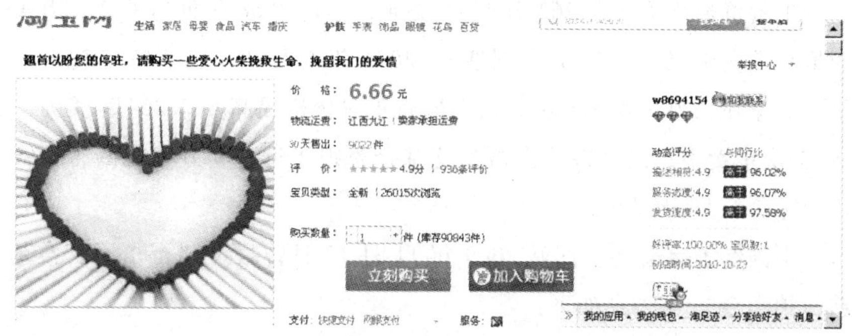

图6－5　淘宝网“爱心火柴”售卖网页

2012年5月，大学毕业不到一年的九江女孩王霖在淘宝网上卖火柴，不过她卖的不是真的火柴，而是一个虚拟商品“爱心火柴”（见图6－5），买家支付6.66元人民币便可以收到一份感谢和祝福。她是为了救助患白

① 一个共舞机会，一个共餐机会，一个吻，都可以成为拍卖物。

血病的男友刘宏宇。从5月14日至20日，王霖总共卖出3123份“爱心火柴”。截至2012年5月23日17时，这个虚拟物品卖出6827件（筹到善款45467.82元）。

1985年，美国歌手迈克尔·杰克逊参与组织并与莱昂纳尔·里奇共同创作了单曲《We are the world》（四海一家），旨在声援向非洲饥民捐款的大型慈善活动“美国援非”，由45位歌手所共同演唱。这张单曲在美国狂销700万张唱片，为灾民带去了5000万美元救援。

美国“股神”沃伦·巴菲特（Warren Buffett），拍卖的是“一次与巴菲特共享午餐的机会”。

2000年开始的、一年一度的“巴菲特午餐拍卖”，起拍价2.5万美元，拍卖收入捐给美国旧金山慈善机构葛莱德基金会（Glide Foundation），用于帮助旧金山地区的穷人和无家可归者，为低收入人群提供衣服、住所和医疗诊所，并开设青年职业培训班，帮助一些有困难的人掌握一技之长。按照这项活动的传统，在拍卖中获胜的人可以邀请7名朋友与巴菲特在位于纽约曼哈顿的牛排馆共进午餐，并获得一盘午餐录像带。

2003年起，“巴菲特午餐拍卖”转为在eBAY网站拍卖。2010年度巴菲特午餐价最终落槌在262万6311美元，超过2008年创造的211万美元的最高拍卖纪录（中国买家创造）。2011年6月初，巴菲特午餐再破纪录，买家在拍得2345678美元后自愿将午餐价格提高到2626411美元。在前11次拍卖中，巴菲特共为格莱德基金筹得了近900万美元的善款，平均中标价约80万美元。

中国红十字会基金网站2009年11月17日曾报道“崔永元公益基金慈善拍卖会”，全文①如下：

“崔永元公益基金慈善拍卖会”哈尔滨举行

2009年11月15日下午，由中国红十字基金会主办、哈尔滨电视台影视频道承办的“崔永元公益基金慈善拍卖会”在哈尔滨举行，哈尔滨电视台进行了现场直播。央视著名主持人崔永元、敬一丹、鞠萍主持了

① 引自http：//www.crcf.org.cn/sys/html/lm_1/2009-11-17/114059.htm。

拍卖会，月亮姐姐王淏、青年歌手罗中旭、金波以及玖月奇迹组合也参加助拍并献歌。姜文、周润发、葛优、宋祖英、朱军、崔永元、邓亚萍、张怡宁、麦蒂等各界名人捐赠的22件拍品参与了现场拍卖。在央视“名嘴”营造的诙谐幽默和热烈的气氛中，拍卖会共拍得善款198.4万元。

中国红基会常务副理事长兼秘书长王汝鹏出席拍卖会并在拍卖开始前热情致辞，感谢冰城人民对崔永元公益基金的支持和参与，并称赞崔永元发起成立的这个基金为乡村教育事业做了许多好事，他表示不仅要管好崔永元募来的这些善款，还要指导、监督崔永元使用好这些善款。黑龙江省红十字会常务副会长王振川、哈尔滨市红十字会常务副会长迟克捷及哈尔滨市的有关领导出席了拍卖会。

拍卖会从13点50时分开始，历时近4个小时。尽管场外是大雪纷飞，拍卖现场却是爱心涌动，气氛热烈，感人至深。演艺明星的轮番上台助拍，把拍卖活动一次次推向高潮，巴黎皮草城、哈尔滨凯纳科技股份有限公司等企业纷纷举牌，慷慨解囊。竞拍者的一次次举牌将最美的一瞬永远定格。

第一件拍品是奥运冠军邓亚萍签名的球拍，起拍价为1万元，被巴黎皮草城以8万元竞得；央视主持人朱军捐赠的一幅自己的画作被一位不愿透露名字的爱心人士以18万元拍得；纵贯线罗大佑、李宗盛、周华建、张震岳共同捐赠的一幅画作被一家公司以4.8万元拍得；最后一件“梦幻组合”拍品是由宋祖英捐赠的春晚演出服和崔永元先生捐赠的特制酒，起拍价5万元，被哈尔滨黑天鹅集团以29.8万元拍走。两位黑龙江的知名书画家阴衍江、都本基现场创作的三幅书画作品现场拍出了40万元的高价。

“崔永元公益基金”是由中央电视台著名主持人崔永元倡导发起设立在中国红基会的一个专项公益基金，其中实施的乡村教师培训计划是通过奖励性质的教师素质培训、考察、参观学习等活动，帮助乡村教师开拓视野、更新观念、提升执教能力。该基金发起伊始，即在甘肃天水市举办首场慈善拍卖会，募集资金500余万元，举办了3期“乡村教师培训班”，培训了甘肃、青海、四川、云南及黑龙江等12个省区的300名乡村教师，资助甘肃天水地震灾区100名受灾乡村教师重建家园。

中国红基会常务副理事长兼秘书长
王汝鹏在拍卖开始前热情致辞

央视主持人朱军捐赠的一幅自己的画作被一位
不愿透露名字的爱心人士以**18**万元拍得

央视主持人月亮姐姐王淏、著名军旅歌手金波现场助拍

“梦幻组合”拍品：由宋祖英捐赠的春晚
演出服和崔永元先生捐赠的特制酒

当地的《新晚报》也报道了这次慈善拍卖会[1]，其中写道：

在昨天的慈善拍卖会上，敬一丹处处体现着大姐般的爱心，她多次用生动的故事，感染着在场的观众。在慈善拍卖会结束后，敬一丹在接受本报记者采访时表示，通过此次慈善拍卖会，她相信家乡人学会了如何在微笑中为慈善事业贡献自己的力量。

敬一丹昨天讲述的第一个故事来自一名佳木斯的女孩，她非常善于跑步，梦想也很简单，就是能奔跑在塑胶跑道上；第二个故事讲的是一名贫困学校的美术老师，因为条件限制，他只有两种颜色的粉笔，一种是白色，一种是红色。而红色的粉笔，还是用白色粉笔浸在红色墨水中制成的。讲完这两个故事，敬一丹动情地说："我们拍卖所得的钱，可能会为贫困学校的孩子带来一个操场、一盒彩色粉笔，让他们得以实现自己的梦想，走进一个多彩的世界。"

在慈善拍卖会结束后，敬一丹要马上赶回北京。记者一边跟着脚步匆匆的敬大姐奔向演播厅外，一边跟她聊。敬大姐一再对记者说："做慈善事业有很多种方式，像今天这样的慈善拍卖会，虽然家乡人是初次接触，但却让人们熟悉了一种微笑着做慈善事业的方式。我相信在哈尔滨，有很多人都是有爱心的，但是需要一个平台让人们将爱心传递，此次慈善拍卖会就给大家提供了一个平台，唤起了冰城人的爱心。另外，此次慈善拍卖还将启发更多的冰城人，用更多不同的形式去奉献爱心。"

此次哈尔滨之行，是崔永元公益基金举行的第二场慈善拍卖会。首场在甘肃天水的拍卖会，崔永元共筹集善款 506.2 万元，此次哈尔滨之行，小崔筹到了 198.4 万元。达到之前的预期了吗？这是记者的第一个问题。

"我根本就没有预期。"小崔答得很轻松。"我们一定要扭转一些

① 刘希阳：《敬一丹：在微笑中做慈善》，详见 http：//www.crcf.org.cn/sys/html/lm_ 4/2009－11－16/105919.htm。

观念，慈善拍卖和传统拍卖的意义是不同的。在传统拍卖会上，大家希望得到一些有收藏价值的东西，能够升值的东西。而慈善拍卖不同，这里的拍品只是一个标的，一个载体，大家通过竞拍表达自己的爱心。搞慈善拍卖最大的意义不是筹集到多少钱，而是要唤醒每个人的爱心。之前哈尔滨好像没有过这种活动，这次拍卖可以说是一次启蒙和普及，让大家知道还有这样一种方式来表达自己的爱心。这可以说是一种宣传方式，只要能影响到更多有爱心的人，我们的目的就达到了。”

采访过程中，崔永元一直笑称自己很高调。开始以为是他谦虚，说着说着才明白，他这是在宣传自己的慈善理念。

“我是那种做了好事就想让大家知道的人，这是跟陈光标学的。陈光标有一句话，‘哪怕我只捐了一点钱我也要让全世界知道’。一开始我对这种说法特别不屑，后来我才渐渐理解了这句话。一两个人是做不成什么大事的，李连杰、成龙他们都在做慈善，可凭他们自己能做多少事呢？在美国，90%的捐款都来自民间，都是像我们一样的普通人捐的。所以，我们做慈善拍卖，目的不在于一次筹集多少善款，而是要影响更多的人参与其中。还有，我希望让大家高高兴兴做慈善。这一次的拍品价格好像有点高了，下一次应该准备一些一块钱、两块钱的拍品，让更多的人参与到其中。其实慈善的方式有很多种，参与竞拍的人做了慈善，现场和电视机前一直关注这件事也是一种慈善，你给我一个微笑对我来说也是一种慈善。”

2011年中国扶贫基金会慈善晚会上，倪萍第一次捐出个人画作用于拍卖，本不想拿画出来“得瑟”，因为觉得实在没到可以拿出手的水平，但一想是做慈善，也就“豁出去了”。她的《韵》起价定在20万元，倪萍连说不值，“还没弄明白怎么回事呢，价格就一路叫到了100万元”，当亚洲电视总裁王征喊到118万元时，倪萍再也看不下去了，急得她竟自己敲下了竞拍槌。当晚助手送倪萍回家，“那真叫激动得找不着北”。接受《精品购物指南》专访时，她说：“脑子正常的人都知道这是爱心价！”

记者眼前的倪萍不再是“央视名嘴”，她用一双手展开一幅幅画作，像孩子般喜悦。①

慈善拍卖，在大学校园、班级内部也可以进行。

2010 年 4 月 20 日下午，南昌大学新闻学 082 班学生，与南昌大学甘肃会宁支教团成员一道，在前湖校区人文楼 A335 教室，为甘肃会宁贫困儿童，举行慈善拍卖活动（也是该班团日活动）。

图 6－6 慈善拍卖前的卖品展示

这次拍卖活动的流程是：

1. 准备工作

①活动详细策划、发起；

②活动申请：场地、确定时间；

③提前在教室粘好气球，写好板书；

④向班级同学宣讲山区孩子们的学习生活情况（播放纪录片）；

① 引自《“不行就拐弯，走累了就歇会儿”》，详见 http：//news. xinhuanet. com/newmedia/2011－05/15/c_ 121417720_ 2. htm。

⑤结合支教团宣讲活动进行前期宣传发动广泛参与；

⑥发动全班同学收集拍卖义卖物品，并详细登记对方信息，便于信息传达。

2. 活动期间

①在班级内部公开进行拍卖活动（设主持人、拍卖师、卖品展示人等）；

②班级拍卖品不局限于物品、书本，可采用多种方式；

③由专人详细登记每件物品的拍卖情况。

3. 活动后期

①统计所有拍卖情况，制作明细表，并发至每个愿意留下联系方式的同学手中；

②将所有筹到的资金作为支教团的募资费用；

③继续跟踪募集资金的使用情况，将最新的使用动态公布于同学。

据现场统计，这个拍卖会金额高达660.5元人民币。

一位同学在活动后写道：

无法度量的爱心

一直以为爱心很多时候是一种作秀，尤其对于我们这些还没有经济来源的学生们，但是，今天的现场拍卖会无情地证明我错了。

拍卖时，我一直在登记卖者和买者，登记着低价和成交价，伴随着同学们的热情激情，我们都笑了，笑得很开心；听着一波高过一波的叫价，我感动了，原来这不仅仅是煽情煽起来的，因为有的人把拍来的东西又捐献出去进行二次拍卖了，因为有的人把拍来的东西又送给想要的同学了，“你用吧，我觉得你更喜欢”，因为有的人在信口开价后转身说：“这周又得省吃俭用了……”

为了能够为孩子们都捐献一点，很多人都在冒险故意抬高价位，让别人继续跟，但是一不小心，东西就栽倒在自己手里了，照样笑笑将东西收下；遇到不是很多人喜欢拍卖物时，总有人挺身而出将东西拍下；没有找到自己喜欢的东西时，和别的同学互拍；没来得及参加活动的，主动捐献……

这次活动的组织者最后总结道：拍卖活动收到了预先想要的效果，但由于时间安排比较紧，拍卖正式开始时就将近15：30了，两个多小时后就到18：00了，而晚上很多同学有选修课，所以拍卖后期效果明显差于开始时。

慈善拍卖，是义卖的一种形式。义卖，不但可以在室内进行，也可以在室外进行。

2010年5月，南昌大学会宁支教团曾在该校前湖校区休闲广场举行爱心义卖活动。

一大清早，会宁支教团的同学就把之前募集的物资搬到休闲广场，摆成地摊，就像“跳蚤市场”一样。

这些物资大都是同学们向支教团捐赠的，其中以衣服、杂志、饰品居多。有的同学捐出自己的生日礼物，说：“摆在寝室桌上只能我一个人欣赏，捐出来还能为甘肃会宁的小朋友尽一份心意。”义卖现场还有一批书法作品，是在淘宝网开书法作品店铺的书法家晏锦耀专门邮来送给支教团进行义卖的。

路过的同学倍感新奇，纷纷过来“淘宝”。一个挂坠只要2元，一件短袖衫只要10元，一份过期杂志只要1.5元……“很划算，还能献一份爱心”，人文学院08级的叶同学一口气买了三件衣服、一双鞋子。还不时有同学将自己的一些物品捐出来，“自己去不了会宁，只能通过这样的方式尽一份力”，09级的贺同学这样说。

此次义卖所获资金将全部用于资助甘肃省会宁县贫困农村的小学生。①

① 以上四段文字，作者系姚璐。

图 6－7　南昌大学休闲广场的慈善义卖

（摄影：梁爽）

还有一种拍卖型慈善传播，是以互联网为拍卖平台的。

有一些网友曾在淘宝网开展“元旦慈善晚宴”、“六一猪宴”等活动，由网友出钱拍下若干份猪肉（每件 16 元）或整猪（每头 1600 元），再由组织者买猪并置办猪肉宴，先后在“信天谨游”网站（www. xintian. org）公布收支明细信息（含去向）和最终举办的慈善猪宴照片，以全透明、全覆盖的慈善传播赢得捐助者的信任，并接受大家监督。

以下是“元旦慈善晚宴”的部分照片（包括学生的感谢信）。

图 6－8　“元旦慈善晚宴”开始前和开始后的照片

致"淘宝网友爱心人士"的一封感谢信

尊敬的淘宝网友爱心人士们：

您们好！

首先我代表全校学生感谢您们为我们所做的一切。虽然只是为我们买了一头猪，但对我们来说，这是在学校里最丰盛的一顿餐。因为我们这里很贫穷，虽然吃的是米饭，但却很清淡，一年里很少能吃上两顿猪肉。我在学校里吃的猪肉里，这一顿最好吃了，因为这是您们奉献的"爱心猪肉"，更是说真的真的很好吃，这一点也不夸张。

我的心里很感动，但同时也充满了对您们的感激之情。我们真的没想到，您们居然会关注到我们这个偏僻山村里的小学。

这顿猪肉给了我们极大的勇气，这顿猪肉鼓舞着我勇往直前。我想我们这里这么偏僻，没有人会关注到我们，可是这顿猪肉使我知道了不仅是我们身边的人在关心我们，在离我们不远的地方还有您们这些"爱心人士"在关心着我们。我们一定不会辜负您们的希望，一定要好好学习，为建设家乡而拼搏，为自己的理想而拼搏、奋斗。

最后，我还是忍不住忠心地对您们说："谢谢了！"

祝您们：

万事如意，身体健康！

拉伯乡中心校六(1)班学生[illegible]

2011年1月4日

宁蒗彝族自治县（中小）学用笺

资助学淘宝网友的叔叔阿姨们：

你们好。

谢谢你们能让我们在新一年的第一天吃上新鲜的猪肉，我代表每位同学向你表示深深的感谢，感谢你们对我们的关心。

我们都是穷苦人家的孩子，离家很远，在四面群山的学校里静静的读书，每天啃着两个拳头大的馒头，吃着干饭和青菜汤，几乎一年到头都是以素食为主，能够吃上一顿猪肉，对我们来说是莫大的帮助，我们这些生活在与大城市"隔绝"的学生，就算得到你们的一点帮助那也是最大的帮助。每个学生都感激不尽。

在元旦的这一天，享用着你们给予的猪肉，每个同学脸上都挂着甜甜的笑容，每个同学心里都充满了感激之情。是啊，如果没有你们的关心，我们也许在新年的第一天仍然啃着干馒头吧。正因为有你们，我们在新年里得到了伙食的改善，我再一次向你们说声谢谢。

世界很大，生活在这里的人各种各样，我们这些山区的孩子，因为有你们的关心，才茁壮成长，你们如同黑夜里的一把火，为我们指明幸福的方向；如同黑夜里划过的流星，给我留下难忘的机会。我心中绽放的幸福之花，因为有你们的滋润，心中的这朵花才开得美丽灿烂。

最后祝你们在2011年里工作顺利，身体健康，万事如意。

学生：央章卓玛

2011年1月2日

图 6－9　"元旦慈善晚宴"受助者的感谢信

以下是"元旦慈善晚宴"的部分文字信息。

本小店不接受任何采访，谢谢理解。

谢谢淘宝网友和好心人士捐助买猪（散卖 2 期 16 元/件、完整一头猪 1600 元/头）。

我们用朋友们捐助的猪，举办了 2011 年元旦慈善晚宴，宴请了云南和四川贫困山区 51 所学校大约 18000 名师生吃了一顿肉，现把本次活动内容发在这里，谢谢大家的爱心！

更多详细明细单请见：www. xintian. org 论坛"改善学生伙食"－2010 年山区学校慈善宴会收支明细单。

备注说明：宁蒗县有 12 个民族，这些民族都吃猪肉没有忌口，谢谢理解。

总的收支明细太长，请见 www. xintian. org“改善学生伙食”2010 年山区学校慈善宴会（收支明细单）。

信天助学：山区学校 2011 年元旦慈善晚宴（含云南和四川各个学校）支出情况明细：

一、2010 年 11 月浦老师处结余：5516 元

二、2011 年元旦晚宴汇款和车友会自带款：104625 元

（1）信天谨游给宁蒗浦老师：2010 年 12 月 24 日：70400 元

（2）信天谨游给马边胡该贵：2010 年 12 月 25 日：16000 元

（3）爱卡 GSI 车友会：2010 年 12 月 27、28 日：自带猪款到学校：18225 元

三、本次（元旦晚宴）支出：

计划支出 105600 元（66 整头猪），实际支出 109482. 5 元（有的猪太大，合 68. 42 头猪款），实际支出多出 3882. 5 元，多出部分分别由 GSI 车友会支付 625 元，由各自超支的学校自出 2330. 5 元，浦老师处支付 927 元。

四、浦老师处结余：2989 元

（1）浦老师收到：5516 元（上次结余）+70400 元（12 月 24 日汇款）=75916 元

（2）浦老师支出：109482. 5 元（实际总支出）－2330. 5 元（各学校超支自出部分）－18225 元（GSI 车友会自带）－16000 元（胡该贵负责的马边县小学）=72927 元。

（3）结余：75916 元－72927 元=2989 元

序号－宴请日期——宴请学校——使用金额——主持人——备注

1. 2010 年 12 月 27 日——烂泥箐中学 1 头——1750 元——车友会——车友会自带资金，超出 150 元，车友自出（又称烂泥箐一贯制中学部）。

2. 2010 年 12 月 27 日——烂泥箐中心校 2 头——3600 元——车友会——车友会自带资金，超出 400 元车友自出。

3. 2010年12月27日——红桥中学2头——3560元——车友会——车友会自带资金，超出360元，车友自出75元，使用第7项资金285元。

4. 2010年12月27日——红桥中心校3头——4800元——车友会——车友会自带资金。

5. 2010年12月28日——红旗中学3头——5015元——车友会——车友会自带资金，超出215元使用第7项资金。

6. 2010年12月28日——战河中学4头——6400元——车友会——从浦老师处领款6400元。

7. 2010年12月28日——战河中心校3头——4300元——车友会——从浦老师处领款4800元，余500元，此款用于车友主持的其他学校晚宴支出。

8. 2010年12月29日——新营盘中学3头——4800元——肖国君。

9. 2010年12月30日——新营盘中心校3头——4800元——肖国君。

10. 2010年12月28日——跑马坪一贯制（中学+小学共2所）3头——4800元——浦理智。

11. 2010年12月31日——宁利中学1头——1600元——杨顺荣。

12. 2010年12月29日——西川乡一贯制（中学+小学共2所）3头——4850元——艾永院——50元，学校自出。

13. 2010年12月28日——西布河中学2头——3200元——曹建云。

14. 2010年12月28日——西布河中心校3头——4800元——曹建云。

15. 2010年12月30日——金棉乡九一校3头——4805元——张伟——5元，学校自出。

16. 2010年12月30日——宁利中心校2头——3200元——杨正才。

17. 2011 年 1 月 3 日——菠蕖中学 4 头——6400 元——浦理智。

18. 2011 年 1 月 1 日——水草坝完小 1 头——1603 元——余朝武——3 元，学校自出。

19. 2011 年 1 月 1 日——翠玉中心校 2 头——3596 元——张选华——超支 396 元。

20. 2010 年 1 月 1 日——翠玉中学 2 头——3200 元——张选华。

21. 2011 年 1 月 3 日——万桃完小 1 头——1500 元——王金国——余 100 元。

22. 2011 年 1 月 3 日——太平山完小 1 头——1600 元——曹建云。

23. 2011 年 1 月 1 日——拉佰中学 2 头——3681 元——杨永发——超支 481 元。

24. 2011 年 1 月 3 日——拉佰中心校 1 头——1750 元——杨永发——超支 150 元。

25. 2011 年 1 月 3 日——官田完小 1 头——1600 元——浦理发。

26. 2010 年 12 月 29 日——下溪乡中心校 4 头（含其他 3 所小学）6700 元——超支 300 元，学校自出。

27. 2010 年 12 月 29 日——下溪乡中学 1 头——3035 元——超支 1435 元——学校自出。当初说好与下溪中心校一共 5 头猪固定不变。

28. 2010 年 12 月 31 日——民主乡中心校（含全乡其他 19 个山村小学）4 头 6907. 5 元——胡该贵——超支 507. 5 元，学校自出。

29. 2010 年 12 月 31 日——民主乡中学 1 头——1630 元——胡该贵——超支 30 元，学校自出。

30. 合计——51 所学校（含村小）＝109482. 5 元。

慈善义卖，还有一种特殊的形式：慈善超市（慈善商店）。

慈善超市起源于美国，居民捐物凭收据可享受免税政策，也可在慈善超市低价购物。“慈善超市”解决了捐赠物资的整理、储藏、发放等必然存在的成本开支和场地问题，不仅可以减少费用开支，还可以赚取利润来筹集扶贫济困资金。其“前店后厂”的模式，可以安置很多下岗人员和残疾人就业，并可使一些不太宽裕的居民获得低廉的生活日用品。①

在英国，这种慈善超市有四个特点：第一，享受免税待遇。第二，店员都是义工，没有工资。第三，店面是房东以优惠的租金或者免费提供的，水电等费用可以得到相当大的优惠。第四，售卖的商品都是民众捐助的。慈善店在极低的成本下运作，所收款项交到上一级的管理部门，用于日常的慈善赞助。

在中国，慈善超市（仅北京就有200余家）有多种形式：或仅限于向低保人群售卖商品，或由极低收入人群凭慈善票据购买商品；或是通过售卖物品筹集善款（市民在超市购物即可献爱心），或承担接收捐赠功能。

第三节　晚宴晚会型慈善传播

晚宴，是晚上的宴会。晚会，是晚上的集会（一般以演出文艺节目为主）。

慈善晚宴，是以宴会为平台，进行慈善信息交流活动，可能有慈善拍卖、慈善募捐等环节。有一种慈善晚宴是为了募捐（共进晚餐是提供交流机会），还有一种慈善晚宴则是为了直接帮助人——例如，请弱势人群吃晚饭（参见前文有关“2011年元旦慈善晚宴”的内容）。

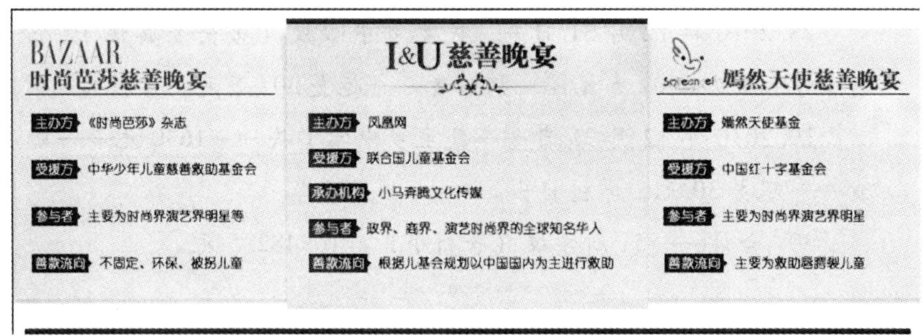

图6-10　不同机构慈善晚宴的简介网页

---

① 此段引自《京华时报》报道《北京慈善超市勉强支撑或亏损捐赠功能形同虚设》（作者陈养、樊瑞），详见 http：//www. jfdaily. com/a/6640812. htm。

放眼全球，最有名的慈善晚宴，当推“巴比”慈善晚宴（股神巴菲特和比尔·盖茨主办并出席）。

2010年9月29日，巴菲特和比尔·盖茨在北京举行慈善晚宴，邀请中国富豪出席，引起中国媒体的极大关注，以下是一篇报道[①]的部分文字。

> 晚宴举办方盖茨基金会北京代表处[②]位于东三环使馆区附近繁华地带的高档写字楼平安国际金融中心。一进19楼，立即就看到中英文的“盖茨基金会北京代表处”标识。
>
> 盖茨基金会的张璟告诉记者，晚宴结束后，盖茨和巴菲特将在30日早上在京召开45分钟的新闻发布会，公布晚宴的有关情况。据悉，目前，已经有近200名国内外记者要求报名参加记者招待会。记者还了解到，晚宴结束后，盖茨和巴菲特还将接受几家中央媒体的采访，巴菲特还将录制一期央视《对话》栏目。
>
> 尽管“巴比”之行吊足公众胃口，晨报记者还是从北京一位已经确定要出席晚宴的富豪处了解到，29日上午，盖茨他们将与他在内的部分富豪进行“六人会谈”。随后，参加“六人会谈”的富豪们也会和“巴比”一起共进晚餐。
>
> 此前，盖茨基金会北京代表处曾说，巴菲特和盖茨邀请50位中国“友人”共进晚宴，“主要目的是学习、倾听，以及与那些对慈善活动感兴趣的人分享经验”。尽管有“鸿门宴”和“被慈善”的诸多争议，但随着夜宴即将隆重揭开序幕，哪些富豪将慨然赴约，哪些富豪又选择回避，也成为公众关心的话题。
>
> 据公开报道，目前公开表示要赴宴的富豪仅10余位，他们分别是河北大午集团创始人孙大午、蒙牛集团创始人牛根生、万科董事长王石、SOHO中国有限公司首席执行官潘石屹夫妇、中国“首善”陈光标、壹基金创始人李连杰、福耀玻璃集团董事长曹德旺、大连万达集团董事长王健林等。也有些富豪决定赴宴后选择了沉默和低调。究

① 彭晓玲、张源：《巴菲特慈善晚宴拒揭神秘面纱　人数、细节高度保密　晚会第二天再举行45分钟记者会》，《新闻晨报》2010年9月28日A14版。

② 电话011－86－10－8454－7500，邮箱info@ gatesfoundation. org。

竟有多少富豪将赴宴与“巴比”见面，这个数字至今是谜。

不过，也有些“重量级”的富豪谢绝了比尔·盖茨和巴菲特的亲自邀请。如娃哈哈集团董事长宗庆后称，“要参加福布斯CEO大会，时间正好冲突了”；被称为“百年慈善第一人”的北京富豪李春平也声明，将不会参加盖茨与巴菲特的私人晚宴。“我相信我如果真正去赴宴，也只是给他们捧场而已。”福耀玻璃集团董事长曹德旺说，“我知道晚宴上没有劝捐，但是客观上有人利用晚宴炒作慈善、给企业做广告，这是厚颜无耻！”

2012年12月27日，《江南都市报》曾报道一次慈善晚宴[①]：

江西希望工程慈善晚宴昨举行

本报参与发起的捐建希望厨房活动已募集爱心款物518万元。

为了让偏远乡村的孩子们冬天的中午吃上一顿热饭，为了让我省贫困地区的希望小学有一个卫生干净的厨房，26日下午，由本报联合团省委、省青基会等单位共同举办的“捐建希望厨房，畅享爱的味道——2012年江西希望工程慈善晚宴”在南昌举行，来自社会各界的爱心企业代表和爱心人士共150多人参加了这场弥漫“爱的味道”的盛宴。捐建希望厨房活动已募集到爱心款物518万元。

慈善拍卖现场爱心涌动

26日的慈善晚宴融合了“视频展播”、“公益捐赠”、“慈善拍卖”和“爱心文艺表演”等环节。活动刚开始不久，主持人便在现场播放了一段视频短片《渴望爱的味道》，烟雾弥漫的厨房，破烂不堪的小学食堂，希望小学孩子们中午吃冷饭时渴望的目光……短片中记录的余江县福和希望小学和上饶县平安希望小学孩子们吃午饭难的镜头让许多观众看罢心酸。在慈善晚宴活动中，最精彩的一个节目是慈善义拍，拍卖师让工作人员相继呈上了5件由全国各地爱心人士和

① 引自 http://jndsb.jxnews.com.cn/system/2012/12/27/012229675.shtml。捐赠人民币1000元，可以义购此次慈善晚宴的一个爱心席位。

书画艺术家捐赠的艺术品及字画进行现场义拍，爱心人士竞相叫价。

爱心企业追加捐赠20个希望厨房

在慈善晚宴现场捐赠环节中，深圳残疾爱心大使梁小明先生、国酒茅台江西经销商联谊会代表、九阳股份有限公司和江苏今世缘酒业股份有限公司等单位及个人上台举出了各自捐出的款物数额，浙江宇峰厨具有限公司负责人还在现场宣布追加捐赠20个希望厨房，引起台下一片掌声。省政府、中国青基会和团省委领导等向爱心单位与爱心个人颁发了希望工程荣誉证书。

团省委党组副书记、副书记曾萍在慈善晚宴上表示，希望厨房公益项目既是一项广聚社会爱心的慈善行动，又是构建和谐社会的民心工程，省青基会期待社会各界爱心人士本着“奉献社会，回报社会”的宗旨，进一步弘扬助人为乐热心公益的精神，聚力共同推进江西公益慈善事业发展。她感谢此次活动启动以来，余江县至诚小额贷款有限公司、浙江宇峰厨具有限公司等单位以及爱心人士为捐建希望厨房活动捐赠款物。整台慈善晚宴活动现场精彩纷呈，处处彰显了爱心与奉献精神。

期待更多爱心人士参与活动

【捐赠方法】1. 爱心企业以及社会各界爱心人士，可以通过省青少年发展基金会官方网站以及合作媒体了解活动捐赠信息，所有捐款均直接汇\（存\）入省青少年发展基金会专门账户，省青少年发展基金会将向捐赠者开具捐赠专用收据\（可用于捐赠免税\）、颁发捐赠证书。2. 本次活动捐赠金额不设上下限，各捐款企业或个人的小额零星捐赠一并计入“希望厨房建设基金”中，用于希望厨房的援建。3. 捐赠实物设备应保证该设备全新且符合国家和省有关技术和安全标准。本次活动所筹措的善款将全部用于农村贫困学校厨房改造、厨房设备采购等，标准为每个希望厨房3万元人民币。

捐赠账号及联系方式：联系人：谢韶华、杨志萍；联系电话：0791－86702552、86708335；户名：江西省青少年发展基金会；开户行：中国银行江西省分行南昌叠山支行；账号：191705976554；网址：http：//www. jxqjh. org. cn。

慈善晚会，是以晚会为平台，进行慈善传播（往往有慈善募捐）活动。

放眼中国，最有影响力的慈善晚会，无疑是中国中央电视台（简称央视）举办的慈善晚会。

1998 年（多地发生重大洪灾）、2008 年（汶川发生重大地震灾害）、2010 年（玉树发生地震灾害，舟曲发生泥石流灾害），央视都曾举办大型赈灾晚会。

1998 年 8 月 16 日晚，由中央电视台、中华慈善总会和中国红十字总会主办的’98 抗洪赈灾义演（主题为“我们万众一心”）收到各界捐款和捐物总值 6 亿多元。这台晚会筹办仅 8 天，来自全国各地的千余名演员踊跃参加。因此，这台旨在号召全国人民为灾区贡献力量的义演，淡化了演职人员的色彩，用最为朴素的形式，用一批发自内心的“急就章”，向观众展示他们的赤子之心。在 20 余个节目中，没有个人节目，没有以往晚会中缤纷多彩的演出服装，无论名气多大的演员，都不计名利地投入演出中，许多人仅仅在镜头中出现数秒，也不辞辛苦地排练数天。为了增加晚会的新闻纪实节目内容，中央电视台派出百余人分赴抗洪抢险救灾第一线，使许多感人肺腑的事迹出现在晚会上。在这台特殊的晚会上，最引人关注的是一大批当场捐款的单位与个人，一份份凝聚着全国人民深情的捐款捐物把晚会推向一个个高潮。① 在晚会开始前，新华社、《人民日报》、《光明日报》等媒体提前公布了中华慈善总会的 24 小时值班热线、传真号码、捐赠站址、开户行及账号，公布了中国红十字会总会办事机构的电话、传真、开户行及账号②，以便接受捐款。

2008 年 5 月 18 日，中央电视台 1 号演播大厅，500 余名各界名人、明星参加的、新中国成立以来我国宣传文化界最大的一次募捐活动在这里举行。在这台名为《爱的奉献》的 2008 宣传文化系统抗震救灾大型募捐活动中，共为灾区募得 15.14 亿元。其中，深圳市慈善会募集的 1.3 亿元捐款成为本次活动中最大一笔数额捐助款项。

---

① 引自 http：//www. todayonhistory. com/8/16/d4301. htm。

② 详见 http：//www. gmw. cn/01gmrb/1998 -08/13/GB/17783%5eGM4 -1318. HTM。

本次募捐活动由中共中央宣传部、中央外宣办、文化部、国家广播电影电视总局、国家新闻出版总署、中国人民解放军总政治部、中国文学艺术界联合会、中国作家协会、中国记协联合主办，中央电视台承办。央视一套、三套、四套及央视网进行了并机直播。

时任中共中央政治局常委的李长春，时任中共中央政治局委员、书记处书记、中宣部部长的刘云山，时任中共中央政治局委员、国务委员的刘延东，时任全国政协副主席的陈奎元出席活动并捐款。时任全国政协副主席的孙家正因公出差，特委托中国文联负责同志代为捐款。

晚会在全体人员一分钟默哀中开始，由于参演人数众多，很多著名演员和歌手都没有单独演出，而是在合唱、朗诵等节目中集体表演，很多演员都是热泪盈眶完成演出，所有参演人员都在自己的节目结束后进行了捐赠。演员陈道明、唐国强等联手央视主持人献上了《我们与你同在》等诗朗诵，央视主持人共同献唱了歌曲《世界需要热心肠》，容祖儿、周华健、谢霆锋、林俊杰、张明敏等艺人合唱《明天更美好》，郭峰等群星演唱《相信爱》，部队演员、总政合唱队演唱了歌曲《祖国在召唤》，韦唯、吕薇等众多歌唱家也集体演唱了歌曲《爱的奉献》、《凝聚每份爱》、《我们永远是人民子弟兵》等。

张国立、陈坤等还和来自四川灾区的孩子一起演唱了《让世界充满爱》。梅婷、戴玉强等人合唱经典歌曲《祝你平安》。姜昆、赵本山等曲艺界代表深情朗诵了配乐诗《我有一个强大的祖国》。

梨园名家于魁智等人演唱了京剧《我是中国人》。晚会上，特别是刘青、岳红、李家明等几位四川籍演艺界人士和北川中学幸存的几名学生哭泣着登台讲述受灾经历[①]。

此外，晚会还向观众展示了很多感人至深的新闻影像资料，以最真实的画面给观众带来特别的感动。现场更连线了还在抗震救灾一线直击救灾实况的记者张泉灵，她不但带来了又有人获救的好消息，还委托现场的主持人白岩松捐款 1 万元。来自四川彭州的民警蒋敏在地震中失去了自己的

---

① 邀请受灾人士讲述受灾经历，可能会发生“二次伤害”，宜以“人文关怀”原则谨慎处理。

母亲和女儿，她坚强地出现在全国观众面前。

晚会采用文艺表演与播出抗震救灾宣传短片穿插进行的方式，并进行多次捐款，开通了包括英语、法语等六种语言的捐款热线。内地及港澳台地区不少演艺界人士积极参加募捐活动，央视、新华社等众多媒体单位，房地产、金融、制造业等众多企事业单位及社会团体也在晚会中捐款。

参与现场募捐活动的文艺界及体育界人士既有像郭兰英、傅庚辰、吴祖强、徐沛东、谭利华、李谷一、李双江、吴雁泽、赵季平、马玉涛、杨洪基、刘秉义、耿莲凤等这样的老一辈艺术家，也有像彭丽媛、阎维文、刘欢、毛阿敏、韦唯等中年实力歌唱家，而刘长瑜、于魁智、李胜素等京剧名家及刘晓庆、陈道明、冯小刚、张国立、蒋雯丽、陈建斌、蒋勤勤等影视界实力人物也引人注目。

此外，铁凝、刘恒、赵大年、莫言、毕淑敏、刘震云、陈建功、李存葆、张抗抗、高洪波、邓友梅、石钟山等著名作家也积极参与。许海峰、刘翔、郭晶晶、胡佳、刘国梁、孔令辉、王楠、张怡宁等体育界名人与影视文化界近千位名人交相辉映。

在昨晚的募捐活动中，不少演艺明星不管自己之前是否已经捐过款，都在现场再次参加募捐活动。企业和社会团体也踊跃捐款。

这场晚会的节目单如下：

开场：《我们众志成城》

陈道明等：《我们与你同在》（诗朗诵）

央视主持人：《世界需要热心肠》

内地明星：《姐妹弟兄》

内地明星：《爱的奉献》

内地明星：《凝聚每份爱》

内地明星：《人在青山在》

内地明星：《让世界充满爱》（与灾区孩子共唱）

部队：《祖国在召唤》

部队：《我们永远是人民子弟兵》

曲艺界：《我有一个强大的祖国》（诗朗诵）

戏曲界：《我是中国人》

港台明星：《明天会更好》

王菲等：《但愿人长久》

晚会第二天，作家步非烟（当代武侠、奇幻作家辛晓娟）在其 QQ 空间发表了一篇文章回顾这次晚会，其中写道：

两天前，收到作协的邀请，参与央视《爱的奉献》赈灾晚会。当时本来要去外地做一个活动，但我还是立刻答应了下来。毕竟，面对如此深重的灾难面前，匹夫有责，每个人都应该尽自己的一份力量。

刚开始，有人说，文化部门募捐，能有多大能量？大不了一亿就不错了。但实际上，这台晚会募集到 15 亿的捐款。出乎所有人的意料。晚会结束已经超过零点，但我的心情还是很激动，所以将一些节目之外的见闻写下来，让更多的人看到。

晚会现场气氛凝重而有序，从国家领导开始，各部门、各组织纷纷上台捐款。在这一过程中，业界无论多么重要的人物，多么响当当的名字，都夹杂在人群中，默默走到捐款箱，投下自己的一点心意，便匆匆离开。无论信封里装的是厚还是薄，都是沉甸甸的心意。

在这一刻，人们没有了地位、财富、名望的分别。都只是中国人。

在新闻出版部门、演艺界、文体界捐赠后，是企业家捐款。大家都知道，这可能是筹集善款最多的环节，也是最激动人心的一刻。

一直觉得，在多灾多难的中国，民族企业家一直有一种深刻的社会责任感。在列强侵凌的黑暗时代，多少有识之士打出实业救国的旗号，将父祖世代积累的财富，投入到新兴的现代工业中，为中国最初的近代化打下基础；在抗战的时候，无数民族企业捐出自己赖以生存的船舶，炸沉于长江，这些宝贵的财富化为废铁，阻止日军侵凌中华的步伐。

如今也是这样，并未改变。

入场的时候，我身边一个作家朋友对我说，今天捐款的企业中，有一个是私企，夫妻俩身家三亿，捐赠几千万。三亿，对我们大多数人而言可能是一生无法仰望的财富，但在今天的这些企业中，实在算不上什么，当时也很快淡忘了。到了捐款时，一个从未听说过的企业，捐赠3000万，当主持人采访他的时候，他流泪说现场临时决定再追加7000万。那是一亿啊。现场立刻沸腾了。这个时候，我身边的作家对我说，这就是那个私企，夫妻俩现场商议追加了7000万。

我当时不由动容。

身家三亿，捐出了一亿，这是他们财富的三分之一啊！这个比例，让我们任何一个人都要汗颜。敬佩之余我不由有些担心，如此三分之一财富的捐出，他们的企业的生存、发展是否会受到影响？我甚至希望国家能为他的企业减税，毕竟不应该让如此善良的人承受损失。

今天看到消息，原来这位老板是唐山孤儿，我瞬间理解了他。当年，是解放军们从废墟中将这些孤儿扒出来，又是人民抚育他们长大，如今他们有了财富，于是尽了自己的一切力量，用涌泉之心，来回报一生中曾得到的爱。

这是慈善的真正意义。我们捐赠的这些善款，无论是多是少，都会影响千千万万的人，他们中有些人，会一生感恩，用他们的爱，继续帮助其他人。

灾难，有时候，是对人格的一次重塑，也是对民族精神的一次重造。

另外，还要说一句，为了赈灾而演出的歌手们，也谢谢你们。

作为公众人物，你们的出现，本身就是义举，你们的一举一动，都会影响视你们为偶像的更多人。

当时，王菲、陈奕迅等合唱《明月几时有》时，身旁很多人感慨，若不是为了赈灾，王菲怎会复出，又怎会与人合唱。

是的，那一天，白衬衣牛仔裤的王菲，真的很美丽。

你是坚强的母亲。愿你的坚强给更多母亲以希望！

由权威媒体主办的慈善晚会，收视率高，受众面广，是企业进行慈善营销的优质平台，但需要注意的是：参加慈善晚会的企业，捐款捐物一定要量力而行，以免出现“力不从心”的失信情况。

在慈善晚会上，与会明星一般是义演。义演所得捐赠和票房收入，均用作慈善之用。

有实力的企业也可单独举办慈善晚会。2011 年 8 月 26 日，富士康龙华园区举办爱心捐赠暨明星义演大型晚会，周杰伦、南拳妈妈等知名艺人义演。郭台铭代表富士康捐赠 1000 余万人民币做慈善，其中深圳红十字会获得 400 万元捐赠，为“郭美美”事件后的最大一笔捐款。

企业也可和新闻媒体合作举办慈善晚会。2010 年，新疆的《都市消费晨报》曾举办首届“晨报圆梦”大型慈善义演，新疆中亿建材连锁有限公司承担了慈善义演的所有费用①，同时，中亿建材所有连锁店每销售一平方米产品，就从利润中拿出一元钱捐献给贫困学生，仅在中亿建材连锁店摆放的希望工程募捐箱就筹集到 5 万元善款。

① 此案例引自潘琴的报道《中亿建材爱心接力承担晨报慈善义演全部费用》，详见 http：//news. sina. com. cn/c/2011 －04 －08/001022253349. shtml。

第七章　慈善募捐的基本流程与常规技巧

募捐、劝捐，是最常见的慈善传播行为，也是最需要技巧的慈善传播。

每年，笔者都会在报纸上，在校园里，看到有人在募捐——有的是为自己募捐，多数是为别人募捐。据笔者观察，在大多数情况下，这些募捐，所得的款物并不足够，有的甚至是“杯水车薪，聊胜于无”。为什么会这样呢？

笔者相信，“须知世上苦人多”这句古话所言不虚，而且每一个人都有可能成为“苦人”——即使暂时还不是，但将来有可能因为战争、天灾、大病、失业、经营失败等变故而成为“苦人”。笔者也相信，这世上，恶人不少，但善人也不少，即便是恶人，有时也会做好事。但是，不是说某人需要帮助，别人就会施予帮助。首先，要在合适的地点、合适的时间、合适的传播平台。其次，让别人捐款捐物，需要令人信服的理由……

这世上，有许许多多愿意帮助别人的人，但不知道如何更好地去帮助别人。

2011 年 8 月 6 日，网民“@简单小虾”发布新浪微博：“求助：江西省德兴市德兴二中语文老师李彩日被诊断出早期肝癌，癌细胞还未扩散，急需治疗费用。希望各位能帮帮我的恩师，多多转发此微博，李彩日老师夫妇联系电话：15979328306，13766497281。信任危机时代，我不得不强调我绝对不会打着恩师的名义行骗。”

对此募捐，笔者提出的建议是：公布受捐银行账户信息，增加受捐者照片，写得更详细、更感人些，提供核实渠道（如身份证件照片），释疑解惑……

这世上，有许许多多的人，就像李彩日老师那样，因为疾病、贫困、灾难等原因，需要得到别人的帮助，但不知道如何获得别人的帮助。

2010 年 2 月 26 日的《新京报》，刊有如下报道：

出生 9 个月的河南婴儿刘天宇不幸患有先天性心脏病。为筹集手术费，家境贫穷的刘父带着他来到北京，在西城北营房西里社区向多户居民磕头求助。近日，刘天宇已住进阜外心血管病医院（简称阜外医院），医院称，将选择费用少的最佳治疗方案，刘家困难可向有关部门申请救助金。

昨日下午，西城区北营房西里社区一地下旅馆里，刘天宇的父亲刘雷雷正在啃着方便面。刘雷雷称，去年 9 月，刚出生 4 个月的儿子刘天宇，突然感冒闹肚子，后经查患有先天性心脏病，医生称儿子最多能活到 10 岁。今年 1 月他带儿子来京治疗。

“我不能看着孩子死，实在没有办法了，我才下跪的!”刘雷雷说，他家在河南农村，和父母弟弟生活，一家 7 口，仅靠 4 亩多地为生，其中还有一个弟弟上大学，家庭实在困难。孩子的爷爷奶奶向亲戚和村民都借了钱，凑到 3 万多元。

2 月 22 日下午，刘雷雷带着孩子在北营房西里社区逐户敲门下跪，希望获得捐助，最终只有三家给了他 25 元。当天，孩子因为感冒，住进了阜外医院。

一位为刘雷雷捐了 10 元的许先生称，如今骗子太多，怕上当才不愿捐钱，他看孩子可怜，才献点爱心。

昨日，河南夏邑县济阳镇刘岗楼村村支书刘女士表示，刘雷雷的家庭确实困难，每年仅几千元，现还要供养一个学生，而村民也都不富裕，帮助不大。

昨日下午，小天宇正在阜外医院的病房等待做手术。他胖乎乎的脸上，长着一双大眼睛，一旦发现有人看他，他会四肢乱动并笑起来。

阜外医院的医生称，刘天宇如不做手术，生命随时会结束。该院院办的工作人员表示，孩子的手术费最少要在 8 万元以上，他们会为刘天宇选择费用少的手术最佳治疗方案，如刘雷雷能证明家庭困难，他们还能向有关部门为其申请5000元的救助金。

毫无疑问，陷入不幸的小天宇，需要得到人们的帮助。但是，他的父亲刘雷雷带着他逐户敲门下跪募捐时，只有三户人家总计捐出25元。

原因很简单，“人们怕上当，才不愿捐钱”。刘氏父子并非骗子，但他们的乞讨式募捐，说服力、可信度十分弱。如果他们要取得较好的募捐效果，获得足够多的捐款，必须在方式、方法、技巧上加以改进。

类似的募捐，该如何改进呢？这是下文将要解答的问题。

第一节 慈善募捐的基本流程

从帮助对象来看，慈善募捐可分为两种：一是为自己募捐，二是为他人募捐。不同类型、不同媒介平台的慈善募捐（详见第二章），其流程是不同的。下面重点介绍为他人募捐的基本流程。

一 准备

在正式募捐之前，需要做很多准备工作，其中最重要的是：掌握信息（包括搜集受助者的照片），精心设计募捐海报，写好募捐倡议书（详见本章第三节），调配物质和工作人员。

慈善募捐有个前提：走投无路，别无他法，政府层面无救济或医保、新型农民合作医疗等救济不足①，依靠自己的力量财力耗尽也难以克服

① 《江西省儿童白血病、先心病免费救治试点工作方案》规定，对持有该省常住户口，患有急性淋巴细胞白血病、急性早幼粒细胞白血病、急性原粒细胞部分分化型白血病3个病种的0~14周岁儿童开展免费救治试点工作。2010年度，先对持有南昌、景德镇、萍乡、新余和鹰潭市常住户口，患有先天性房间隔缺损、先天性室间隔缺损、先天性动脉导管未闭、先天性肺动脉瓣狭窄、法乐氏四联症、先天性主动脉缩窄、先天性肺静脉异常引流7个病种的0~14周岁儿童开展免费救治试点工作。江西省卫生厅《关于做好2011年全省儿童白血病、先天性心脏病免费救治工作的通知》称：在原先免费救治的基础上，增加对持有九江、赣州、宜春、上饶、吉安和抚州6个设区市常住户口的0~14周岁（含14周岁）先天性心脏病儿童实行免费救治。在江西，贫困家庭重性精神病患者可以申请免费救治，详见 http：//t. cn/zQRKLjD。

困境。

所以，慈善募捐的第一步，是了解是否已经穷尽他法。

还需了解受助者真实的贫困状况，如家庭情况如何、身体状况如何。这点十分重要，这种信息越多，不确定性消除得越多，募捐就越可能成功。

如果是设摊募捐的话，则必须调配好相关物资（如桌子、展板、海报、募捐箱等），放置到人流密集的地点。

在校园的募捐现场，一般要经过学校相关部门的审批。

劝捐人员方面，原则上要求形象良好、有亲和力，人数越多越好。

南昌大学新闻学 082 班在为南昌大学会宁支教团募捐（以爱心拍卖为形式）时，就提前买好并吹好心形气球，在黑板写好主题句，提前向教务处教室管理科申请好教室，征集拍卖品。

图 7－1　爱心拍卖前吹气球

图 7－2　爱心拍卖前布置会场

二　过程

做好募捐海报和募捐倡议书传单之后，要在目标受众人流量密集之处四处张贴，四处广告，并对受众的疑惑作好答疑，适时调整募捐倡议书内容，及时报告募捐的最新进展，推动媒体报道、微博转发等二级传播。

1. 运用多种媒介渠道，增加广泛传播的可能性

现场传播。现在很多募捐活动由于各种条件的限制而忽略了现场传播的必要性。当然，校园内的募捐活动在这一点上倒可以好好发挥。由于校园生活相对来说比较有规律，人群集中的地方也比较多。因此，现场设点答疑、宣传会是一个很不错的选择。

拿清华大学师生为熊华春博士募捐的活动为例，组织方就在清华大学人流密集处设点，并安放展板，展板上贴有此次宣传的海报，其中包括倡议书、熊华春本人的照片等。此外，现场还有专门的募捐箱，方便过往的师生实施救助行为。而且，现在负责募捐的同学还起着为大家答疑的作用，及时地为大家解释此次活动的相关信息及熊华春博士本人目前的状况，使更多的人对该事件给予关注。

图7-3 清华大学为熊华春募捐的现场

网络传播（利用QQ群、论坛、微博、微信、校内网等）。与古代的慈善活动相比，最大的区别在于，现在的慈善活动可以充分利用杂志、报纸、电视、网络来进行宣传，实施全媒体传播。纸质的宣传单，印刷成本高，传播范围有限，只适用于现场募捐和邮件募捐。电子版的募捐文书，则可以直接转发，可以降低传播难度和成本，做大规模的宣传。通过在QQ群间的不断转发，可以进一步加强力度。

相较而言，从接近性的角度看，利用QQ群相对而言比较靠谱，而且往往具有更多的相似点，或是属于同一群体，或是来自一个地方等，这些无形的联系增加了捐助的可能性。而论坛传播，相较QQ群转发，则更具发散性。它的受众千千万万，这样的方式使传播更具广度。当然，当下随着微博的不断兴起，微博传播无疑又是一种更具能量的传播方式。它不仅具有吸纳相近群体的注意力，同时也具有一定的广度。而且，微博极强互动性的特征不仅能及时地发布最新动态、捐赠行为的发展，还能更方便地实现信息公开。根据这一点，我们可以发挥很多意见领袖在传播过程中的巨大作用，利用他们的能量增大募捐传播的强度，实现二次传播。在为熊华春博士募捐的过程中，网络起到了相当大的作用。校内网、微博、微信、QQ 群、校友网等转发与宣传进一步扩大了该事件的影响力。

传单、布告栏等纸质材料传播。相较网络传播，传单、布告栏等形式虽不够迅速，但是更能体现真实感。因此，也是必不可少的环节之一。实实在在的纸质材料能给人留下更深的印象，也更具有真切感。当然，由于这种传播方式比较耗时、耗人，因此在展开行动之前，尽量选好点，如人群密集处，实施捐赠行为可能性高的群体所在地等。当然，这种方式多用于校园募捐、社区内募捐和单位内募捐。

借助报纸、广播、电视等传统媒体。如果事件很重大，情况很紧急，可考虑借助媒体的力量。不少报纸设有慈善专版，电视节目中也有出现募集消息，广播中也时常有之。当然，在向这些媒体寻求帮助之前，组织方必须保证所提供信息的完整性和真实性，以免造成不必要的麻烦和误解。为熊华春博士募捐的过程中，大家也能看到大众媒体的力量。《北京日报》等媒体就曾对该事件进行了报道：将熊华春目前的情况、所面临的困境、要承担的巨额医疗费用、红字会为他展开募捐及相关捐款账户等信息刊登在报纸版面中。

2. 寻找有力的“代言人”

传播学中提出了“意见领袖”的概念。意见领袖常常是追随者心目中价值的化身。换句话说，这个有影响力的人是他的追随者所愿意追随和模仿的。在募捐传播行为中，我们可以称之为“代言人”。这个代言人既可以是领导、上级、资深者，也可以是我们生活中所熟悉的人，如亲友、邻居、同事等。但是必须保证这个人一定是大家所信任的。事实上，正是因为他们是人们所了解、尊敬和信赖的人，他们的意见和观点也就更有说服力。

因此，对于校园募捐，我们可以先从教授、领导、老师、班委、社团干部入手，再逐级传播，使传播力度成指数级扩大。作为在学校比较有影响力的群体，他们的带动及由此产生的二次甚至N次传播会使得此次募捐获得意想不到的效果。在这里，顺便补充一点关于校友募捐的技巧。我们发现，越来越多的学校开设了校友会，不仅在校学生可以通过这个渠道寻求帮助，已经毕业的校友也可以充分享受这种资源。针对这种情况，组织方可以通过校友会这个机构进行募捐传播行为。而校友会在这个过程中便充分起到了“代言人”的作用。

这种寻找“代言人”或“意见领袖”的方法，可称为“信任转移法”。将公众对这些人物的信任转移到这个事件上，从而激起他们的捐助欲望。这一点如果得到充分运用的话，会使得募捐活动产生事半功倍的效果。在为熊华春博士募款的活动中，清华师生的倡议、帮助募捐、及时宣传等行为带动了一批又一批人。此外，清华校友会也起了很大的作用。在他们的号召下，越来越多的校友也加入了帮助熊华春博士的行列。

3. 及时地报告募捐的进展

这里所指的进展既包括目前募捐活动的进展、款项的进展，还包括受助者自身身体状况的进展。考虑到捐助者的心理，及时地报告进展既能体现事件的真实性、公开透明度，也能帮助他人及时地了解事件目前的发展事态。

事实上，每个人都有行善之心。很多情况下，人们不愿意捐款的原因是怕有些人借募捐之名，行坑蒙拐骗之实。而且，有些时候，尽管募捐行为确有其事，人们也会担心善款的去向问题。因此，及时公布款项进展可消除人们的不确定性。而且，出于人文关怀的考量，捐助者和关注这一事件的人也会想要知道受助者目前的身体状况，如是否好转、是否恶化、情况是否紧急等。

说到这里，就不得不提到该怎么实现信息及时公开的问题了。在上一节中，我们谈到了一些传播渠道，这些传播渠道在这个环节上同样能起到作用。例如，利用时效性极强的微博，快速及时地更新款项的进展、报告受助者目前的身体情况等；利用群体内各种通告等。例如，清华大学熊华春博士就利用个人新浪微博及时地将自己的身体状况、治疗进度公开。

我们的清华大学研究生突发性困难补助申请表申请成功了，清华大学又提供了研究生突发性困难补助现金1万元，这笔钱将于今天晚上送达熊华春的家人手中。

7月15日 11:28　来自新浪微博　　转发(9) | 收藏 | 评论(12)

大家好，2011年7月14日的全部现场募捐款已经清点完毕并存进我们新开的专门用于现场募捐款的账户。7月14日校内募捐点共募得60713.11元，其中，中饭时段募得31373.3元；晚饭时段募得29339.81元。谢谢大家的关注。@清华大学微博协会@水木社区官方微博

7月15日 10:56　来自新浪微博　　转发(28) | 收藏 | 评论(21)

这几天募捐现场的除了我们委员会的成员，还有数学系的多位教师，以及数学系的学弟学妹们，非常感谢大家的辛苦努力！希望大家共同的心愿早日实现！：）

7月15日 10:17　来自新浪微博　　转发(2) | 收藏 | 评论(6)

大家好，今天紫荆区的募捐地点仍然是紫荆园门口：）另外其他募捐地点有：万人（观筹园）门口，照澜院，芝兰园门口，荷园教工餐厅；以上地点分中午11:00-13:00,17:00-19:00两个时段接受募捐；另外数学系馆A322室10:00-21:00全天接受募捐，谢谢大家的持续关注。@清华大学微博协会@水木社区官方微博

7月15日 10:14　来自新浪微博　　转发(14) | 收藏 | 评论(4)

图7-4　募捐者在微博公布募捐地点、时间、进展等信息

4. 进一步答疑

即时答疑，对于募捐活动来说，也是极其重要的。有些时候，尽管组织方已经尽可能地将信息完整传播出去，但是往往出于各种原因，捐助者无法完全接收到这些信息，在这种情况下就需要有人及时地为他们答疑解惑了。而且，答疑必须贯穿在募捐活动的每个环节中。

那么该如何做好答疑工作呢？

首先，现场可以安排专门的答疑人员，为有意向的捐助者解答问题；其次，充分利用网络强烈的互动性，在线为网友解疑释惑。当然，组织方必须保证负责答疑工作的志愿者必须充分了解整个事件及其流程，以免产生错误信息，阻碍募捐行为。在为熊华春募款的进程中，不仅熊华春本人通过微博及时与大家互动，清华大学数学系的相关同学也在积极地配合此次募捐活动。

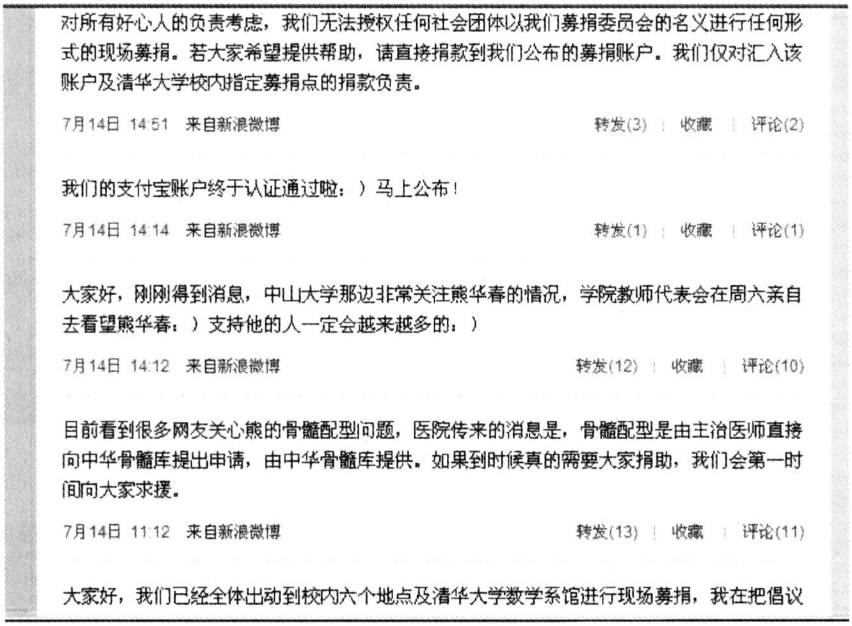

对所有好心人的负责考虑，我们无法授权任何社会团体以我们募捐委员会的名义进行任何形式的现场募捐。若大家希望提供帮助，请直接捐款到我们公布的募捐账户。我们仅对汇入该账户及清华大学校内指定募捐点的捐款负责。

7月14日 14:51　来自新浪微博　　转发(3) | 收藏 | 评论(2)

我们的支付宝账户终于认证通过啦：）马上公布！

7月14日 14:14　来自新浪微博　　转发(1) | 收藏 | 评论(1)

大家好，刚刚得到消息，中山大学那边非常关注熊华春的情况，学院教师代表会在周六亲自去看望熊华春：）支持他的人一定会越来越多的：）

7月14日 14:12　来自新浪微博　　转发(12) | 收藏 | 评论(10)

目前看到很多网友关心熊的骨髓配型问题，医院传来的消息是，骨髓配型是由主治医师直接向中华骨髓库提出申请，由中华骨髓库提供。如果到时候真的需要大家捐助，我们会第一时间向大家求援。

7月14日 11:12　来自新浪微博　　转发(13) | 收藏 | 评论(11)

大家好，我们已经全体出动到校内六个地点及清华大学数学系馆进行现场募捐，我在把倡议

图 7－5　募捐者在微博积极回应网友关心的问题

三　收尾

这个环节常常被大家忽视，很多人误以为筹到款项就意味着募捐活动已经结束了，之后便不了了之。其实不然，募捐收尾工作也是不可小觑的。

在一些地方，有一种比较常见的现象：募捐活动时大张旗鼓，募捐之后却不了了之、无声无息（不告知最终结果如何），令人心生疑惑，也令捐助方有些不放心所捐助的款物是否去到该去之处。

这种情形，就是一种虎头蛇尾式的慈善传播，也是我们需要避免的。

正确的做法是：在募捐的一段时间后，以海报、网贴、后续报道等形式，向公众公示捐款总额及其去向，受助者境况发生了怎样的变化，如果捐款超过了所需，还应及时通知公众，中止募捐。

从清华大学师生为熊华春博士募捐等案例的收尾工作来看，募捐完毕之后，还必须做好以下几点：

1. *发布感谢信*

为了感谢捐助者，募捐的组织者应该向他们发布感谢信。既能借此表

达受捐者及其家属、募捐活动主办方的感激之情，也能让捐助者感到欣慰。如果在感谢信中表示“将来会力所能及地回报社会把爱传出去”（唐山地震孤儿后来捐款一亿），传播效果更佳。

下面是受助的熊华春博士全家发布的感谢信。

感谢信

清华大学各位领导、老师、同学，海内外广大网友及社会各界朋友：

在即将奔赴工作岗位之时，熊华春被医院诊断身患急性白血病。消息传来，我们全家极度悲痛和绝望。

病魔无情人有情，病情就是命令。清华和社会得知这一情况后，大家分秒必争，积极行动起来，纷纷献上一颗颗滚烫之爱心，伸出一双双有力的援助之手，有的上门慰问，有的慷慨解囊，有的适时开导，对熊华春给予极大的关注和无微不至、全方位的关爱。你们这种救死扶伤的人道主义精神和大公无私、大爱无疆的思想境界以及一方有难，八方支援的毫不利己、专门利人的高尚情怀，深深打动着我们全家。

社会主义好，共产党亲！对此，我们全家衷心感谢清华大学的各级领导、各位老师、同学，海内外广大网友及社会各界朋友对熊华春的关心、帮助、支持，并向你们致以崇高的敬意！祝你们好人一生平安！同时，也请你们一如既往的关心、帮助、支持熊华春渡过难关，战胜病魔，我们全家将尽全力配合医生对熊华春的治疗，并怀着一颗感恩之心，答谢共产党，感恩清华，回报社会，感激所有帮助过熊华春的人。

再次鞠躬致谢！

熊华春全家

二〇一一年七月十七日

2011 年，南昌大学师生曾为患病的食品 081 班何锋同学募捐。2012 年，募捐的组织者在主教学楼等处贴出了何锋方面的感谢信（附带介绍治疗情况）——有的是在红纸上用毛笔书写，有的是A4打印纸。

下面是南昌大学另一起募捐活动的感谢信。

“真爱永存、生命如歌”爱心募捐感谢信

尊敬的老师，亲爱的同学和各界的好心人：

你们好！

自2011年11月9日化学081班史维壮同学不幸被诊断为噬血细胞综合症患者以来，为筹集高达15～20万元的高昂医疗费用，在校院各级领导的关怀和指导下，理学院栋委会联合化学081班以及校爱心基金会，发起了名为“真爱永存，生命如歌”的募捐活动。截至12月9日，我们收到各类捐款总额已达到125765.5元，其中，理学院教工捐款28535元，理学院各学生班级捐款40112元，17日至22日全校现场募捐38451.5元，其他各界捐款18667元，我们郑重承诺这些善款将全部用于史维壮同学的治疗。

截至12月9日，已送去爱心捐款共计49813.5元至其本人用于治疗，其中院系领导及老师到医院慰问金9900元，爱心募捐三方负责人送去19203.5元，辅导员及班级负责人送去20710元。

截至12月9日，史维壮在南昌大学第四附属医院、江西省人民医院、南昌大学第一附属医院产生了医疗费用共计28721.99元，其中，四附院3262.23元，省人民医院6459.76元，一附院19000元，我们还会定期核销史维壮同学的后续医疗费用。

“真爱永存，生命如歌”。在此，我们谨代表史维壮同学及其家人，向所有参加爱心募捐工作的志愿者，向所有关心和帮助过史维壮同学的人们表示最真诚的感谢和最崇高的敬意！并且祝所有的好心人身体健康、学习进步、工作顺利、幸福平安！

此致

敬礼！

理学院栋委会

南昌大学爱心基金会

理学院化学系2011年12月12日

2. 公开最终的财务收支信息

整个募捐过程必须充分遵循财务公开的原则。在筹款工作结束后，组织方有义务以各种形式发通告告知捐助者善款的去向。即募捐活动的组织方必须详细地展示每一笔捐助款项及其相关用途、目前已耗款项、是否还有余款、余款去向、是否有必要进行二次募捐等。这项工作能增加此次募捐活动的透明度，加强捐助者的信任感，也能最终确保善款确实为受捐者个人所用。

例如，在为熊华春博士募捐的活动中，负责该次活动的人，在熊华春博士不幸逝世后，以熊华春的名义在熊华春的个人微博中发布了题为《救助熊华春捐款使用情况说明》的长微博。清华大学校友网上也刊登了这则捐款使用情况说明的同题公告。《救助熊华春捐款使用情况说明》，分别交代了此次救助款的组成、救助款的管理、救助款的使用情况、余款金额、余款去向等内容："1. 医疗费：16284.66 元；2. 熊华春治疗期间，提供生活补贴：162800 元；3. 汇款手续费 388.00 元；4. 中国工商银行专设账户剩余 11055.82 元（包括该账户利息所得 420.91 元，账户已关闭）。剩余尚未报销的相关票据总额为 74732.25 元，退还给熊华春家人，中国工商银行专设账户余额为 11055.82 元，作为抚恤金寄给熊华春家人。"

3. 发布终止通知

不少感谢信，仅仅是阐述对捐助者的谢意，但是却没有及时地发布终止通知。如果受助者的情况已经摆脱困境、当前所筹集善款已能满足受助者所需，组织方应该及时公开发布终止通知，以免不知情的善心人士继续向捐款账户上汇钱。这项工作看似简单，却能充分反映出组织方负责任的工作态度。

以下是清华大学数学系发布的暂停募捐通知。

关于暂停向熊华春同学募捐活动的通知

尊敬的社会各界人士：

自发起"你可以留住他的生命——向熊华春同学募捐"活动以来，得到了社会各界爱心人士的广泛支持和无私援助，大家纷纷慷慨解囊，踊跃捐款。截止目前，来自社会各界的捐款已达到了现阶段治疗熊华春同学疾病的所需费用。为此，特发通告如下：自即日起，向熊华春同学募捐活动暂时停止。衷心感谢社会各界爱心人士无私、慷慨的援助！

此致

敬礼！

数学科学系

2011 年 7 月 19 日

4. 报告捐助结果和当事人近况

此次募捐所筹集到的善款是否给受捐者带来了帮助，受助者是否在这些款项的帮助下身体明显好转，目前身体恢复到哪一步，院方的诊断说明，何时能够脱离危险等，这些都是捐助者及社会上各界爱心人士迫切关注的问题。一般来说，捐助者都希望得到关注受助者的好消息，从而为自己的善举感到欣慰。

当然，即便募捐活动已经结束，受捐方还是有必要通过一些方式，如微博、个人主页等持续地告知自己的近况，相信这是很多默默关注受捐者和主动给予他们帮助的人所乐于看到的。虽然有的时候，事情总是不尽如人意，如熊华春博士，在接受治疗一段时间后，宣告病亡。这样的情况下，同样有必要及时告知。至少让这些关心他的人知道虽然结果不好，但是他们提供的帮助也让他生前得到了充分的治疗。从这点看，为熊华春博士操作整个募捐活动的团队表现很到位。即便在熊华春博士不幸逝世后，他们也通过了熊华春博士的微博对外宣告了这个消息。2012 年 9 月 4 日，清华大学数学系发布《救助熊华春捐款使用情况说明》，作最后的信息报告。

如果是新闻媒体发起的慈善募捐，在募捐结束一段时间后，通过后续报道向捐助者报告受助者的后续状况，这样既可满足捐助者的信息需求，又可以激起新的捐助。2013 年 8 月 21 日，《江西晨报》B04 版就有这样的报道[①]：

① 题为《晨报爱心捐助活动在全国引起关注　上海爱心市民捐助南昌儿童》，作者王竹青。

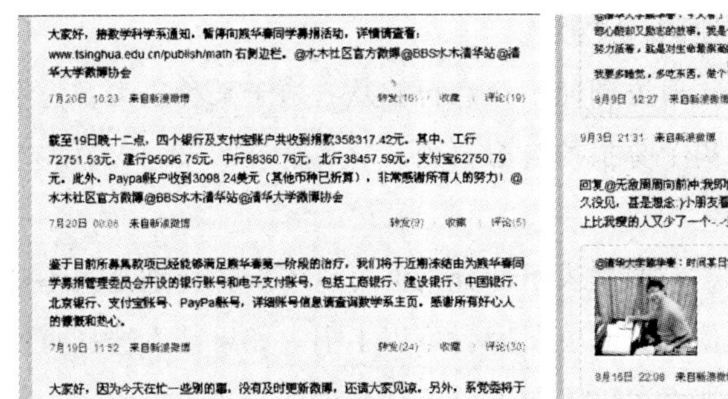

图 7-6　暂停募捐的通知

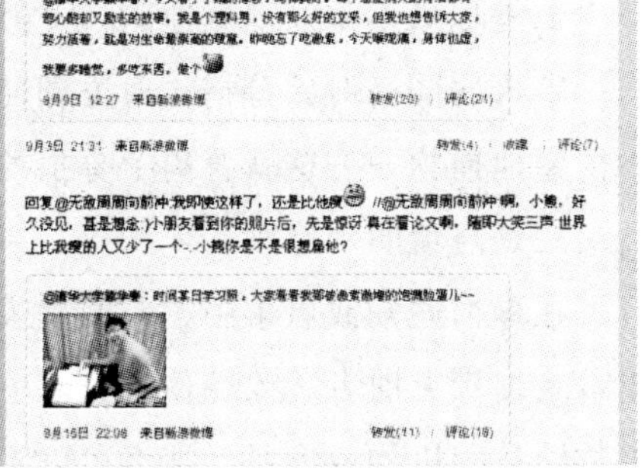

图 7-7　熊华春的后续报告

去年，《晨报》曾对家住南昌县向塘镇河头村父亲罹患绝症的谭氏兄妹面向社会发起了爱心捐助活动，并收获大量爱心善款。时隔一年，谭氏兄妹的父亲已经离世，为了偿还家中欠下的巨额医药费，兄妹二人的母亲和爷爷只得外出打工，剩下8岁的哥哥和5岁的妹妹与奶奶相依为命。

近日，来自上海的王女士致电《晨报》，希望能通过《晨报》了解谭氏兄妹近况。在得知兄妹二人的父亲已经离世后，王女士一家专程从上海飞赴南昌，前往谭氏兄妹家中看望。除了为谭家兄妹提供了现金捐赠，王女士的儿子李东哲同学还专门为兄妹俩准备了大量文具及生活用品。

第二节　慈善募捐的常规技巧

现实生活中，并不缺少募捐。然而，不是所有人都懂得如何募捐。有些募捐做得很完美，有些募捐则还可以改进。

事实上，募捐，是有特定流程的，也是有一些原则和技巧的。

总的来说，慈善募捐应坚持如下原则：

一是非强迫原则。

不强迫捐款或强迫捐一定数额的款，半强迫、隐性强迫也不行，只能尽力劝捐。个人捐款数额是否公开，尊重捐款者的意见，应当给予其“保密”的选项。

二是尽量不重复捐款原则。

一再向同一对象募捐，对方即使不愿意再捐款，迫于某种压力，也会不情愿地捐款——这就背离了募捐的自愿原则。

三是豁免明示原则。

在募捐通知或启事中，应明确表示部分人群可以不捐，特别是入不敷出者、捉襟见肘者、欠巨债者、家境贫困者可以不捐。如果某人选择直接汇款给慈善机构或灾民，那么可以不向本单位交善款。

四是非攀比原则。

捐款单位之间可以比较，但不要攀比——“打肿脸充胖子”。

五是非盗名原则。

明明是个人捐款，最后变成单位捐款或“全体职工捐款”，这样做值得斟酌。

六是平等对待原则。

捐与不捐，捐多捐少，富人与穷人，同样尊重。

七是非挂钩原则。

捐款就是献爱心，不是其他。捐款与否，捐款多少，不能与入党审核、评优、评奖学金等挂钩。不要把某单位的捐款总额与“领导的能力”挂钩，不要把捐款数额的多少与“先进性、社会责任”挂钩，更不要将二者视为正相关、正比关系。

八是量出为入原则。

这个原则常常被人们忽视。需要多少援助，就募捐多少，一旦募足则停止募捐，多出部分转作慈善用途或退回捐助者。

九是尽量不作秀原则。

作秀，与慈善的“公益”精神相悖，会损害慈善募捐的正面形象，削减募捐的效果。

十是尊重受捐助者、保护捐款者原则。

作秀时，尤其要注意这点。

总之，莫让“募捐”变成“苛捐”，别让募捐失去理性，防止捐款与快乐渐行渐远。募捐是一件圣洁的事情，不容伤害和玷污！

“助人”原本“为乐”，但在为“5·12汶川地震”灾区人民募捐过程中，发生了一些不愉快的事，也引发了一些争议（例如地产商万科老总王石关于捐款的某些言论[①]）。不捐款或捐得少，不等于没爱心。不捐款或捐得少并不全因"没爱心"，可能是其他原因，例如：囊中羞涩，手头拮据；不信任慈善机构；担心善款被挪用、贪污；暂时不捐款而已（以后会捐款）；公司流动资金不多（或资金链面临断裂风险）；要待有关机构（例如董事会）批准后才能捐款；只想捐物；等等。

在遵循上述原则的基础上，慈善募捐至少有如下一些技巧可以采用（实际远远不止这些技巧，诉诸趣味也是一种技巧）。

1. 一面提示与两面提示

在介绍受助者时，只说他（她）的好，他（她）的优点，他（她）的可爱之处，而不说他（她）的缺点，这种技巧称之为"一面提示"。下面的文字，就是"一面提示"：

> 李某某，系南昌大学信息工程学院电子商务071班学生，她自信、开朗、团结同学，为人友善、多次获得奖学金。而且很有爱心，大一就加入了学院的学生会，在青年志愿部（现已改成社会实践部）做过多次志愿服务。然而，人有旦夕祸福，这么阳光、开朗、有爱心的女孩在2009年10月患了恶性淋巴癌。……

在介绍受助者时，既说他（她）的好，他（她）的优点，他（她）的可爱之处，又说他（她）的缺点，这种技巧称之为"两面提示"。两面提示，有时可以增加有关信息的真实感、有关人物的可爱度。

在很多情况下，慈善募捐采用的是"一面提示"。

2. 明示结论与暗示结论

明示结论，是把结论明明白白地说出来。下面的文字便是明示结论（"请帮帮杨爸爸"）：

> 在这里，我们向全校师生恳请呼吁：让我们用爱心给这个家强大

---

① 详见专题《王石的烦恼——"捐款门"事件全记录》，http://sz.focus.cn/ztdir/wangshijuankuanmen。

的生存信念，让我们用真情挽救这个饱受磨难的家！让我们大家共同努力，伸出双手，尽己所能，献出爱心，帮助杨佳全家渡过这个难关！秉承节约和环保的意识，因此纸张数量有限，望大家相互传阅。

暗示结论，可谓“隐性募捐”，是不把结论明明白白地说出来，以暗示的方式让受众感受到捐助的必要和急迫。下面的文字便是暗示结论（“请帮帮杨爸爸”）：

当我们沉浸在父母的关爱中时，杨爸爸却躺在南昌市人民解放军第九四医院的重症监护病房；当我们在学校复习准备着期末考试（和四六级考试）时，她却只能整天奔走于亲朋好友间筹钱救她爸爸；当我们正躺在温暖的被窝里时，她却只能和她妈妈挤在医院走廊里的小帐篷里过夜。看着至今昏迷的爸爸、日渐憔悴的妈妈，她只能每天期待奇迹发生，祈祷爸爸能够早一天醒来。

3. 诉诸权威或名人

引用权威机构的权威数据、权威结论，可以增加募捐文书的可信度、说服力。

通过名人、明星、意见领袖①的代言、转发、评论等传播行为，借助名人、明星、意见领袖的公信力或影响力，则可增加募捐文本的传播范围和传播效果。

范冰冰曾为中国扶贫基金会拍摄劝捐视频广告②，姚明曾因四川汶川大地震为美国红十字会拍摄劝捐视频广告③。

① 意见领袖是经常为他人提供信息、可对他人施加影响的“活跃分子”，他们在大众传播效果的形成过程中起着重要的中介或过滤的作用，由他们将信息扩散给受众，形成信息传递的二级传播，如记者、编辑、主持人、教师、部门主管等。

② 视频详见 http：//v. ku6. com/show/zBhACToDqH18bxoN. html? from = my。

③ 视频详见 http：//v. ku6. com/show/Wf5W5pBliIY8mRI2. html? from = my。姚明在这个视频中说：“我是姚明，我现在代表红十字会传递一条重要信息。这次地震造成的巨大破坏让我们感到非常痛心和震惊，我们正时刻关注着地震中受到伤害的孩子和家庭，也希望大家能够加入到我和其他的 NBA 球队中来，一起支持红十字会，因为他们正在全力以赴地应对这次灾难。想知道如何帮忙，请登录 www. redcross. org。”

宋祖英，2007 年 9 月开始担任中国红十字基金会“蓝飘带基金”代言人。陈红，2009 年 5 月 15 日开始担任中国红十字基金会“天使阳光基金”代言人。梅婷、刘翔、李宇春、李亚鹏、杨千嬅等明星，都应邀担任过中国红十字基金会“小天使基金”代言人。

图 7－8　部分明星为慈善机构代言

4. 转移法

主要有三种情形：一是转移名人、明星、意见领袖的公信力、影响力至受助者身上；二是转移募捐者的可爱、感人、可信之处至受助者身上；三是将人们对熟人的信任转移至陌生人（即受助者）身上。

2010 年 5 月 16 日，来自 6 所高校的 30 多名学生在西安钟楼，为西安翻译学院患有肾功能衰竭症的大二学生徐沛鸿募捐[①]。他们手拿传单，或手端募捐箱，或手持一张大纸，8 张大纸写着：“救救我们的好同学！”其中

① 图片由沈继军摄，详见《西安晚报》报道，http：//pic. people. com. cn/GB/159992/159994/11615591. html。

一名男生甚至跪在最前面募捐。这场面是非常有震撼力的，令人感受到募捐者的深情付出，由此令人相信募捐的真实性，令人在感动之余自发捐款。

图 7－9　大学生为同学徐沛鸿募捐

5. 诉诸感情

动之以情，引人同情，激发同窗之情、同乡之情、校友之情①，使人被募捐者的同窗之情、同乡之情、校友之情、爱情、亲情感动，是慈善募捐的常见手法。

例如，“春天来了，可是我什么也看不见”是诉诸悲情，使人同情盲人乞讨者。

又如，为某女大学生患病父亲募捐的倡议书是这样写的：

> 天地无情人有情！我们有理由坚信，只要人人都能伸出热情的双手，只要人人都能献出一点爱心，她爸爸一定会被大家的爱心感动而醒过来。这个脆弱的家一定能够重拾往日的欢乐。也许您与她素不相识，但是爱心没有界限！涓涓细流，汇成大海，不论你能力大小，捐

① 如欲激发同窗之情、同乡之情、校友之情，就必须交代受助者的籍贯、职业、毕业院校、所属学院、民族等信息。

款多少，只要用我们真诚的心，献出一份爱，积少成多的爱心，一定能创造奇迹，一定能够挽救这个脆弱的家。

6. 诉诸理智

诉诸理智，就是通过给受众讲道理，以理服人，促使别人参加捐助。例如，有一封募捐倡议书是这样写的：

并不需要你付出太多，或许只是一张电影票，一件衣服，一瓶护肤品，一包烟，一顿饭，但对黄伟来说却是继续接受治疗的可能，是生的希望。对于你来说他只是一个路过的少年，但他却是父母的全部，是我们曾经最好的兄弟，是与我们一起做梦，一起长大的兄弟。请您同情一个年轻生命的脆弱，体恤一个家庭的绝望。您的一点点帮助就是他继续接受治疗的可能，继续活下去的希望。无论是自己捐款，还是把募捐的消息周知四方，都是受到欢迎和值得感激的！

7. 诉诸诱惑

关于慈善募捐，可以对受众诱之以利。诱惑，有很多种，如“慈善是一种时尚生活方式”、“积善之家必有余庆”、“行善之人必获福报”“善有善报”、“参与慈善可以提升人生价值”、“好人一生平安”、“慈善是最好的广告”、“慈善营销是最好的营销”等。

自2006年起，英国朴茨茅斯大学连续多年出版慈善日历义卖，该校女生为慈善日历拍摄艺术裸照（特殊部位做了马赛克处理），筹得的善款超过1万英镑。学生模特们虽然在日历中全裸或半裸，但绝不低俗，也没有露点。2010年，共有150名女生和250名男生义务拍摄了当年的慈善日历。以美丽的胴体吸引购买，算是一种特殊的诱惑吧。

8. 证词法

要想说明受助者的优秀或可爱或可信，不但可以“自说自好”（参加公益活动的照片、荣誉证书等），而且可以通过他人证明、单位证明等加以证明。这些证明、证词，可以拍成照片或截屏，放入募捐文书中。

例如，在为黄伟募捐时，黄伟的同学杨雪威说：“他以前学习非常刻苦，但是也非常乐于帮助别人，所以一听说他出事了，我们就专门从外地回来了。”教师潘晓棠说：“他成绩非常好，非常优秀的一个孩子，所以我们也不希望这样的孩子被放弃掉，我们也是在尽力帮助他。”

9. 借媒体之力

与普通公民相比，新闻媒体是有较大公信力、影响力的机构。慈善募捐活动若能被新闻媒体报道，其可信度就会得到极大的保证，其内容的传播范围也会扩散至新闻媒体的“势力范围”之内。所以，募捐者，要尽量争取媒体报道的机会：可以事先按照新闻稿的要求写好稿件（或做好视频）发给媒体，也可将关键信息告知媒体，吸引其展开报道。

另外，博客、微博、微信等自媒体，也是值得“重用”的。可以专门为募捐开设官方博客和官方微博（名称须简洁易记）、微信，以此作为发布信息、释疑解惑的传播平台。通过微博，可以与媒体官方微博、微博意见领袖互动，争取其转发或捐助。

例如，@黄伟加油团是大学生黄伟的同学作为募捐者专门为发布募捐信息而开设的官方微博（常更新）[①]。@清华大学熊华春是为熊华春募捐的官方微博，由熊华春及其同学负责管理。

10. 以信息换支持

充分的信息公开，可以给人以信心，可以消除人们的疑虑，可以换取受众的信任和支持。

充分的信息公开，意味着人们可以知道“一切想知道的募捐信息”，其中包括：受助者的翔实信息，便于捐助的多个账号，善款的收支明细信息，便于查核、监督的渠道和方式，募捐的进展动态等。

第三节 募捐文书的内容设计

募捐文书，主要包括募捐倡议书（求助信）[②]、进展报告、感谢信、终止通知。

---

① 官方博客的名称是“黄伟加油的博客”，网址 http://blog.sina.com.cn/s/blog_a37e96f80101dsg8.html。

② 募捐倡议书，一般是为他人募捐。求助信，一般是为自己和亲属募捐。

募捐文书可以说是许多募捐行为的开始。这项工作的好坏直接影响了此次募捐行为的成功与否。当然，募捐文书不仅仅指倡议书、求助信，还包括各种宣传海报、各种证明材料等。

一般而言，信息公开得越多，信息的不确定性越低。而这就意味着事件的可信任度就越高，募捐成功的可能性也就越大。在这里，我们提倡尽可能地“去隐私化”。事实上，募捐不成功的重要原因就是群众对于受捐者状况的不了解与不信任。因此，当生命健康面临严重威胁时，我们应暂且将个人隐私意识放在一边。尽可能多地争取捐款才是生存下去的王道。

在募捐文书中，募捐倡议书（求助信）是最重要的，也是最难写好的。那么，如何写好募捐倡议书（求助信）呢？

募捐倡议书（求助信），最好涵盖如下内容：标题，受捐者的生活照（须有亲和力，不能冷冰冰）、姓名、性别、单位名称、家境、品行、业绩或成绩、病情（含病历照片、药费单据照片）、证件照片、医保情况等，募捐呼吁，爱心承诺，核实渠道（有关单位官网证明或公章证明），监督渠道，被媒体报道情况[①]，捐助方式和账号（受捐者本人或其家属的多家银行账号）。

另外，在募捐的不同阶段，应有不同版本的募捐倡议书（求助信），以便改写其中的募捐动态，方便他人转发。

1. 用诚恳、平和、略微煽情的语气娓娓道来

如前所述，慈善是以“自愿”为前提的，在慈善募捐时使用强迫性、命令性语气是大忌，语言越是诚恳、平和，越是不易引起受众的反感。一定的煽情，对募捐是必需的，但过度煽情则显得矫情，还会使受众承受太大的压力，使受众对募捐活动敬而远之。

崔永元为“崔永元公益基金”[②] 撰写的募捐倡议书，语气就是诚恳的、平和的、略微煽情的。

---

① 如被媒体报道过，可在募捐倡议书中注明：媒体名称，报道的标题，报道刊播时间，栏目或版面名称，报道文本的网址。

② 网址 http：//www. crcf. org. cn/gb/cuiyy/index. asp。该基金是中央电视台著名主持人崔永元联合中国红十字基金会共同发起的专项公益基金。基金用于资助贫困地区基础教育、文化、卫生及我国非物质文化保护的现状等项目，长期目标定为“乡村教师培训”和“口述历史——非物质文化遗产收集保护”。

崔永元亲笔倡导信[①]

尊敬的先生/女士：

我叫崔永元，中央电视台节目主持人、先进工作者。主持过《实话实说》、《电影传奇》、《我的长征》、《小崔说事》、《小崔会客》等好多节目。我年轻时演的小品《昨天·今天·明天》可笑极了，是赵本山、宋丹丹的代表作，想起来了吗？

2006~2007年，我率队重走了长征路，所到之处，看到那些乡村学校中，一个乡村教师教育着一大帮孩子，老师知道多少，孩子们就能学到多少，我发现，那些老师和孩子没看过电影，没听说过世界杯，没摸过电脑……其实，物质上苦一点儿不算什么，精神世界里的苦才让人悲哀至极。

我萌生了培训乡村教师的想法：把老师们接到城里，通过培训，让他们开阔眼界，增长见识，回家时再带上一个袖珍图书馆……您也上过学，您想想，有这么一个渊博的老师您能不佩服他吗？能不好好跟他学吗？学完能不进步吗？

老师的今天，就是孩子们的明天。

当每一个乡村的孩子都能长大成人，我们的社会该多美啊！

现在，我和中国红十字基金会联手成立了“崔永元公益基金”，目的是想捐助和培训乡村教师。公益基金需要每个公民的支持，您的无私和关爱能给那些孩子插上翅膀，您信吗？

您可以捐款，可以捐物质，当然，也可以报名当志愿者，出钱出力都行。

您如果想捐款，好，现在就可以给我，一元也可以，一元可以给乡村的孩子买一盒彩色粉笔。从此，他们的梦里就有了美丽的色彩。大宗的捐款您可以打入公益基金的帐号，管委会会给您出具正式的发票。

更详细的情况，您可以登陆网站或拨打热线电话。

不管怎样，我们已经是朋友了，我替那些乡村的老师和孩子谢谢您！

---

① 引自 http：//www. crcf. org. cn/sys/html/lm_ 230/2009 - 05 - 26/095008. htm。

祝您一切顺利！

崔永元/07 年 08 月

与此不同的是，有些募捐就规定每人捐多少，这就是一种苛捐的表现。其实捐多捐少都是一种爱心的体现，不能强制性的要求，否则就会引起受众极大的抵触情绪，造成募捐的失败。

2. 充分展现受捐者的优秀风貌，争取好感

就募捐而言，最大的关键，是建立捐助方对募捐方的信任和好感。募捐信息越详细越好（可用长微博或网址链接），要写出受助者的可爱、可敬、感人之处，使受众对其有好感，产生信任和同情心。

以清华大学师生 2011 年 7 月中旬为该系罹患白血病的毕业博士熊华春组织的募捐为例，他们撰写的《你可以留住他的生命——为熊华春同学募捐倡议书》写了熊华春博士求学期间所获得一系列业绩：本科连获 4 年奖学金，毕业时被评为北京市优秀毕业生；2006 年本科毕业后以优异成绩保送至清华大学数学系运筹所攻读博士；读博期间发表了四篇 SCI 文章，荣获“一二九”特等奖学金；2011 年被中山大学岭南学院接收。

同时，还讲述了熊华春博士乐于助人的品质，如他曾经参加联想集团举办的“联想青年公益创业赛”，成功进入十强，为江西某贫困小学成功募集 10 万元公益基金。

此外，也通过生活实例展现了熊华春博士独立、有责任感的一面。虽然生活疾苦，但是他从不向同学哭诉，生活简朴，努力省出自己的助教工资贴补家用。

相信，通过这一系列细节的介绍，可以争取到更多人对于熊华春博士的好感。

3. 用通俗、翔实的文字解释真实的募捐理由

在考虑要不要捐款时，大家最先想到的是对方是不是情况很紧急、是否需要得到迫切的帮助。因此，解释清楚募捐理由是非常关键的一点。在阐述“为什么要募捐”时，切忌说谎、隐瞒、造假，要针对受众的疑惑

之处，或提供核实渠道，或作出充分的解释，如是否参加医保，医保额度有多大，医疗费用缺口有多大等。

例如，《你可以留住他的生命——为熊华春同学募捐倡议书》写道："他家有祖父母、父亲、母亲四位亲人，祖父常年患病；祖母中风且患有心脏病；父亲严重残疾，且患有肝硬化，无法外出工作；母亲下岗在家照顾家人。一家靠父亲原单位所发的每月一千多元补助生活，非常拮据，且目前有欠债。"除了原本家境困窘外，"更无情的是，由于熊华春同学已从学校毕业，不属于在校生医疗保障范围；且由于其未入职，也不受高校教师医保，目前没有单位或机构提供保障；同时，他也没有其他商业医疗保险可以分担治疗费用，即使亲友同学全力帮助，面对可怕的病魔以及庞大的支出，依然难以负担。"简单而有逻辑的陈述将募捐理由充分展现。

4. 提供尽可能多的捐款方式

在将受捐者的个人状况翔实介绍之后，千万要记得标明捐款方式，如户主、开户银行、银行账号等。这里要注意的是，最好不要只提供一家银行的账号，而应提供多家银行和支付宝的账号（没有就去开户），以便爱心人士和爱心机构捐赠。因为有些人只有一家银行（且称之为甲银行）的账号，若募捐者只提供乙银行的账号，捐赠的难度和成本可能较大，导致潜在的捐赠没有实现。

在募捐期间，关键联系人的电话必须保证每天 24 小时都能正常接通。此外，为了增加募捐对象的信任度、凸显此次募捐行为的公正透明，可以提供监督电话，供他们致电确认。清华大学师生为熊华春博士开展的募捐活动中，组织方提供的捐款方式有 6 种：中国建设银行北京市清华大学支行账号、北京银行清华大学支行账号、中国银行北京紫荆公寓支行账号、中国工商银行北京海淀区支行清华大学储蓄所账号、支付宝账号、Paypal 账号（海外募捐账号）。此外，为了便于确认捐款，组织方专门设立了一个邮箱 helpxionghuachun@ gmail. com，供捐助者发信确认信息。

5. 通过照片的形式展示各种证明材料等

在以往的一些募捐活动中，组织方往往忽略了一个要点。倡议书上几乎都只是文字说明，并不会出现照片。

事实上，通过展示一系列相关照片可以为此次募捐“添砖加瓦”。比如说，可以在倡议书旁附上受捐者的照片，这样既能说明事件的真实性，也更容易激起捐助者的同情心。当然，在实际操作过程中，考虑到有些疾病导致患者面容憔悴恐怖，可以不公开生病时候的照片。因此，我们可以考虑公开受捐者生病以前的照片，最好是阳光温馨的照片。这样容易使人产生联想对比，从而滋生同情。此外，还有院方诊断书、医疗文件、身份证明、贫困证明、学历证明、获奖证明、病历、药费单、病房照片等，都可以通过照片的形式向大家展示，增加大家的信任感。我们可以在为熊华春博士募捐的现场海报上看到熊华春的照片，熊华春个人的微博中也发布了一些个人照片。当看到之前如此阳光的熊华春时，相信不少人会为这个年轻而充满希望的生命惋惜担忧，进而愿意伸出援助之手，帮助他走出困境。

再来分析一份募捐倡议书，正文如下：

李艳，系南昌大学信息工程学院电子商务071班学生，她自信、开朗、团结同学，为人友善、多次获得奖学金。而且很有爱心，大一就加入了学院的学生会，在青年志愿部（现已改成社会实践部）做过多次志愿服务。

然而，人有旦夕祸福，这么阳光、开朗、有爱心的女孩在2009年10月患了恶性淋巴癌。由于病情严重，已转了四次医院，做了十几个疗程的化疗。可是，化疗后的病情丝毫没有好转，现在癌细胞已经扩散到多处，体内形成多个较大较硬的肿块，并且压迫到神经，使她疼痛难忍。现在唯一生存的希望就是做骨髓移植。

十几次的化疗已经使她家一贫如洗，再也无法支付任何费用，而且，他爸爸早年在煤矿挖煤时腿受过重伤；妈妈失业在家；奶奶几年前被查出肺部患有疾病，正在治疗。

为了挽救这个女孩，电子商务071班将于10月11号、12号在天健园举行募捐。希望大家伸出援助之手，给这个脆弱的生命一点希望，一点安慰。

爱心捐赠电话：134××××2704　　QQ：74××××177

想象一下，看到上述募捐传单，你会捐款吗？会捐很多钱吗？

没有照片作为佐证，缺乏令人十分动心的事实介绍，缺乏令人放心的承诺（例如向各位公示、报告所得款项），是这份募捐倡议书的硬伤。

6. 提供验证确认募捐真实性的渠道

在募捐过程中，这一点也是非常重要的。提供监督确认电话或者官方信心佐证，让大家彻底相信该事件的真实性。例如，在为熊华春博士开展的募捐活动中，组织方提供了一个核实网站，即清华大学数学系主页，大家可进入该网站核实事件的真实性。

图 7-10 募捐者提供了核查真实性的网页渠道

下面为熊华春募捐的募捐倡议书（另有专门面向本系教师和博士后的募捐倡议书），就写得很好，符合以上几点的要求，可作为范文。

你可以留住他的生命

——为熊华春同学募捐倡议书

生活中本应充满了阳光与欢笑，可是却有人在这本该放飞青春激情的年轻岁月里，过早地在生命线上苦苦挣扎，在病榻上与病魔作着殊死抗争！他就是我们身边的朋友，身患白血病年仅 26 岁的 2011 年清华大学应届博士毕业生，数学系 2006 级博士生——熊华春同学。

或许您还不认识熊华春，您不知道他是一个多么刻苦、勤奋的同学，在清华读博期间他发表四篇 SCI 文章，荣获“一二九”特等奖学金；您也不知道他是一个多么善良的同学，他参加联想集团举办的“联想青年公益创业赛”，进入全国十强，为江西某贫困小学募集十万元公益基金；您也不知道他是一个多么独立、有责任感的同学，他家有祖父母、父、母亲四位亲人，祖父常年患病；祖母中风且患有心脏病；父亲严重残疾，且患有肝硬化，无法外出工作；母亲下岗在家照顾家人。一家靠父亲原单位所发的每月一千多元补助生活，非常拮据，且目前有欠债。虽然如此，熊华春生活简朴，从不向同学诉苦，努力省出自己的助教工资补贴家用。

1985 年，熊华春出生于江西丰城市。经过十余载的刻苦努力，2002 年 9 月，他以优异的成绩考入北京理工大学数学系。他连获四年奖学金，毕业时被评为北京市优秀毕业生。2006 年 9 月，熊华春以理工大学数学系年级第一名的成绩保送至清华大学数学系运筹所，直接攻读运筹学与控制论博士。其间熊华春同学担任了五年的本科生助教工作，勤勤恳恳，认真负责，得到每一届老师与同学的好评。因为熊华春学术成果出色，2011 年 4 月他被中山大学岭南学院接收，他将要成为一名教师，一张美好的学术蓝图正要在他面前展开。

2011 年 6 月底，熊华春同学博士毕业，7 月 2 日离开北京，准备入职。不幸的是在仅 2 天后的 7 月 4 日，熊华春同学进行体检时发现其血象异常，最终确诊为急性白血病，如果不及时进行治疗，年轻的生命将只剩 2 ~ 3 个月的时光。治疗白血病将花费几十甚至上百万的医疗费，如果中间出现感染等情况则花费更多。更无情的是，由于熊华春同学已从学校毕业，不属于在校生医疗保障范围；且由于其未入职，也不受高校教师医保，目前没有单位或机构提供保障；同时，他也没有其他商业医疗保险可以分担治疗费用，仅靠亲友同学全力帮助，难以承担这庞大的支出。

学校以及院系在了解情况后，第一时间给予了支持。目前，清华大学基金会“学生大病紧急救助基金”提供 20 万元紧急救助款，清华大学数学科学系提供 15 万元紧急救助资金，均用于熊华春同学的疾病救助。在这里感谢学校和院系及时大力的资助！

为了更广泛地帮助熊华春同学闯过难关，我们发起了此次募捐倡议活动，希望大家贡献一份爱心，为熊华春同学早日健康的正常生活贡献一份力量！朋友，伸出您的援助之手，奉献您的一份爱心！也许我们所捐的钱，相比那笔巨额的医疗费只是杯水车薪，但希望我们的爱心，能升起一道神圣的光环，助他击退病魔，您的每一分支持都将给予他温暖、信心和力量！

请在新浪微博、腾讯微博搜索“清华大学熊华春”关注熊华春同学救助情况的实时更新。

清华大学数学科学系为熊华春同学募捐管理委员会

关于筹款：

大家好，今天我们公布用于专门为熊华春治疗白血病的募捐账号，该账号经熊华春本人认可，由清华大学数学科学系党委进行监督，我们会持续更新账务信息。

开户行 开户人 账号

中国建设银行北京市清华大学支行 赵蕾 6227 0000 ×××× 0211 283

北京银行清华大学支行 赵蕾 6210 3000 ×××× 3517

中国银行北京紫荆公寓支行 赵蕾 6216 6101 0000 ×××× 632

中国工商银行北京海淀西区支行清华大学储蓄所 赵蕾 6222 0202 0010 ×××× 907

汇款和转账操作说明：为便于区分每个捐款人，请最好汇款或转账时在后面加一个几毛几分的尾数。然后请发信到 helpxionghuachun@gmail. com，便于我们确认收到捐款。

特别说明：

1. 赵蕾为清华大学数学科学系谢金星教授的博士生，也是熊华春的同门，专门负责此次募捐的账务工作，并接受监督。

2. 所有账号均为此次募捐专用账号，均为新开卡。

3. 关于支付宝及海外捐款账户，我们正在积极开通，开通后我们会第一时间公布。在此之前请勿相信任何支付宝及海外捐款账户。

4. 大家如有其他好的汇款途径，请通过微博私信或人人网私信联系我们，非常感谢。

详情请核实清华大学相关网站。感谢关注。

再来看另一则募捐启事。

关于为王先东捐款的倡议书

尊敬的各位宜春地区市民：

你们好！

隆冬已过，春暖花开，万向更新。春天是如此的让人期盼，生活是那么的让人向往，生命是那样的让人留恋！可是，就在这个春意盎然、生机勃勃、充满喜悦和希望的季节里，我们身边却有一位战士，完全感受不到这份欣喜，甚至不知能否迎接下一个春天的到来！这位战士就是万载县公安消防大队正连职参谋王先东。

2011年4月1日，王先东同志经宜春市人民医院确诊为急性淋巴细胞白血病，目前已转院至上海瑞金医院。根据医院介绍，如不采取有效治疗措施，王先东同志的生命只剩下3到6个月。王先东同志的病情牵动了各级领导和广大战友的心，得知上海瑞金医院是目前国内治疗此类病情的权威医院后，总队医院和支队首长认真研究，多方联系后，立即安排支队军医陪同前往治疗，正在进行紧张的前期治疗准备。

王先东同志出生农村，家境贫寒，其家属无业，在家抚养5岁的孩子，家庭负担重。该同志为人朴实，工作勤勤恳恳，是一位可亲可敬的好战士。治疗白血病费用巨大，前期进行的抗感染和营养支持治疗，就已花费了万载大队、支队数万元的医疗费用，医院根据以往病例称下一步治疗费用非常昂贵且危险性极大，治疗时间要快，否则生命危在旦夕。

战士战士亲如兄弟，挽救王先东同志的生命，是一件迫在眉睫的大事。依靠万载大队和支队现有的财力远远不能解决燃眉之急，为此，支队党委特向全市广大官兵和社会各界发出倡议：发扬中华民族的传统美德，弘扬“一人有难，八方支援”的人道主义精神，伸出双手，奉献您的爱心，竭尽所能为王先东同志提供关怀和帮助。我们相信“爱人者，人皆爱之！”我们坚信，有您的帮助，王先东同志一定能够战胜病魔，一定能够回到挚爱的家人和战友身边。

愿我们的点滴付出汇成爱心的暖流，让黯淡的生命重新迸发出灿烂的曙光。我们真诚地期盼您真心相助！

感知您的关爱，致以诚挚的谢意！

宜春市公安消防支队党委

二〇一一年四月十一日

捐款联系人：万载县公安消防支队钱参谋，联系电话：13407××××60

上面为王先东募捐的倡议书，就不足以让人放心地捐款，因为缺乏令人放心的证人、证言。如果有“意见领袖”或媒体报道证实此事，募捐效果肯定会更好一些。

考虑到有些人没看到倡议书或者忘记倡议书的内容了，所以，在募捐过程中，隔段时间就要发布一次（每天发布新的版本也行）募捐倡议书，交代来龙去脉、前因后果，每次发布都可添加新的内容（新的病情、新的报道、新的募捐结果、新的需求、新的答疑等）。

第八章　当代中国慈善传播现状与发展趋势

第一节　现状

当代中国的慈善传播，在很多情况下，技巧上缺乏技术指导，伦理上缺乏准则规范，法律上缺乏有效约束，处于不够成熟的起步阶段。

一　慈善传播，方兴未艾

从媒体类型看，不但传统媒体有专门栏目或版面[①]，而且许多慈善机构都在新媒体平台开设官方网站、官方微博，新媒体已经成为慈善传播的主阵地。

从传播者来看，参与慈善传播的人很多，传媒界人士、教育界人士（包括教师和学生）、商界人士、宗教界人士、慈善义工等是其中的主力人群。

《南昌晚报》2013 年 7 月 15 日 A10 版刊登题为《13 岁女孩患白血病　义工街头爱心募捐》的消息，全文如下：

本报讯　李乘龙　记者　熊金标　文　魏勇剑　图　母亲早亡、父亲丧失劳动能力，自己又不幸被查出身患白血病，13 岁余干女孩郑淑妃的遭遇让人唏嘘不已。为帮助女孩战胜病魔，13 日晚，我市社会义工组织“南昌义工帮忙团”的义工代表，利用周末休息时间，

① 参见本书第五章第三节。

来到八一广场，为小女孩募捐爱心款。

据了解，余干县梅港乡13岁女孩郑淑妃7岁那年，她的妈妈因患肝癌，医治无效离开了她。而就在同一年，郑淑妃的爸爸郑普才务工时，不慎从高楼摔下，丧失劳动能力。去年年底，郑淑妃又被确诊患有白血病。

为了给郑淑妃治疗白血病，郑家已经负债累累，根本无力承担四五十万元的医疗费。12岁的妹妹郑小妃目前辍学在南昌大学一附院照顾姐姐。

了解到这个家庭的困难后，南昌义工帮忙团的义工们不但慷慨解囊，还积极为郑淑妃募捐善款治病。据一名义工代表介绍，在三次募捐活动中，他们共为郑淑妃募捐到9500余元爱心善款。

二　慈善传播，仍然不足

这种不足，体现在两个方面：一是慈善募捐者的信息传播不足；二是慈善机构的信息传播不足。

慈善募捐者的信息传播不足，存在两个环节：一是募捐时的信息传播；二是募捐后的后续传播。

求助的人，自己的信息一定多说一些，否则，不确定性越大，别人越不可能援手。传播不足，是一些慈善传播效果不佳的原因所在。

有份募捐倡议书是这样写的：

黄伟，湖北襄阳峪山人，襄阳一中（现襄州一中）2007 级学生，现就读于重庆大学。

7 月 10 日晚上，他在回家的途中，在湖北省襄阳市东津地区发生意外车祸，被货车撞倒，头部被严重撞伤，现在仍然昏迷不醒，在襄阳市中医院重症监护室（ICU 病房）接受治疗。

黄伟父母都是农民，收入不高，医院每天的花费要 8000 多。他父母借遍亲戚，筹集到的钱只能维持几天的治疗。公安局还在事故定责中，医疗合作社说这种情况一般不给报销，保险公司的补偿也都是不确定的。因为我们都是在校学生，没有收入，之前凑得的钱也只够他一天的费用。如果再筹不到钱，医院就会停止治疗。

百般无奈，我们只能在网络平台上求助，希望大家能够多多少少捐助一点。或许这些钱对于你来说只是一张电影票，一件衣服，一瓶护肤品，一包烟，一顿饭，但对黄伟来说却是继续接受治疗的可能，是生的希望。希望各位朋友，叔叔阿姨，爷爷奶奶能够为了这个年轻的生命伸出自己的援手。如果手头不便，也希望大家多多转发。

上述劝捐文字中，缺乏对受助者的品行、成绩、业绩、性格、专业、所在学院名称、具体家境等信息的介绍，难以让人对受助者产生好感，难以让人产生尽快捐助的想法。

2012 年 10 月，网友曾在新浪微博上发起一个募捐：“南昌大学 2012 级研究生李××同学父亲突患极严重脑梗塞，现家中已负债 26 万，不久后又要做补颅手术，实在无力承担。大家一起行动用爱为他们筑起重生的希望!”这条微博被转发 115 次，但关于募捐所得、关于病人的后续情况未见传播。

慈善机构的信息传播不足，体现在两个方面：一是对善款、善物的去向，缺乏详尽的介绍和报告；二是对申请捐助的路径缺乏介绍和广告。

部分慈善项目只重视募捐，轻视申请；不提供申请资助的联系方式。有的慈善机构，提供的联系电话难以接通（壹基金疑似如此）。

例如，“小天使基金”缺乏主动宣传，不为人知（在看到本书之前，你和你身边的人，有多少人知道呢?）。宣传海报，只有募捐信息，几乎没有救助信息（没有公布申请方式或渠道），形象代言人（梅婷）签名也难以辨认。

图8-1 梅婷为“小天使基金”代言的广告

中国青少年发展基金会网站的“联系我们”栏目，也只公布“捐款热线”，未公布“申请捐助的热线电话”。

有人曾经写下如下文字：

到哪里去找你，慈善机构?

南昌大学软件学院的一位学生在08年底查出尿毒症晚期，他的同学尝试过很多方式为他的换肾手术募集捐款，也曾经寻求过慈善机构的帮助，但是无疾而终，个中缘由连当事人也无法说清楚，只是说太麻烦。这个“太麻烦”到底麻烦在哪里?是这个“太麻烦”导致了中国慈善事业的发展缓慢吗?

首先是这些机构太难找，它们长期游离在人们的视野之外，对很多城市的老市民来说，说出他们所在城市的慈善机构的地址也是一件很困难的事情，更别提了解这些机构的捐款热线了。汶川大地震之后，慈善机构着实风光了一阵，为帮助地震灾区作出了贡献，但是事件过后，这些慈善机构仍旧回到了它们原来偏僻的角落，依然默默无闻。

……

其二是宣传力度不够，这和第一点又是紧密相连的。中央卫视的广告很多，和慈善有关的公益广告并不多，每天的黄金时间内更是难觅公益广告的影踪。播出的公益广告又常常与社会公德联系在一起，成为提倡社会公德的金字招牌，这固然很好，但如此宽泛的提倡未必能给那些在痛苦中煎熬或想为社会真正贡献一分力量的人一个机会。台湾的公益广告则要细致得多，它的制作更加感性，它不会告诉你去做什么，它会用感人的话语或者是画面让你觉得应该做什么。在广告中它们除了告诉你网址和地址外，一般的还会使用语音响亮地播出慈善机构的名称和热线，这正是大陆的公益广告忽略的地方，毕竟，电话的普及率要远远高于网络。

……

2012 年 6 月 12 日，著名主持人崔永元因其所发起的乡村教师培训公益计划向湖南省教育厅寻求支持遭到冷遇，崔永元在微博上怒斥湖南省教育厅，一时引来舆论哗然。6 月 29 日，崔永元通过微博表示，与湖南省教育厅的不愉快已经“烟消云散”，未来将“携手共益，共同进步，不骄傲，不气馁，不懈怠”。后来，崔永元作了反思：“我作为乡村教师培训计划的总负责人，当时最好的方式应该是飞过去和湖南省教育厅方面沟通和交流。完美沟通和争执爆发之间可能就差了一厘米，而就是这一厘米我们没有做到位。”① 实际上，崔永元的这次遭遇，就源于“传播不足”。

2012 年 7 月 14 日，中国民政部主管的中民慈善捐助信息中心，发布

① 赵新星、林珊珊、袁媛：《“怒斥”事件以和解告终，崔永元反思政府与公益组织合作：“完美沟通和争执爆发或只差一厘米”》，《南方日报》2012 年 7 月 3 日 A10 版。

中国首份《慈善会发展报告》，报告称，截至2012年6月，全国共有县级以上慈善会1923家。慈善会同红十字会一样，属于有政府背景的慈善组织。因行政成本低，与政府关系紧密，信息透明度不高，屡陷“发票门”、“卖药门”等质疑漩涡。中民慈善信息中心副主任刘佑平认为，相比基金会而言，整个慈善会系统在信息透明度上还有差距。重点研究的30家慈善会中，已制定信息公开办法的有14家。[①]

三　慈善机构出现信任危机

若慈善机构存在传播不足情况（尤其是善款收支信息），也可能使人们难以监督慈善机构，进而导致慈善机构的腐败行为，并影响公众对慈善机构的信任程度。

当今中国社会，由于人际间不信任扩大、群体间不信任加深，慈善传播因此面临深层次的挑战。“郭美美”等慈善领域的争议性事件，使国内慈善机构遭遇信任危机。

慈善募捐者应当为捐助者提供便利的查核、捐助、监督渠道，及时释疑解惑，以便建立捐助者对募捐者的信任。研究受众心理，善用各种媒介，巧妙设计传播内容，精心选择传播者，主动报告进展，有利于慈善募捐取得良好效果。

受“郭美美”等争议性事件影响，民众对一些慈善组织的信任急剧下降，当代中国的慈善传播面临前所未有的信任危机。充分透明的慈善传播，可重建公众对慈善机构的信任，吸引公众积极参与慈善活动，化解慈善机构的信任危机，推动慈善事业的健康运行。

四　慈善传播，技巧不明

传播技巧是否运用得当，直接影响到慈善传播的传播效果。提高慈善活动人士的媒介素养水平，使其善用各种媒介，巧妙设计传播内容，精心选择传播者，深入了解受众，从而有助于优化慈善传播的效果。

但是，实际上，许多募捐者在开展慈善传播时，大多是处于盲目摸

---

① 魏铭言：《报告称慈善会信息不够透明》，《新京报》2012年7月16日A11版。

索、缺乏指导的状态：既没有专业人士从传播技巧、传播伦理等角度给予指导，也没有找到相关书籍或论文来指导自己的慈善传播行为，一切只是跟着感觉走。

2013 年 8 月 3 日，江西省九江市湖口县县城的一个菜市场入口处，两位白发老人带着年幼的孙子孙女在“乞讨”。老人介绍说，他们是本县农民，儿子今年 34 岁，身患 POESM 综合症，这种病比白血病还难治疗。要治好这种病，只有进行骨髓移植，现在骨髓还在配型当中，等找到合适的骨髓后，手术费需要 40 万元。之前儿子在九江、南昌、郑州各个医院检查、治疗，把借来的 11 万元已经花光。当天，天气稍微凉快点，老人就带着 8 岁的孙女和 5 岁的孙子来县城，希望能得到好心人的帮助。[①]

图 8－2　湖口县菜市场的“乞讨”及其求助信

可惜的是，老人手中的爱心求助信，有病人的照片和身份证复印件，有手机号码，却没有任何银行账号，也没有用于募捐的官方微博，这样的募捐显然难以得到外地的爱心捐款。倘若有专业人士给予更为到位的技术指导，至少可以增加用于接收外地捐款的银行账号。

五　伦理失范

慈善传播应该遵循公益至上、恪守诚信、保护隐私、避免伤害、尊重自愿等基本原则，应当尽量避免“爱心疲劳”和“被迫慈善”。慈善传播应该注意保护受助者的自尊心。慈善新闻报道应遵循妥当报道原则，注意

① 此例引自“湖口热线”网站，网址 http：//www. hukou365. com/bbs/thread－325618－1－1. html。

保护新闻当事人（见图8-3），重视以隐性募捐方式报道慈善诉求。慈善传播应尽量避免出现伦理失范问题，否则将削弱慈善传播的正面价值，影响慈善传播的功能实现。

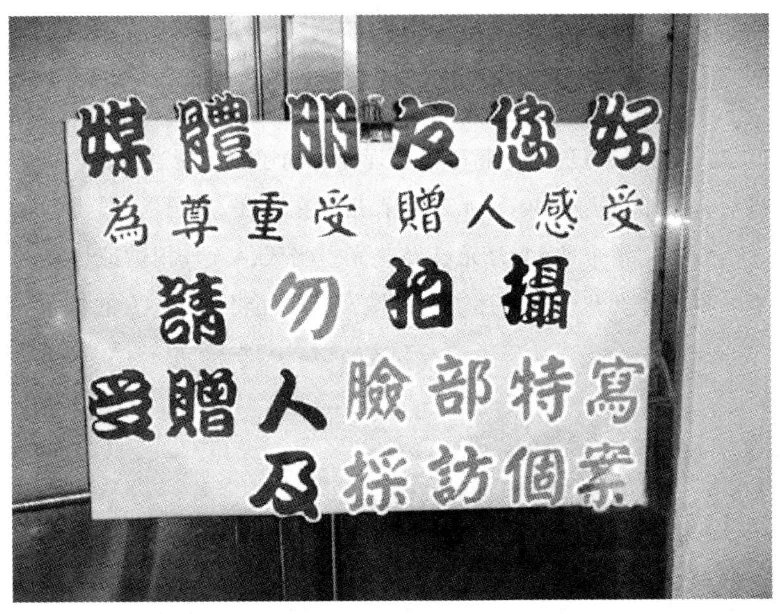

图8-3 陈光标台湾行善活动现场的温馨提示

在现实中，强迫性募捐并不少见，捐助者伤害受助者个人尊严的情况则屡见不鲜（从一些公开发布的活动照片可以看出），欺骗性募捐、诈捐也是存在的。

凤凰卫视《冷暖人生》栏目曾经制作播放视频《国华的孩子》[①]，其中有一个学生谈到他接受捐赠时的痛苦心情："发给你书包、笔、本子啊之类的，搁到你手里，然后在全校面前这样的一个仪式……当时我就站在那样一个队里，我很不好意思，我当时心里很尴尬，我想趁机就跑回去。……老师把书包递给我，其实我心里很不是滋味，我强忍着微笑，我心里很不是滋味，我不喜欢那种感觉。……好像是大张旗鼓地可怜你，就是很形式的东西，很假。"[②]

① 网址 http：//t. cn/zQ2NC6D。

② 详见该视频的第13分钟至第14分钟。

六　跨国慈善传播较为少见

大概是由于语言障碍，中国内地的慈善传播，国际化程度不高。

需要帮助的人，一般不会向国外的慈善机构求助，一般也不会在国外网站向外国爱心人士募捐求助。

反过来，国外的慈善机构，也较少与中国普通民众直接交流（例如公益广告几乎没有）。

中国的慈善机构和爱心人士，一般较少为国外人士募捐或向国外人士捐助[①]，除非是地震、海啸等重大自然灾难。

中国的募捐者，很少用英语、日语、法语等外语展开募捐。外国的慈善机构，也很少有中文版网页。

在慈善传播国际化方面，嵩山少林寺做得不错，多次组织或参与国际性的慈善活动，其中包括：

> 2006年7月20日，释永信方丈在少林寺会见国际知名慈善组织“儿童免费教育中心”创始人魁格·柯柏格，双方就慈善事业进行了深入讨论和交流。魁格·柯柏格对少林寺发起的千名孤儿救助计划表示钦佩，期待和少林寺在儿童救助等慈善事业中进一步交流与合作。
>
> 2008年6月14日，美国“今日世界”电视公司向少林慈幼院捐赠20万人民币，用于添置孩子们的学习及生活用品。
>
> 2008年12月3日，在南非重要港口城市开普敦，少林寺方丈释永信率少林寺僧人举办了为非洲儿童进行的慈善演出，演出所得全部捐款都将捐给曼德拉基金会儿童基金和lmibala基金会。
>
> 2009年6月7日上午，少林寺内隆重举行了“行走天地间”慈善义走活动。该活动是由联合国世界粮食计划署（WFP）发起的一项全球性的慈善义走活动，旨在引起公众对“儿童饥饿”这一问题

① 新浪博客“我爱难民”（http://blog.sina.com.cn/u/2743974020）在为缅甸克钦难民募捐文具、教具、药品。新浪微博@丢崽一直都是好流氓（http://weibo.com/chocolate1986）、@菜二二（http://weibo.com/silentwj）、@Apertamc不设防电影俱乐部（http://weibo.com/u/2805749830）也在为缅甸克钦难民募捐。

的关注，并为 WFP“学校膳食计划”项目筹集款项。

2010 年 10 月 17 日，少林寺武僧团受邀参加“新加坡总统星光慈善电视募捐活动”。演出活动结束后，少林寺武僧团受到了新加坡总统纳丹的亲切接见，少林寺武僧团的慈善义举获得了纳丹总统的赞赏。

第二节 趋势

2011 年 7 月 4 日，《经济观察报》第 53、57 版，刊登李黎、颖子的文章《慈善是种生活方式》，该文介绍了日本、美国的日常式慈善，以及中国内地的差距。这篇文章写道：

我们的一位工程师朋友常年出差日本，每次都住在大阪某湿地公园附近的一座公寓。他偶尔在电梯里会碰到一位推婴儿车的家庭主妇，婴儿车的挂杆上总挂着一小袋书。后来他才了解到，这是为了散步时顺便捐给附近社区的一个小型图书室。她说，一开始只是捐旧书，后来逛书店的时候会情不自禁为图书室选些有趣的新书。而对于一个丈夫也只是普通收入的全职家庭主妇来说，这样做慈善的方式对她完全没有负担，而且据她所知，附近很多主妇们也在用各种方式常年为附近社区提供力所能及的帮助。

如果买东西也可以做善事，你会尝试吗？一位在英国和美国生活过很多年的朋友告诉我们，他在伦敦那些年时常会去逛慈善商店（charity shops）。他说，请不要以为光顾慈善商店的人是因为手头拮据却想淘便宜名牌货，许多慈善商店里，除了年代久远的古董衣物和珠宝、绝版书籍唱片都是宝贝，更吸引人的是，所有慈善商店的收入都是公益筹资，用来帮助不同的受助对象，人们买下了那枚心仪的胸针，还能带着做善事的愉悦感离开。在这座世界上最注重风范的城市，能从慈善商店里寻到宝贝，是对一个人生活情趣的极佳肯定。慈善也早已成为了英国人生活的重要组成部分，除了救助的含义，同时意味着价值取向和生活理念。

在美国人的观念里，慈善更多的是人们之间的互助。美国人的慈善早已不留痕迹地成为了一种生活方式，几乎89%的美国家庭都常年参与慈善活动，个人慈善捐款基本占总额的75%。当每个人把慈善作为一种生活常态时，可以想象，这种涓涓细流汇集的力量对于需要帮助的人们，有多么巨大的正面作用。

为什么欧美国家的慈善比中国更常态化？有人认为这是宗教的历史影响。为教堂和穷人提供帮助便是基督教众多礼仪形式之一。基督教提倡什一奉献（tithing），源自“第十”的原始写法。许多教会倡导基督徒将个人收入额的10%捐赠给自己所在的地方教会。另一方面，普遍的慷慨背后站立着强大而成熟的慈善体制。在欧美许多国家，慈善直接等同于免税。现金捐赠几乎可使美国人抵掉一年中要交纳的近50%的税收。纳税人可以选择将自己的一部分收入作为税交纳给政府，也可以作为社会捐款捐献给慈善事业。二选一之下，个人通常会选择将这一部分收入作为社会回馈，直接用于公益事业。

但在国内，慈善则更多是一种应激反应，而不是人们日常生活的常态。知名财经媒体人何力在微博中透露，某次聚会中和海归朋友们谈起日常的慈善。当他被问起“你每年都怎么做慈善计划”时，何力坦言自己当时有些窘。他发现自己跟大多数人一样，心地很善良，但并没有持久的慈善计划，只在大灾大难时，才会想起来捐助，慈善离成为自己的生活方式还很遥远。得知朋友们基本每年拿收入的百分一到五有计划地进行捐助后，何力决定，自己每年从收入中拿出百分之一捐助给民间可信任的慈善团体。现在这个计划已经进行到第二年。与此同时，他还给自己定了个原则，逢乞必付，不问真假。

相信，在不久的未来，日常式慈善将在更多的国家和地区成为现实。与之相适应的是，慈善传播将经常化、日常化。

也许，当今世界的慈善传播，还存在这样那样的问题或不足。在未来的日子里，慈善传播，终究还是会越来越多、越来越好的。

——传播频率：未来的慈善传播，会更加频密，更加常态，“时时有慈善”。

——传播手段：将会更加多元，多媒体运用、全媒体传播将成为常见形态。随着传统媒体的式微，新媒体有望成为慈善传播的绝对主力。

——传播伦理：随着现代慈善文化的普及，未来的慈善传播，会更加规范，更加人性化。

——传播范围：未来的慈善传播，会更加广泛，走向海外，更加国际化，“处处有慈善”。

——传播者：未来的慈善传播，会有更多人参与，传播者更加多样多元，慈善机构的慈善传播也会更加主动。

——传播内容：未来的慈善传播，会更加全面、透明。

——传播规范：通过纳入规范化、标准化、专业化、法制化轨道，建立长效机制，未来的慈善传播，可预见性、稳定性、有效性都会大大增强。

附 录

一 部分慈善机构的联系方式①

中华慈善总会

地址：北京市西城区二龙路甲 33 号新龙大厦　邮编：100032　电话：010 - 66083260

网址：http：//cszh. mca. gov. cn

中国扶贫基金会

电话：010 - 82872688　传真：010 - 62526268　电子邮箱：fupin@fupin. org. cn

网址：http：//www. fupin. org. cn

中国红十字会

地址：北京市东城区北新桥三条 8 号　邮编：100007

电话：010 - 84025890（中继线）　传真：（8610）64060566

E - mail：zhbgs@ redcross. org. cn　网址：www. redcross. org. cn

儿童希望救助基金会

地址：北京市朝阳区西坝河南路 3 号浩鸿园趣园 1C　邮编：100028

电话：010 - 64462430/31/32/33

网址：www. childrenshope. org. cn

天使妈妈基金

网址 http：//www. angelmom. org/

---

① 有些联系方式可能会失效或发生变更。许多慈善机构开设了官方微博——这也是一个联系渠道。

地址：北京市海淀区西三环华宝大厦 1316 室

到访预约电话：010 - 52880552　咨询电话：010 - 81757732

企业捐助意向、媒体采访、收养寄养电话：13910410831

贫困患儿求助捐赠热线：40006 21885（阿姨帮帮我），010 - 51760033、51760032

邮箱：help@ angelmom. org　新浪微博：@天使妈妈基金

中国宋庆龄基金会

地址：北京市朝阳区北三环中路安贞西里 26 号浙江大厦 A12 层　邮编：100029

电话：010 - 64451011（值班电话）　010 - 64450895（捐赠热线）010 - 64450799（网站）

传真：010 - 64450056　网址：http：//www. sclf. org　邮箱：sclf@ sclf. org

深圳壹基金公益基金会

网址 www. onefoundation. cn

壹基金邮箱：info@ one - foundation. com

壹基金咨询电话：（+86）021 - 5250 4617

总部地址：深圳市盐田区大梅沙环梅路 33 号万科中心

中国青少年发展基金会

网址 www. cydf. org. cn

地址：北京朝阳区望京西路 51 号五层　邮编：100102

捐款热线：010 - 64035547、64790590　传真：010 - 64790600　网址：www. cydf. org. cn

电子邮件：cydfnet@ 163. com

爱佑慈善基金会

网址 http：//www. ayfoundation. org

地址：北京市朝阳区朝外大街甲 6 号万通中心 D 座 302A

电话：+86 10 5907 0561　邮箱：ay@ ayfoundation. org

新浪微博：http：//weibo. com/iuchina　腾讯微博：http：//e. t. qq. com/hxcharity

官方微信：爱佑慈善基金会

中华社会救助基金会

网址 http：//www. csaf. org. cn/cn/index. html

地址：北京市朝阳区 朝外大街乙 6 号朝外 SOHO A 座 1101 室 邮编：100020

电话：86 - 10 - 5900 3555（总机） 传真：86 - 10 - 5869 8140 邮箱：info@ csaf. org. cn

联合国儿童基金会·中国办事处

地址：北京朝阳区三里屯路 12 号 邮编：100600

电邮：contact. china@ unicef. org

乐施会中国部

网址 http：//www. oxfam. org. cn

香港赛马会慈善信托基金

网址 http：//charities. hkjc. com

李嘉诚基金会

网址 http：//www. lksf. org

慧妍雅集

网址 http：//www. waiyin. org. hk

地址：香港铜锣湾告士打道 227 - 228 号生和大厦 19 楼 B 室

电话：2724 2331 传真：23669744 电邮：admin@ waiyin. org. hk

九龙乐善堂

网址 http：//www. loksintong. org

东华三院

网址 http：//www. tungwah. org. hk

慈济慈善事业基金会

网址 http：//www. tzuchi. org. cn

佛光山慈悲社会福利基金会

网址 http：//www. compassion. org. tw

比尔及梅林达·盖茨基金会

网址 http：//www. gatesfoundation. org

二　部分慈善项目的联系方式

中华慈善总会·关爱军人家庭援助项目

救助对象由中华慈善总会与各省市地方民政部门和慈善会共同确定，根据当地的生活标准和受助家庭的经济状况，一次性或定期给予其本人或家人一定的现金和物质援助，以解决其在生活、医疗等方面面临的困难。

联系人：刘红　电话：010－66211369　传真：010－66210369　E－mail：858532221@qq.com

中华慈善总会·春雨爱心基金

春雨爱心基金的救助对象由中华慈善总会与各省市地方民政部门和慈善会共同完成，另外，还可以通过司法部门和监狱管理局及女子监狱扶贫，按贫困家庭和贫困人员发放款物3000～10000元不等，有特殊的家庭最多达到2万～4万元。此扶贫项目是针对特殊群体，主要改善过失犯罪的特困女性服刑人员贫困家庭的生活条件及解决部分贫困家庭子女的就学问题。

电话：010－66056012，68663598，68391002　传真：010－66056012

网址：www.ccylfm.com　邮箱：ccylfm@163.com

中华慈善总会·恩瑞格援助项目

中华慈善总会恩瑞格患者援助项目于2010年12月正式启动，由非政府性质的慈善组织中华慈善总会（CCF）负责在中国的整体运作和协调工作，接受瑞士诺华制药有限公司捐赠的恩瑞格（地拉罗司）药品，旨在帮助那些被临床证明可以受益于恩瑞格药品却因经济原因而不能持续进行祛铁治疗的铁过载患者。

申请项目的患者需要符合恩瑞格在中国的注册适应症：年龄大于6周岁的β－地中海贫血患者因频繁输血（每月浓缩红细胞的给予量≥7ml/kg）所致慢性铁过载；2周岁以上且6周岁以下儿童因患β－地中海贫血而频繁输血（每月浓缩红细胞的给予量≥7ml/kg）所致慢性铁过载；2周岁以上因患其他输血依赖性疾病而频繁输血（每月浓缩红细胞的给予量≥7ml/kg）所致的慢性铁过载。

电话：010－67080136　传真：010－67080456

邮箱：北京市 6201 信箱（邮编 100062） 网址：http：//www. 恩瑞格援助项目 . com

中华慈善总会·“衣恋圣秀慈善基金”项目

捐助对象：初中以优异成绩毕业，却因家庭生活贫困，无力进入高中，且为城镇、农村低保户、贫困户子女或孤儿中的应届初中毕业生。

捐助地区：北京，上海，江西，山西，贵州

中华慈善总会筹募部项目联系人：倪凯林 联系电话：010 - 66055848

衣恋集团项目联系人：袁飞 联系电话：021 - 61135858 转 1090

中华慈善总会·爱心救助贫困复转军人项目

项目联系人：倪凯林 联系电话：010 - 66055848

北京诚成五同教育投资有限公司《爱心救助贫困复转军人项目》办公室

联系人：曲明 钟嘉誉 联系电话：010 - 88580035 88580078

中华慈善总会民生养老基金

联系地址：北京市朝阳区建国门北大街 5 号，金成建国 5 号楼盘 1003 室（华润大厦北侧）

联系人：耿彬

电话：010 - 85072169 转 608 邮编：100005 传真：010 - 85072159

中华慈善总会·关爱女性健康救助项目

关爱女性健康救助项目，旨在联合众多爱心企业和爱心人士，汇聚多方慈善资源，为广大贫困地区女性的健康查体、疾病预防和治疗、健康知识宣教、公共医疗援助等方面贡献一分力量，增强其自我保健的意识，提高其享受卫生保健的水平和抵御疾病风险的能力，提高其生活品质。

联系人：刘红 电话：010 - 66211369 传真：010 - 66210369

E - mail：858532221@ qq. com

中华慈善总会·关爱青少年健康援助项目

（包括“聋哑儿培训救助”子项目和“爱心食堂”援建子项目）

联系人：刘红 电话：010 - 66211369 传真：010 - 66210369

E - mail：858532221@ qq. com

中华慈善总会·“中慈爱心图书室”援建项目

根据阅读对象（中、小学生）的不同，以每间“中慈爱心图书室”2万元人民币的预算，配发图书和电脑等。爱心企业、单位或个人一次性捐助一所以上图书室，我会将根据捐赠方的意愿对每个爱心图书室予以冠名（中慈（×××）爱心图书室），并镌刻铜牌。爱心企业、单位或个人可在所捐图书扉页上署名或署印（署名要求字体端庄、字迹清晰）。

联系人：刘红　电话：010－66211369　传真：010－66210369

E－mail：858532221@qq.com

中华慈善总会华夏养老基金

（资助城乡特困老年人，建设慈善医院、护理型医院等）

电话：010－65189899　传真：010－65189899－806

地址：北京市东城区建国门北大街5号7层705室　邮编：100005

中华慈善总会·慈善医疗阳光救助工程

旨在发动各生产经营医疗器械企业和愿意参与此项活动的企事业单位，向全国500多个国家级贫困县捐赠医疗器械和其他物资，帮助贫困地区解决群众缺医少药等问题。

地址：北京市海淀区复兴路甲38－1号　邮编100039

电话号码：86 10 88202586 68179222　传真号码：86 10 68178678

官方网址：http：//www.suncharity.cn/index.php　电子邮件：admin@suncharity.cn

中华慈善总会藏文化慈善基金

本基金力求在达到保护宣传藏文化艺术、扶助艺人传承藏文化艺术的同时，帮助更多的贫困人口，缓解他们在生活、医疗、就学等方面的问题。

地址：北京市朝阳区建外SOHO A座601，

联络人：刘娅东　电话：010－59009431/2/3/4　传真：010－59009435

中华慈善总会“贫困母亲救助项目”

此项目的救助对象由中华慈善总会与各省市地方民政部门和慈善会及妇联共同完成，按家庭和单个贫困母亲直接发放款物5000～10000元不等，有特殊的家庭最多达到 2 万元。此扶贫项目针对性强，主要改善贫困母亲和贫困家庭的生活条件及解决部分贫困家庭子女的就学问题。

地址：北京西城区二龙路甲 33 号新龙大厦 7 层中华慈善总会贫困母亲救助项目管理办公室

邮编：100032　联系人：胡笛生　王之灿

电话：010－66056012 68391002 18911831229　传真：010－66020903

网址：www. ccpmap. com（贫困母亲救助项目网站）　邮箱：ccnart @ 163. com

中华慈善总会“电影放飞梦想”项目

该项目将为不断满足边防部队哨所和贫困地区农村乡镇以及监狱的精神文化方面的需求，丰富他们的精神文化生活开辟一个全新的途径。

地址：北京市朝阳区望京西路 48 号金隅国际 C 座 2701 号

电话/传真：010－84775580　手机：15011166216

中华慈善总会·全可利慈善援助项目

是中华慈善总会对贫困及中低收入家庭的肺动脉高压患者开展的医疗救助项目。

申请患者必须符合项目要求的医学标准和经济标准才能获得全可利药品捐赠。患者可就近到这些城市的指定医疗中心作医学评估并从网上下载申请表和申请声明。

全可利项目办公室患者热线：400 898 1234

邮箱地址：北京市 100032 信箱 96 分箱　全可利项目办公室，邮编：100032

特别提示：所有材料均通过邮政 EMS 邮寄到上述地址。

中华慈善总会罕见病项目

为中国的重症戈谢病病患者免费提供了 Cerezyme@ 治疗药物。

热线电话：01067016314/01067016497，传真：67016394

热线电话：4008 139 990　邮箱：ccf－rdo@ 163. com

中华慈善总会·多吉美患者援助项目

肝癌项目请致电：010－67080900 转 170　肝癌项目邮箱：ncpap99@ vip. 163. com

肾癌项目请致电：010－67080900 转 165　肾癌项目邮箱：ncpap66@vip.163.com

邮寄地址：北京市 6202 信箱中华慈善总会多吉美项目办公室

传真：010－67091360　官方网址：www.ncpap.com.cn

中华慈善总会·慈爱孤儿工程

是由中华慈善总会在 2000 年发起和组织的，以救助我国百万孤儿为目标的大型慈善工程。方式是：定向助养孤儿；非定向助养孤儿；捐建慈善爱心学校、捐建慈善爱心电脑教室。

项目负责人：筹募部副主任　王玲　联系电话：010－66083264（传）

中华慈善总会·"黄丝带"大型慈善功德爱心行动

是中国光彩事业促进会和中华慈善总会共同启动的慈善助学项目。旨在发动国内华人支持帮助中国欠发达地区教育的爱心行动。以建设可监控的电脑网络多媒体教室为主，配合多种形式的助学助教内容。为和谐事业做出了贡献。详见 www.cishangongde.com。

中华慈善总会·易瑞沙慈善赠药项目

是中华慈善总会对贫困的非小细胞肺癌患者开展的医疗救助项目。为了救助贫困患者，阿斯利康公司向中华慈善总会无偿捐赠易瑞沙药品，由中华慈善总会设立易瑞沙慈善赠药项目，对符合易瑞沙适应症的低保患者直接给予赠药；为了使更多的患者得到帮助，本项目还对那些已经使用易瑞沙进行治疗并获得显著疗效，但因经济原因无法继续接受治疗的晚期非小细胞肺癌患者给予救助。中华慈善总会负责易瑞沙赠药的患者申请审查，组织项目注册医师对患者的医学检查评估，组织参与地区慈善机构进行赠药发放，全程监督项目实施。

电话：010－67080796，010－67080096，010－67083376

通讯地址：北京市 100062 信箱 121 分箱，邮编：100062

中华慈善总会·格列卫援助项目和中华慈善总会·达希纳援助项目

格列卫全球患者援助项目于 2003 年 9 月在中国正式启动，由非政府性质的慈善组织中华慈善总会（CCF）负责在中国的整体运作和协调工作，接受瑞士诺华制药有限公司捐赠的格列卫（甲磺酸伊马替尼）药品，旨在让中国所有符合援助条件的费城染色体阳性、在慢性期、加速期或急变期的慢性粒细胞白血病患者（3 周岁以上）、急性淋巴细胞白血病患者（18 周岁以上）；c－Kit 阳性，不可切除（不可手术）、复发和/或转移的恶性胃肠道间质肿瘤的患者（18 周岁以上）及不能切除、复发或者转移的隆突性皮肤纤维肉瘤（DFSP）患者获得格列卫药品救助。

达希纳全球患者援助项目，旨在让中国所有符合援助条件的既往治疗（包括格列卫治疗）耐药或不耐受的费城染色体阳性的慢性髓性白血病－慢性期和加速期成人患者（18 周岁以上）获得达希纳药品的救助。

电话：010－67084770　传真：010－67117200

邮箱：北京市 6201 信箱（100062）　网址：https：//gipap. org. cn

中华慈善总会·微笑列车唇腭裂修复慈善项目

由美国微笑列车基金会资助、为我国贫困唇腭裂患者提供免费手术、对实施手术的医生进行技术培训的医疗救治项目。其救治对象是我国因家庭经济困难，不能支付唇腭裂修复手术费的 0～40 岁的贫困患者。凡符合救治条件的贫困患者，均可直接到当地微笑列车项目合作医院申请免费手术。免费咨询热线：800－810－0059

中华慈善总会·慈善一元捐行动

是中华慈善总会为了贯彻中央关于社会捐赠经常化的指示精神而开展的面向全社会的小额募捐行动，目的是呼吁全社会每一个人共同为慈善事业尽自己的微薄之力。“慈善一元捐行动”是以人民币一元为起点，在不影响捐赠者生活水准的前提下，实行定期捐赠，多捐不限。主要资助方向为：助医、助学和扶贫济困。

项目负责部门：中华慈善总会筹募部

地址：中国北京市西城区二龙路甲 33 号新龙大厦七层　邮政编码：100032

电话＼传真：66055848、66083264

中华慈善总会·慈善雨水积蓄工程

“慈善雨水积蓄工程”是中华慈善总会向社会募集资金，帮助干旱地区的百姓修建集雨设施解决生活用水的项目统称。根据不同地区的个体情况捐 1500～2000 元钱，就可以修建一个 100 平方米的集雨面和一个 30～

50 立方米的水窖，解决 3～5 口之家常年人畜饮水问题；或捐赠一定数额的善款修建一集体性的集雨设施，解决一个人口聚集点的饮水问题。

项目负责部门：中华慈善总会筹募部

地址：中国北京市西城区二龙路甲 33 号新龙大厦七层　邮政编码：100032

电话＼传真：66055848、66083264

中国红十字·博爱小学

电话：010－65599176

中国红十字·红十字书库

电话：010－65234995，68438791

中国红十字·博爱助学金

项目合作部：010－65599176　事业发展办：010－68418977

中国红十字·燃烛行动（援助乡村民办教师）

电话：020－87397211，020－87373998－8621，

地址：广州大道中 289 号南方周末报社市场部　邮编：510601

中国红十字·崔永元公益基金

咨询捐款热线：010－65129097　捐款地址：北京市东城区东单北大街干面胡同 53 号　邮编：100010

中国红十字·博爱卫生院（站）

联系电话：010－65599176

中国红十字·乡村医生培训

联系电话：010－65234995　联系人：刘京京

中国红十字·小天使基金（救助 14 周岁以下患有白血病且家庭经济贫困的儿童）

申请方式：1. 登录中国红基会网站（网址：http：//www. crcf. org. cn/），从小天使基金页面下载最新的《小天使基金资助申请表》，按要求填写，经申请人户籍所在地（或居住地）村委会（居委会）审核盖章后，寄送至县（市）级红十字会审核，经省级红十字审核后报中国红基会；2. 登录中国红基会网站（网址同上），通过大病医疗救助在线申请注册申请，按要求填写提交，受理通过后打印，经申请人户籍所在地（或居住

地）村委会（居委会）审核盖章后，寄送至县（市）级红十字会审核，经省级红十字审核后报中国红基会；3. 申请人如需做造血干细胞移植且配型成功，可另行下载填写《小天使基金造血干细胞移植资助申请表》，经省级红十字会审核后报中国红基会。

官方网址 http：//new. crcf. org. cn/angel/

电话：010－65124690　010－65129597

中国红十字·天使阳光基金（救助先天性心脏病儿童）

官方网址 http：//new. crcf. org. cn/special/AngelSunShine/

联系电话：010－65136497

中国红十字·嫣然天使基金（救助家庭贫困的唇腭裂儿童）

官方网址 http：//new. crcf. org. cn/special/Yanran/#

电话：4008102727，8610－8590 6228

地址：北京市朝阳区酒仙桥路 10 号恒通商务园 58 号楼 B36A 座 301 室　邮编：100015

电子邮箱：yrts@ mail. crcf. org. cn　yanrantianshi@ gmail. com

嫣然天使基金新浪微博：http：//t. sina. com. cn/yanrantianshi

中国红十字·幸福天使基金（救助 0－6 岁孤残贫病婴童）

官方网址 http：//new. crcf. org. cn/special/HappinessAngel/#

通信地址：北京 100082－2 信箱

中国红十字·天使回声基金（救助失聪儿童）

官方网址 http：//new. crcf. org. cn/special/angelecho/#

电话：010－65136497，010－65222340（捐助热线）

中国红十字·蓝飘带基金（救助重症少年儿童）

官方网址 http：//new. crcf. org. cn/special/Blueribbon/#

地址：北京市朝阳区五里桥二街 1 号院北京像素北区 1 号楼 501 室

邮编：100024　电话：010－5114 4491　传真：010－5757 2967

邮箱：bluebelt@ 126. com（病童救助申请），bbf_ partners@ 126. com（企业及媒体合作）

中国红十字·成长天使基金（救助生长激素缺乏矮小患者）

官方网址 http：//new. crcf. org. cn/special/GrowthAngel/#

申请方式：登录中国红基会网站（网址：http：//www. crcf. org. cn/），从成长天使基金页面下载《成长天使基金资助申请表》，按要求填写，经申请人户籍所在地（或居住地）村委会（居委会）及县（市）级红十字会审核盖章后，寄送至中国红基会（地址：北京市东城区东单北大街干面胡同53号，邮编：100010）。

中国红十字·东方天使基金（救助重型再生障碍性贫血患者）

官方网址 http：//new. crcf. org. cn/eastangel/

电话：010－65124690　010－65129597

中国红十字·合生元中国母婴救助基金（救助贫困重症母婴）

官方网址 http：//www. babycarefund. org/index. php

电话：010－65263835，020－38189600

中国红十字·玉米爱心基金

（救助白血病儿童，援建博爱卫生院（站）、培训乡村医生或用于其它重大疾病救助项目）

官方网址 http：//new. crcf. org. cn/corn/#

联系电话：010－65263835

中国红十字·光明天使基金（资助盲人职业培训）

官方网址 http：//new. crcf. org. cn/special/BrightAngel/#

地址：中国北京朝阳区惠新西街罗马花园E座901　邮编100029

电话：010－6495 7901　传真：010－8955 3177　客服QQ：1148873755

中国红十字·西部女性阳光基金（组织和资助西部欠发达地区的妇女病普查、宫颈癌防治）

官方网址 http：//new. crcf. org. cn/special/WesternWomen/#

电话：010－87701571 010－87701572 010－87701291

地址：北京市朝阳区潘家园路9号院濠景阁3－18H　邮编：100021

E－Mail：xicihui@ gmail. com

中华社会救助基金会·医疗公益救助计划（救助肝病患者）

中华社会救助基金会联合社会爱心人士和爱心企业，发起设立了第一个“医疗公益救助计划”的专项基金——“肝病防治公益救助专项基金”，旨在宣传乙肝防治知识、降低乙肝感染率、救助弱势群体患者。

联系人：李红强 0371－65659679（办公室）13838141288（手机）

申请条件：1. 资质：市/县级的二级乙等及以上医院和疾病预防控制中心；2. 所在地区具有一定数量的肝病患者、需要公益救助；3. 有意愿致力于参与和推进中国的肝病防治公益救助事业。

申请流程：1. 阅读项目相关材料，详细了解项目思路和内容；2. 联系相关人员，进一步了解项目、洽谈合作事宜；3. 确定合作意向后，签署项目实施协议，进入项目正式合作。

三 《公益慈善捐助信息披露指引》（征求意见稿）

第一章 总则

第一条 为提高慈善工作的透明度，增强公益慈善组织的社会公信力，引导公益慈善资源的有效分配，推动慈善事业持续健康发展，依照《中华人民共和国公益事业捐赠法》、《中华人民共和国政府信息公开条例》、《基金会管理条例》、《社会团体登记管理条例》、《基金会信息公布办法》、《救灾捐赠管理办法》等相关法律法规和规章，制定本指引。

第二条 指引适用于信息披露主体规范披露公益慈善捐助信息。信息披露主体应根据指引的要求，逐步完善信息披露工作，满足社会捐助管理机关和社会公众对公益慈善捐助信息披露工作的要求。

第三条 指引所指的信息披露主体是公益慈善类的社会团体、基金会和民办非企业单位。县级（含县级）以上人民政府及其组成部门和直属机构、公益性群众团体、公益性非营利的事业单位参照实行。

第四条 指引所指的公益慈善捐助信息是指信息披露主体在公益慈善活动中有关捐赠款物的募集、接受和使用的信息。

第二章 信息披露基本规则

第五条 信息披露要及时、准确、完整，确保披露信息真实。

第六条 信息披露方式应尽力让捐赠人、社会公众及有关单位能够及时、方便、完整地获取和查阅披露信息。

第七条 披露信息可能危及国家安全、侵犯他人权益或隐私，以及其他法律法规规定不予公开的信息可不予公开。公开捐赠人和受益人的信息需征得当事人同意或事先进行约定。

第八条 信息披露主体应制定信息披露工作流程，明确责任主体，使信息披露工作走入规范化、常态性。

第九条 信息披露主体可按重大事件和日常性信息分类披露，即发生重大自然灾害、重大生产安全事故、重大治安灾害事故和举办重大社会活动，由政府部门或公益慈善组织开展的重大社会捐赠活动的信息按重大事件专项信息披露；一般性公益慈善项目及其活动按日常性捐助信息披露。

第三章 信息披露内容

第十条 接受捐赠机构信息，包括机构名称、机构基本情况（年检情况、公募或非公募资质、评估结果、成立时间）、机构宗旨和业务范围、办公地址、工作电话、处理投诉的联系人及联系方式等。

第十一条 募捐活动信息，包括活动名称、活动地域、活动起止时间、募集款物数额及活动目标、募集款物的用途、募集款物的使用计划、募捐活动的合作伙伴、募捐活动的方式（义演、义卖或是其他）、募捐工作成本及开支情况等。

第十二条 接收捐赠信息，包括接受捐赠款物时间、捐赠来源、接受捐赠款物性质（定向捐赠或非定向捐赠）、接受捐赠款物内容（捐赠类型、捐赠数额）等。

第十三条 捐赠款物使用信息，包括受益对象、受益地区（应注明省、市、县及其具体受益地区）、捐赠款物拨付和使用的时间和数额、捐赠活动和项目成本、捐助效果（图片、数字、文字说明）等。

第十四条 机构财务信息，包括年度财务会计报告（会计报表、资产负债表、业务活动表、现金流量表、会计报表附注、财务情况说明书）、审计报告等。

第四章 信息披露时限及对象

第十五条 日常性捐助信息应在捐赠接受机构收到捐赠后的 7 个工作日内披露捐赠款物接收信息；重大事件专项信息应在捐赠接受机构收到捐赠后的 24 小时内披露捐赠款物接受信息或按有关重大事件处置部门要求的时限披露。

第十六条 捐赠款物拨付和使用信息应采取动态方式及时披露。一般应在捐赠款物拨付后一个月内向社会披露，并视情况定期或不定期披露后续信息，信息披露间隔时间不应超过 6 个月，使捐赠人和社会公众及时了解捐赠款物使用进展信息。

第十七条 公益慈善组织的年度财务会计报告应当于次年 4 个月内对外披露或按公益慈善组织登记管理机关的要求披露。

第十八条 可采取多种方式披露信息，包括机构出版物（如年报、通讯等）及其官方网站、大众媒体（电视、报纸、电台、杂志等）、现场披露（如披露周、新闻发布会等）、定期以邮寄或电子邮件等形式、公益慈善项目报告、专项基金的年度报告，以及其他可行方式。

第十九条 信息披露对象是社会公众，其中，根据捐赠人、公益慈善组织登记管理机关、公益慈善组织业务主管单位、财政、税务等部门的要求，信息披露主体应提供专门信息和报告。

第五章 附则

第二十条 社会捐助行政管理机关鼓励信息披露主体依据指引做好信息披露工作，并在工作评价和表彰奖励等工作中将信息披露工作作为重要指标。

第二十一条 社会捐助行政管理机关应定期向社会公布本行政区域内公益慈善组织及其他信息披露主体的信息披露情况。

第二十二条 本指引由民政部社会福利和慈善事业促进司负责解释。社会各界如对指引有意见或建议，请以传真或电话（010－58123164）方式告知负责部门。

主要参考文献

〔美〕W. 赛弗林等：《传播理论——起源、方法与应用》，郭镇之等译，华夏出版社，2000。

《中华慈善年鉴》(2000 年至今)。

赵华文、李雨：《慈善的真相》，安徽人民出版社，2012。

杨道波等译校：《国外慈善法译汇》，中国政法大学出版社，2011。

〔美〕沃纳·赛弗林等：《传播理论：起源、方法与应用》，敦镇之主译，中国传媒大学出版社，2006。

彼得·什托姆普卡：《信任：一种社会学理论》，中华书局，2005。

王俊秀、杨宜音主编《中国社会心态研究报告（2012～2013）》，社会科学文献出版社，2013。

杨团主编《中国慈善发展报告（2012）》，社会科学文献出版社，2012。

万俊人主编《20 世纪西方伦理学经典》，中国人民大学出版社，2004。

上海市慈善基金会、上海慈善事业发展研究中心编《慈善理念与社会责任》，上海社会科学院出版社，2008。

强月新、罗宜虹：《慈善新闻的呈现状况分析——以〈楚天都市报〉、〈南方周末〉为例》，《当代传播》2009 年第 11 期。

王蔚：《试从传播学角度分析当今慈善组织公信力下降问题》，北京师范大学 2005 届硕士学位论文。

毕竟、龚斌、喻敏：《以媒体慈善整合社会财富——〈武汉晚报〉“扶助行动”的六大创新》，《今传媒》2009 年第 10 期。

郭奇：《媒体慈善报道存在的问题及其对策》，《新闻窗》2007 年第

10 期。

童清艳：《"善与人同"：大众传媒对慈善事业的助推作用——以汶川震灾救援报道为例》，《新闻记者》2008 年第 7 期。

Greenberg, Josh, "Promoting Philanthropy? News Publicity and Voluntary Organizations in Canada," *Voluntas: International Journal of Voluntary & Nonprofit Organizations*, Dec. 2004, Vol. 15 Issue 4, pp. 383 – 404.

Nickel, Patricia Mooney, Eikenberry, Angela M., "A Critique of the Discourse of Marketized Philanthropy," *American Behavioral Scientist*, Mar. 2009, Vol. 52 Issue 7, pp. 974 – 989.

Peter Frumkin, Lester Salamon, *Global Civil Society: An Overview*, Kumarian Press, 1999.

Wright, Karen., "Voluntas, Generosity VS. Altruism: Philanthropy and Charity in the United States and United Kingdom," *International Journal of Voluntary & Nonprofit Organizations*, Dec. 2001, Vol. 12 Issue 4, pp. 399 – 416.

Adloff, Fran, "What Encourages Charitable Giving and Philanthropy?" *Ageing & Society*, Nov. 2009, Vol. 29 Issue 8, pp. 1185 – 1205.

Tesler, Laura E., Malone, Ruth E., "Corporate Philanthropy, Lobbying, and Public Health Policy," *American Journal of Public Health*, Dec. 2008, Vol. 1998 Issue 12, pp. 2123 – 2133.

Marx, Jerry D., "Corporate Strategic Philanthropy: Implications for Social Work," *Social Work*, Jan. 1998, Vol. 43 Issue 1, pp. 34 – 41.

Berger, Ida E., "The Influence of Religion on Philanthropy in Canada," *Voluntas: International Journal of Voluntary and Nonprofit Organizations*, Jun. 2006, Volume 17 Issue 2, pp. 110 – 127.

Eisenberg, Pablo, "The Nonprofit World Needs an Intellectual Push," *Chronicle of Philanthropy*, 8/20/2009, Vol. 21 Issue 20, pp. 38 – 38.

Preston, Caroline, Wallace, Nicole, "Social Networks Produce Dismal Results, Report Says," *Chronicle of Philanthropy*, 11/12/2009, Vol. 22 Issue 3, pp. 17 – 17.

后 记

1991 年，我和两名初中男生，在江西省万载中学植物园的大树下，秘密成立一个“学雷锋小组”，商定每月节省出五角钱，去捐助孤寡老人。这是我第一次参与慈善活动。

1992 年，班上有名男生因家贫没钱交 10 元试卷费，我在黑板上写下一些文字，倡议其他同学捐款帮助，很快引起同学们的响应，纷纷捐款，一个中午就解决了那位同学的“经济危机”。这是我第一次组织慈善募捐，深感“人多力量大”。

2005 年，我开始发表关于慈善的新闻评论，迄今已发表《慈善事业迈入新时代》、《慈善让生活更阳光》、《给爱心一个放送的机会》、《资助大学生别有“歧视”》、《中职贫困生需要更多资助》等评论。

2007 年，我开始拍摄慈善活动照片，搜集募捐倡议书。从搜集到的一些募捐倡议书来看，其内容显然是不足以劝服许多人捐款捐物的。我就想，自己是主讲《传播学概论》课程的专业教师，是不是可以从专业上研究一下，改进其传播效果?

2008 年，汶川大地震在中国激发大规模的慈善传播，我开始贪婪地积累有关资料。

2009 年，我开始发表专门研究慈善传播的学术论文①。

2010 年至今，我继续搜集、整理、分析慈善传播资料，举办了相关讲座，录制了视频“慈善募捐的流程与技巧”上传互联网供募捐者参考，

① 已发表如下论文（均为第一作者）:《架起慈善的桥梁——〈南昌晚报〉“爱心·守望”慈善专刊探析》、《“当代中国慈善传播”研究论纲》、《“千愿牵手”和“微慈善”》、《浅析校园慈善募捐的技巧》。

有时则直接为校内外的慈善募捐提供操作建议。

经过多年积累，就有了这本书。

在写书过程中，我举办了两次慈善传播专题讲座。曾听过其中一次讲座的学生廖舒雯在网上给我留言："最近我们学校有个为何锋同学募捐的活动，您知道不？他是我老乡，得了鼻窦癌，我也参与了募捐活动，用上次从您那学到的慈善传播知识为组织者提了一些建议，感觉很实用呢！效果还不错，四天募集了五六万的样子。加上其他渠道的捐助，有八九万了。还得多谢老师您传授的知识！"

在参与和指导多起慈善募捐的同时，我不断补充观点，修改书稿。

慈善，是"授人以鱼"。慈善传播，是"慈善之渔"。本书，试图"授人以渔"。完成此书，是我最大的学术梦想。从开始搜集资料，到最终写出较为完整的书稿，历时七年有余，写起来并不容易，但我始终坚信：此书的出版发行，将帮助很多人。但愿如此。

感谢江西省社会科学界联合会将本书列为江西省哲学社会科学成果出版资助项目全额资助，并将其纳入《江西省哲学社会科学成果文库》。

感谢中国人民大学新闻学院执行院长、清华大学博士生导师、著名传播学学者郭庆光教授！他在百忙之中为本书倾情作序，其中的肯定和期许令我感动。

感谢江西日报社社长王晖、江西省社会科学界联合会科普处处长熊建、南昌大学社会科学处处长宋三平、南昌大学新闻与传播学院院长陈信凌、南昌大学新闻与传播学院副院长郑智斌，他们对本人及本书给予了宝贵的支持！

感谢南昌大学社会科学处邓江锋老师、南昌大学人文学院徐苾滢老师，社会科学文献出版社编辑李响、周琼为本书付出的劳动！

感谢妻子曾绯、岳父曾广林、岳母汤云英为我分担大量家务，让我得以闭关写作！

为此书的诞生提供帮助的人，还有很多，在此一并致谢！

王卫明

2014 年 8 月　写于润溪湖畔

图书在版编目(CIP)数据

慈善传播：历史、理论与实务/王卫明著. —北京：社会科学文献出版社，2014.10
（江西省哲学社会科学成果文库）
ISBN 978 - 7 - 5097 - 6473 - 2

Ⅰ.①慈… Ⅱ.①王… Ⅲ.①慈善事业 - 传播 - 研究 Ⅳ.①C913.7

中国版本图书馆 CIP 数据核字（2014）第 207374 号

·江西省哲学社会科学成果文库·
慈善传播：历史、理论与实务

著　　者 / 王卫明

出 版 人 / 谢寿光
项目统筹 / 王　绯　周　琼
责任编辑 / 李　响

出　　版 / 社会科学文献出版社·社会政法分社（010）59367156
地址：北京市北三环中路甲 29 号院华龙大厦　邮编：100029
网址：www.ssap.com.cn
发　　行 / 市场营销中心（010）59367081　59367090
读者服务中心（010）59367028
印　　装 / 三河市尚艺印装有限公司

规　　格 / 开　本：787mm × 1092mm　1/16
印　张：18　字　数：281 千字
版　　次 / 2014 年 10 月第 1 版　2014 年 10 月第 1 次印刷
书　　号 / ISBN 978 - 7 - 5097 - 6473 - 2
定　　价 / 68.00 元